如何上好
班级心理辅导活动课

——钟志农答疑50问

钟志农◎著

中国轻工业出版社

图书在版编目（CIP）数据

如何上好班级心理辅导活动课：钟志农答疑50问／钟志农著. —北京：中国轻工业出版社，2015.10（2024.7重印）

ISBN 978-7-5184-0539-8

Ⅰ. ①如…　Ⅱ. ①钟…　Ⅲ. ①中小学－心理健康－健康教育　Ⅳ. ①G479

中国版本图书馆CIP数据核字（2015）第176547号

责任编辑：吴　红　　责任终审：杜文勇
策划编辑：吴　红　　责任校对：刘志颖　　责任监印：吴维斌

出版发行：中国轻工业出版社（北京鲁谷东街5号，邮编：100040）
印　　刷：三河市鑫金马印装有限公司
经　　销：各地新华书店
版　　次：2024年7月第1版第4次印刷
开　　本：710×1000　1/16　印张：19
字　　数：163千字
印　　数：12001—14000
书　　号：ISBN 978-7-5184-0539-8　定价：42.00元
读者热线：010-65181109
发行电话：010-85119832　010-85119912
网　　址：http://www.chlip.com.cn　http://www.wqedu.com
电子信箱：1012305542@qq.com

240967Y2C104ZBW

前　言

英国著名社会学家齐格蒙特·鲍曼和蒂姆·梅的合著《社会学之思》中有这样一段精辟的话："问题与解答之间的关联正是人类境况的特性之一。从社会学的角度来看，以下问题是必须要问的：这对谁而言是个问题？为什么对他们来说是个问题？这种问题化的过程及其相应的解答会带来什么样的后果？……我们的生活就是一系列有待执行的任务和有待解决的问题……每一种情境，不管有多么复杂，都可以分解为有限的一系列问题，而这些问题中的任何一个也都可以通过应用恰当的知识、技能与努力，予以有效的处理。简言之，生命之事自可分解为诸多单一问题，每一个都有其解决之道，只要对方法加以适当的应用；而那些更具一般性的对于目的的追问，也不难归于其下。"（鲍曼、梅，2010）

我写这本书的初衷，就是受到上面这段话的启发。

在20多年来对中小学心理辅导课的探索中，我不断发现和遇到过诸多在实践中亟待解决的问题。有的问题甚至是年复一年地被提出来，在业内引起反反复复的争论。有的问题是五年前毕业的心理教师感到很困扰的，但五年后他们在实践中有了新的体验和认识，于是问题不再成为问题。可是对于当年刚毕业的新教师来说，这些在他人身上已经解决的问题却又成了他们面临的大问题。这样一种"问题出现—问题解决—同一问题再出现—同一问题再解决……"的循环往复，呈现出一种规律性的发展趋势，最终让我领悟到：正是这些"问题"和"问题解决"，揭示了心理辅导课在中国本土落地生根、成长壮大的规律；也正是这些"问题"和"问题解决”，构建了我在心理辅导课理论探索和操作督导上的整体框架。问题永无止境，探索也永无止境。所以，将“问题出现”与“问题解决”视为心理辅导课发展的“新常态”，以一种务实的态度来面对问题与解决问题，是本书的第一个特色。

本书的第二个特色，是首次突破单一的团体辅导理论视野，它不仅从团体动力学、发展心理学的传统视角，而且大胆地跨越到教学心理学、课堂组织管理学、社会学、学校社会学和哲学的多元视角，来综合审视并解决心理辅导课课堂上出现的各种问题。这是因为我强烈地意识到，当前许多心理教师在上课中遭遇挫败的根本原因，主要不在于他们的本专业——应用心理学基础有什么欠缺之处；而在于他们对学校里立足生存的根本之道——课堂教学的规律了解太少。因此，必须将广大心理教师的关注点从单一的团体辅导规律引导到研究学校里、课堂上发生的活生生的事件上来，引导到课堂上师生之间、生生之间的关系上来，引导到课堂教学本身的运作规律上来。因为只有既懂团体动力学规律、又懂课堂教学规律的“双修双通”的心理教师，才可能对心理辅导课的操作实施表现得游刃有余。

本书构思于 2013 年元月与几位心理教师的谈话。一开始草拟了 100 个问题，全部来自第一线的“采风”。后因我可爱的孙子“生逢其时”，所以从那时起，我一年中大体有一半时间在爷爷的岗位上“履职”；再加上身体方面的原因，撰写书稿的思路总是时断时续，进度便大大放慢。好在家里常有一条小“龙尾巴”紧随身后、缠绕膝前，让我在“焦虑着”的同时总能“快乐着”。而特别给我以督促鞭策的，是中国轻工业出版社“万千教育”总策划石铁先生与吴红编辑，是他们对我的“拖拉斯基”包容理解，关爱备至，常让我心怀愧疚，更促我奋力前行。终于在今年年初完成了书稿，但专题数量却删减了一半。不过，“瘦身”自有瘦身的好处，“脂肪”减少后，“肌肉”也许更显丰满。

在书稿杀青之前，我意外接到一个邀请——让我为一套《心理辅导课优秀课例实录》视频做课后点评，并且录成视频。这使我在对其中的20多节课的指导、修改、评析中有机会将本书中的理论观点与实务要领进行实证性的应用与研究，这也可以看作拙著的灵魂在实践中的一个有机延伸吧。

我已过了“不逾矩”的年龄，未来对我而言有了更多的不确定性，但是我心中还总浮现着奥地利心理学家阿德勒所说的那种“梦幻目标”。“梦幻”其名，“追寻”其实。人们只有为自己设下目标，才能带出方向、带出行动、带出希望、带出幸福。美国心理学家弗洛姆也曾经说过，我们需要一个献身的目标，以便把力量整合到一个方向，以便超越我们的生存状态。那样，人生的意义或许就在其中了。

最后，我还要再引用鲍曼和梅的一句话：“解决问题的活动也可能导致新的问题，从而激发人们探寻新的解决之道。”（鲍曼、梅，2010）生活和事业都是如此，总是有新的问题在前面，所以也才有新的希望在前面。

是为序。

钟志农

2015年1月于博鳌·千舟湾

目　录

关于心理辅导课性质及功能的困惑

关于心理辅导课设计过程的困惑

关于心理辅导课操作过程的困惑

关于心理辅导课实施效果的困惑

关于心理辅导课教师自身成长的困惑

关于心理辅导课性质及功能的困惑

1. 什么是心理辅导课的“学科化”倾向？

问题与困惑

我们学校有一位领导说：“我们学校不开设心理辅导课程，更不主张开设系列化的心理辅导课。因为教育部有过文件，明确规定心理健康教育不能搞学科化。我们学校的心理健康教育主要通过学科教学来加以渗透。”但我们发现，学校所谓的“学科渗透心理健康教育”其实只是一句空话，心理教师每学期只能举办几次心理讲座，没有固定的心理辅导课课时，也没有统一的教材，以免被领导认为是在搞“学科化”。几年前，我们学校曾经出现过一起学生自杀未遂的危机事件，当时的领导很紧张，要求我们抓好心理健康教育，也支持我们开设生命教育课。后来时间一长，学校里没再出什么大事，心理健康教育的课时全被学科教学挤占，连心理讲座也很难坚持了。我们一线的心理教师实在感到很困惑，难道开设心理辅导课程、使用心理活动课教材就是有“学科化”倾向吗？

答疑与探讨

教育部1999年8月下发的《关于加强中小学心理健康教育的若干意见》中，确实明文规定：“要注意防止心理健康教育医学化和学科化的倾向。不能把心理健康教育搞成心理学知识的传授和心理学理论的教育。除了教师辅导参考用书外，不要编印学生用教材，更不能要求学生统一购买教材。”但这里所说的“学科化的倾向”，是指将心理健康教育变成心理学理论知识的传授，而不是指开设必要的心理健康教育课程。因为从课程论的角度来看，学校里的所有教育载体都是“课程”，哪怕是一片草地、一束鲜花、一块名人名言的宣传板、一支课间播放的世界名曲等，都应视为一种广义的课程，都能对学生起到潜移默化的教育作用。

（1）开设活动课程不等于学科化

学校心理健康教育的根本任务是发展和预防。人的发展是一个持续的线性过程，是整体性的、有规律地循序渐进的，而不是时断时续的，更不是跳跃式的。因此，作为推动学生智力发展与人格发展的心理健康教育必须要有一个通盘的设计和考虑，并用一种稳定的课程载体使之常态化。正因为如此，2012 年教育部下发的《中小学心理健康教育指导纲要（修订稿）》第一次明确指出：“要普及、巩固和深化中小学心理健康教育，加快制度建设、课程建设、心理辅导室建设和师资队伍建设，积极拓展心理健康教育渠道”。要“开展心理健康专题教育。专题教育可利用地方课程或学校课程开设心理健康教育课”。同时，文件也再次重申了“心理健康教育要防止学科化的倾向，避免将其作为心理学知识的普及和心理学理论的教育，要注重引导学生的心理、人格积极健康发展，最大程度地预防学生发展过程中可能出现的心理行为问题”。

（2）防止把心理辅导课上成心理学常识课

由此可见，我们判断一个学校是不是将心理健康教育“学科化”，并非看其开设不开设课程，而是看其有没有把心理健康教育课上成心理知识的理论课或者常识课。对于前者（即理论课），以我的观察可能问题不大；但对于后者（即常识课），我倒觉得《中小学心理健康教育指导纲要（修订稿）》的提醒非常有必要。因为确实有一些心理学背景的专职老师由于对学生的学情了解不够，上课时不能针对学生的需要有的放矢，于是为了吸引学生的兴趣，专门去找一些有趣的心理学常识来作为开课的主题和素材。这样做看起来似乎吸引了一部分学生的眼球，但在落实“最大程度地预防学生发展过程中可能出现的心理行为问题”这一根本宗旨上偏离了正确的轨道，应引起我们的警惕和关注。

（3）**心理辅导课使用教材应持谨慎态度**

至于心理辅导课是否需要使用学生教材的问题，我认为应该认真按教育部文件的精神去贯彻落实。而且据我多年的实践经验，心理辅导课上使用教材读本，反而有碍团体动力的推进，应该说是弊多利少的。有的学校要求编写心理辅导校本教材，这些教材如果作为学生的课外读本是可以的；如果在心理辅导课上使用，则应持谨慎态度。

资料与借鉴

美国学校心理学家迈瑞克提倡用一个组织良好的课程来关注以下八个发展目标：

（1）了解学校环境；

（2）了解自己和他人；

（3）了解态度和行为；

（4）决策和问题解决；

（5）人际交往和沟通的技巧；

（6）学业成功的技巧；

（7）职业意识和规划；

（8）集体荣誉感和集体融入。

作为补充，他还提出了七个指导原则，认为发展性的指导计划应有以下特征：

（1）为所有学生设定；

（2）由组织、计划良好的课程组成；

（3）有连续性和灵活性；

（4）是整体教育规划的一个完整部分；

（5）所有学校志愿者都参与该规划；

（6）帮助学生有效率并且有效地学习；

（7）包含了提供心理咨询服务和干预方法的专业学校心理咨询员。

【摘自：施密特.学校中的心理咨询［M］.刘翔平，等，译.上海：华东师范大学出版社，2008.】

2. 新课改中心理辅导课被列为选修课了，怎么办？

问题与困惑

多年来，心理辅导课的开设一直名不正、言不顺。在我们高中第一轮课改中，心理辅导课被列入了“校本课程”或“地方课程”。我们省各地的中学生都使用一本省编的地方课程教材《人·自然·社会》，其中相当多的内容属于心理健康的话题。在近两年开展的高中第二轮新课改中，我校每周两个下午共7节课都被列为“选修课程”(也即“校本课程”)时间，文理各科共列出近百个专题供学生自行选修，其中有4个专题是心理健康方面的。但选修心理专题的学生的人数因活动场地等条件的局限而少得可怜。多的时候一个专题可能会有30多人选报，少的时候一个专题只有7人选报。这样一算，一学年中，4个专题总共只有100余名学生以“走班上课”的方式接受了团体辅导，还不到全校学生总数的5%。

总之，这几年心理辅导课已经整体缩水，绝大部分高中只能以选修课（即一个年级中有部分学生选修）的形式存在，课时和受益面都很有限。面对这样一种尴尬处境，我该怎么办呢?

我周围学校的情况是，原先在心理老师们的努力下，学校终于给开课了——正式纳入课表的课。后来选修课来了，心理辅导课成为选修课，我当时觉得这也挺好的，还想着随着选修课的深入，心理辅导课也可以一年一年地增加，最后实现三个年级全开课。但没想到选修课又走了！在实施了一两年之后，学校把心理健康选修课停了，于是心理课课时又没了。

心理辅导课变选修课的情况，对我们心理老师来说确实是个大问题。我们学校本来在高一年级开心理辅导必修课，每班每星期一节。从课时量来讲也不算少，并能够得到保证。后来省里开始推行选修课，我校每周共有九节左右的选修课要开设，因此很多必修课的课时量都受到了限制，包括主科，那么心理课只好转成选修课。但是选修课毕竟不同于必修课，开学后一般要过好几个星期才开始上，离期末考试还有很长时间又被停课，中间也会因为月考等因素而冲掉课时，所以根本没有了以前作为必修课时的那种保障。而且，新课改推广选修课的政策又不知道会持续到什么时候，假如最后像许多事情那样不了了之，那么到最后心理课恐怕连选修课都不是了，那不是成了一种倒退？

答疑与探讨

三位老师提出了一个非常现实的问题，就是随着第二轮高中新课程改革的推进，该如何保证发展性心理辅导课在课改计划中的应有地位？

（1）选修课属于学校自主开发，拓展空间在于争取领导重视

毫无疑问，新课改特别是高中新课改强调在课程结构上打破原有的必修课一统天下的局面，增加选修课，实行“走班制”，从单一、刚性的课程形态向多元、弹性的课程形态转化，这是改革的总趋势。对此，心理教师必须有清醒的认识，同时还要看到，如何设置选修课属于学校自

主开发“校本课程”的范畴，学校领导层有很大的自主权，在选修课结构设计上也有着相当大的潜在空间。这就告诉我们，学校领导对心理健康教育的重视程度与心理教师的积极争取，是影响心理辅导课课程地位的两个决定性因素。

（2）选修课的不稳定性决定了它无法代替系统的发展性心理辅导课程

以选修课形式出现的心理健康教育课程往往具有“异质性”、“专题性”、“兴趣性”和“流动性”的特点。也就是说，参与心理健康教育选修课的学生基本上来自不同的班级，学情比来自同一个班级的成员更为多元和模糊；他们选择这一专题更多地出自兴趣的考虑，而不一定是自身发展的迫切需要；他们对于学不学某一个或某几个专题有相当大的选择权，因此更容易表现出不稳定性或者流动性。这样的专题选修课是学校心理健康教育的重要组成部分，但它无法代替针对各年级（班级）同一年龄段学生心理发展需要的、以“最大程度地预防学生发展过程中可能出现的心理行为问题”为宗旨的班级心理辅导活动课。

（3）心理选修课的课时不足要从“班会课”板块中去找突破口

由此看来，要真正落实发展性、预防性的班级心理辅导课，还必须在选修课之外开辟稳定的活动课基地，“活动课程”板块中的“班会课”就是突破口。我们可以研究一下各地新课改后的课程表，不难发现，除了某些比较激进的“取消班级和班主任制度”的改革主张之外，无论课程结构如何调整，绝大多数中小学每周 1 节的班会课是必须保证的，因为它是班级管理和德育工作不可或缺的阵地。但是在现实中，这一最为重要的德育活动基地并没有真正发挥其应有的作用，许多学校的班会课实际上已被“异化”成了“训话课”、“作业课”，德育基地已经难见其“庐山真面目”了。

其原因固然是多方面的，但班会课本身缺少一个整体设计的活动内容架构也是不可忽视的原因之一。正因为如此，在班会课中融入发展性心理辅导的主题和内容有可能成为班会课改革的一种趋势。总之，心理辅导课落实课时的根本出路在于从班会课中“切蛋糕”。现在需要在学校内部建立一种刚性机制，以动员班主任自己成为“切蛋糕”的人，并通过培训帮助他们学会开设心理辅导课（或“心理班会课”）的初级技巧与方法，使班主任逐渐成为心理教师最可靠的同盟军。

当然，由于全国各地中小学在开展心理健康教育的力度上有相当大的差异，解决上述课程地位特别是课时落实的问题需要有一个过程。但我们可以从现在做起，从自己所在的学校做起。

资料与借鉴

心理健康教育课程作为校本课程，没有统一的教学大纲和教材，没有规定的课时保障，没有统一的考核评价标准。学校在这些方面有相当程度的自主权和灵活性。学校对心理健康教育课程的管理，首先体现在保障心理健康教育课课时方面……教育部（2002）14 号文件指出：课时可在地方课程或学校课程时间中安排。学校的领导对开设心理健康教育课的意义和认识、重视程度以及合理的制度是课时保障的重要条件。

【摘自：李慧生．中小学心理健康教育课程建设新探［J］．课程·教材·教法，2006（7）．】

3. 心理辅导课的“专业性”要求到底是什么？

问题与困惑

现在图书市场特别是网络上已经有各种版本的心理辅导课教学设计材料，这些材料只是切合不同年级学生的心理特点，而不一定能满足各地区学生的实际心理需要。但我发现不少教师喜欢搞“拿来主义”，从网上下载后稍做调整就使用，这样不仅不能把心理辅导课上出“心理味”来，还会让别的教师误认为心理课谁都可以上。

有的教师对心理辅导课的专业定位不准，对教材或教案理解不透，对学生的实际情况了解不够，对自己教学风格的优势和劣势也估计不足，所以导致课堂上无的放矢，热热闹闹，嘻嘻哈哈，心理课成了放松课、游戏课。这些情况的出现反映出当前中小学心理辅导课的学科性、专业性还不够，导致本来就是边缘性学科的心理辅导课更加不受学校教师和领导的重视。有的班主任和学科教师还经常会以种种理由向心理教师“要课”，他们觉得这样的心理课上不上都没关系，还不如用来补课。于是，心理课的生存空间越来越小，专业性越来越弱，心理教师也越来越没有成就感，越来越懈怠……

答疑与探讨

这位老师提出了一个很重要的问题，那就是：心理辅导课的“专业性”标准到底是什么？要强调的是，这里所说的“专业性”或“技术性”，是心理辅导课区别于其他课程载体的某些“特质”，它不等同于

全面评价心理辅导课的操作性评价标准。

严格来说，现在还不适宜提出一个普遍适用的心理辅导课专业性“标尺”，但我们可以参照国外团体咨询理论的有关论述，拿出一个初步的框架来供大家讨论。

例如，按照特罗特尔的看法，团体咨询的领导者应具有三种基本技术：

①反应的技巧：倾听、复述、反映、澄清等。

②互动的技巧：调解、解脱、联结、组织、设限、听取众意等。

③行动的技巧：发问、面质、调停、操作、示范等。

而施密特则认为在学生的团体工作中要求领导者具有诸多专业技能，如积极的聆听、适当的提问、充分的结构化以及其他沟通和领导技能等。

在研究各种团体咨询理论的基础上，我们认为，心理辅导课的“专业性”、“技术性”要求主要可体现在以下六个方面。

（1）把握好团体规律和团体进程

心理辅导课教师要懂得团体辅导的基本规律，了解心理辅导课作为一种大团体辅导必然经历的团体进程。心理辅导课从形式上看是“课”，但从实质上理解，它是一个“动态的团体”。上“课”的根本目的是要落实学科教学目标，而运作一个“团体”的根本目的是要关注“人”在团体中受到的影响及发生的改变。要做到这一点，教师自己就必须对“团体”运作的基本规律有一个清晰的认识。“团体运作”要靠它的内在“动力”，而“团体动力”一定逃脱不了它“起、承、转、合”的发展变化的进程。

（2）精心营造和维护良好的团体氛围

团体动力有正向和负向之分，不是所有的团体动力都是积极的，消极的团体动力会严重地挫败一个团体的预期目标。而团体动力是正向的还是负向的要从哪里去观察？其“风向标”就是外显的团体氛围。一个“安全、信任、开放、温馨、内聚、目标明确”的团体氛围是可以现场感知和目测评估的。专业化的心理辅导课教师必定会时时感受并监控自己所处的团体“心理场”，并能得心应手地“推波助澜”；同时，他也必定能敏锐地察觉团体中“涣散、调侃、阻抗、无中心或多中心”等负向动力的端倪，为防范“风起于青萍之末”而及时疏导和调控。

（3）**能运用所有辅导过程中相通的反应技巧和互动技巧**

前者如专注、倾听、重述、澄清、共情、支持、保护等；后者如引导、追问、面质、聚焦、阻止、重建、具体化、普遍化、自我开放等。具体要求可参见拙著《探寻学生心灵成长路线图》(2012)，这里不再赘述。

（4）**能熟练地把握心理辅导课特有的操作要领**

这些操作要领即“八重”与“八不重”：

①重体验，不重认知；

②重引导，不重教导；

③重目标，不重手段；

④重口头交流，不重书面活动；

⑤重真话，不重有无错话；

⑥重氛围，不重理性探讨的完美；

⑦重应变，不重原定设计；

⑧重自我升华，不重教师概括总结。

具体要求可参见拙著《心理辅导课操作实务》(2007)，这里也不再赘述。

（5）**具有良好的辅导教师个人素质**

①令人信赖的人格特质，主要包括：

A. 真诚（开放的自我）；

B. 尊重（绝对不伤害学生）；

C. 同理心（总是设身处地地表达理解）；

D. 热情（学生不能不被你的努力感动）；

E. 人性化（适度表达常人的喜怒哀乐）。

②良好的体态语言和良好的口头语言，主要包括：

A. 良好的体态语言，如表情亲和、神情自信、目光真诚、举止得体、沉稳灵活等；同时能自觉避免不良的体态语言，如身姿僵硬、表情严肃、目光冷漠、笑容夸张、动作幅度过大、动作不雅、不停挪动位置等。

B. 良好的口头语言，如亲切的、鼓励的、诚恳的、简洁的、明确的、连贯的、响亮的语言；同时能自觉避免不良的口头语言，如音量过大或过小的、过于柔弱的、过于夸张的、生硬的、重复的、批评指责的、枯燥说教的、节奏过快或拖沓的、喋喋不休的、不留听觉空间的语言等。

③较强的组织能力，主要包括：

A. 关注表情，善解人意；

B. 周密思考，随机应变；

C. 眼观六路，掌控全局；

D. 当机立断，制止调侃；

E. 敏锐觉察，及时调解；

F. 环环相扣，组织严密。

（6）遵守团体辅导的专业伦理守则

其消极意义是不犯专业性错误——不注意保护学生的隐秘和隐私，在团体场合下无节制地深挖学生的家庭关系细节，不顾及当事学生及其背后家庭成员的内心感受等；其积极意义则是辅导教师尊重辅导对象的人格、尊重自己的专业规范，处处以人为本，并以助人自助、推动学生心灵成长为己任。

值得注意的是，前面这位老师指出的部分心理辅导课“专业性不足”的问题，不只是在兼职教师身上存在，在专职心理教师（包括科班出身的专职心理教师）身上也同样存在。也就是说，“专业不专业”并不由“专职”还是“兼职”决定，而是看我们是否真正掌握了心理辅导课的内在规律。一句话，“专业化”不是由学历决定的，而是由历练、探索、反思、在挫败与失误中不断自我成长决定的。

资料与借鉴

团体工作者，最大的任务就在于创造安全的团体气氛，催化真诚的沟通，使个体在与他人互动中，敢于也愿意表露自己、分享经验，并能建设性地挑战、面质与回馈，使个体有机会再次回顾自己，并能接触许多不同于自己系统的其他参照架构，个体在这样自省、冲击、比较、重组的过程中得到了学习与成长。此过程中最关键的是团体工作者或领导员“如何”去营造气氛、引发成员的感受、体悟并催化真诚的沟通与分享讨论，以达到学习与成长的目的。

【摘自：王慧君．团体领导者训练实务［M］．台北：张老师文化事业股份有限公司，1996．】

4. 心理辅导课能让学生谈很深刻的问题吗？

问题与困惑

我觉得心理课很难让学生谈很深刻的问题，即使谈了一些看法，也往往只是一些大众化的观点，这是一个很困扰人的问题。我也尝试过用其他人的事例来引导他们谈体会，结果还是会引起一些学生的笑声，所以真的没有多少人能说真话。前几天，我上了一节关于异性交往的课，发现没几个学生讲出自己内心真正的想法，即使事例是别人的！下课后，有些学生跟我说，如果男女生分开他们就愿意说。有一种叫自我暴露的技术，我也用过了，带头在课堂上分享自己与异性交往的经验，但是效果并不好。

答疑与探讨

讨论这个问题首先要看学生的年龄段。如果是小学或初中的学生，多数情况下不大可能让他们在心理辅导课上谈出很深刻的问题；如果是在高中学段，那么学生是否能谈出比较深刻的问题则要看许多因素的影响。

（1）以安全氛围为核心的多种因素决定了话题探讨的深刻性

心理辅导课和其他课堂活动一样，涉及种种复杂的课堂社会关系，都需要投入大量的情感成分，以建立一种安全的、信任的、有利于课堂互动的人际氛围。当心理辅导课上开展团体活动时，它们就会因为学生之间以及师生之间的社会关系而变得复杂起来，并深刻影响到团体活动的效果。在一些班级里，课堂社会关系支持用一种创造性的气氛去提升团体分享的效果；而在另一些班级里，学生参与讨论的积极性却因为非支持性的课堂社会关系而被抑制了。也就是说，在心理辅导课上，会有很多重要的因素合并到一起，共同影响团体发展的进程。例如：主题的选择是否是学生感兴趣的；如果主题确实是学生感兴趣的，那么这个班级的内部社会关系是否是有助于坦诚交流分享，尤其是班主任对这一主题的主导性价值干预是否强势；如果上述两个子项都不存在问题，那么还要看辅导教师的团体指导风格，看他对学情是否有透彻的了解，看他的课堂组织管理能力及处理学生课堂非常态事件的态度、智慧和经验；也要看辅导教师对这一主题的活动设计是否精心、切入点是否准确、活动素材是否新颖并有吸引力、重点问题的设计是否独具匠心；当然，绝不可少的还有辅导教师个人的人格魅力以及这个班级的班风，特别是在班级群体化过程中的人际情感质量。

总之，任何事物的存在和发展都是有前提条件的，要有“必要条件”、“充分条件”甚至是“充分必要条件”，心理辅导课也是这样，如果辅导教师不努力研究和创设这些条件，那么，学生是不可能无条件地对辅导教师的话题“一呼百应”、在团体场合中袒露自己的心扉的，辅导话题的讨论也就难以向深层推进。

（2）引导话题层层深入时，必须把握好分寸感

我还想强调，只要是团体辅导，在肯定其对学生的成长和发展具有积极意义的同时，还必须警惕可能出现“团体成员或相关人员受伤害”的“副产品”。也就是说，讨论话题的“深刻性”必须要有一定的分寸和限度。辅导教师事先要认真地了解班级中的各种情况，特别是涉及一些敏感话题

（例如青春期恋情、家庭亲子关系、师生关系等）时，更要格外小心。曾经有一位年轻的心理教师，他根据学校里存在的师生关系紧张的现实情况，设计了一节心理辅导课，目的是帮助学生应对教师比较严肃的批评情境，其用意是很好的。而且，为了帮助学生打消顾虑、畅所欲言，心理教师还特地采用了情境表演的活动形式，让学生扮演教师的角色，来展示课堂上教师过度批评的场景。结果几个学生组合的现场“模仿秀”真的是活灵活现，全班学生心领神会、哄堂大笑，也确实收到了打开言路的效果；但是，这节课潜在的伤害性同样是非常大的。一些缺乏社会经验的年轻教师往往容易疏忽这一点，从而给自己或他人带来一些令人尴尬的后果。

资料与借鉴

防御性沟通是个体感到威胁或预期有威胁时所采取的行动。Gibb 证明，评价、控制、优越性和中立会导致防御性沟通。群体中的某个成员采用防御性沟通会导致其他成员采取相似的防御反应。一个群体中的沟通越是具有防御性，成员就越有可能误解其他成员的动机、价值观和情绪反应，就会使沟通更加没有效果和效率。

【摘自：约翰逊，等．集合起来——群体理论与团队技巧［M］．谢晓非，等，译．北京：中国轻工业出版社，2008.】

5. 心理辅导课带有思想品德课色彩，怎么办？

问题与困惑

最近我听了一堂小学五年级的心理辅导公开课，主题是“你说过谎吗？”。还没有下课，我们几位听课的老师就在下面窃窃私语，有的说：“这是心理课还是思品课？”有的说：“学生说谎的问题不是道德品质问题吗？这应该是思品课或者班会课解决的问题，怎么拿到心理辅导课上来讨论了？”还有的说：“现在好多心理辅导课跟思品课的主题都有交叉，同样是情绪、意志、抵抗挫折等问题，心理辅导课在上，思品课也在上。我都分不清谁是谁了！”我听了以后很有同感。后来的评课过程中，争论最激烈的也是这节课到底是心理课还是思品课的问题，说来说去也没有一个一致的看法。我自己初步的看法是，两者有时真的很难划清界限。不知我的想法对不对。

答疑与探讨

这真的是一个争论不休的老话题了。其实，笔者在拙著《心理辅导活动课操作实务》(2007)及《探寻学生心理成长路线图》(2012)中都曾列出专题，从不同角度对此进行了详细的论述。一些刚刚走出校门的年轻同道们如果还没有来得及接触这些内容，建议先去看一看其中的有关章节。

（1）心理辅导课与思想品德课的主题肯定会有交会之处

有的心理教师总以为心理辅导活动课的内容一定要像“心理学”的样子，所以，对于情绪、情感一类的主题或者处理人际关系一类的主题，就自然地接纳它们，认为这是“属于”心理辅导课范围的，那么接下来的就只是“上得好不好”的问题了；而若是看到“我能‘排队守规则’”、“学会打电话”、“你说过谎吗？”、“我能‘追星有理性’”这一类的主题，第一个反应就是“这是心理辅导课吗？这不是思品课或者是常识课吗？”。也就是说，他们从一开始就对这些主题的“归属”问题心存疑虑甚至进行排斥。这说明，我们有一些教师对发展性心理辅导课的功能和整个内容体系缺少一个总体的了解。

心理辅导课的功能是什么？主要是“发展”和“预防”。那么发展什么？

一是发展学生的智力，因为“心之官则思”，心理学研究的首先是大脑的功能，心理辅导课一定要研究如何促进学生的智力发展，以达到他们这个年龄段可以达到的较高水平。

二是促进学生的社会化发展。所谓“社会化发展”，又有两个要点：一是使个体能够适应外界的社会环境（主要是人际环境），成为社会的合格成员，能够被社会所接纳并为社会做出贡献；另一个要点是使个体能够更好地认识自我，其心理和行为能符合年龄增长的阶段性特征。概括起来说，人的“社会化发展”是一个过程，是人与社会、人与他人、人与自我、人与环境的适应过程。“适应性”是一个人心理健康与否的重要标准，正如心理学界老前辈冯忠良教授所说：“什么是心理健康？适应就是健康，平衡就是健康。”所以，促进学生对社会的适应性，是发展性心理辅导活动课的另一个重要任务。

而思想品德课肯定也要讨论人与社会、人与他人、人与自我、人与环境的适应问题。所以，在涉及人对社会的适应性问题上，思品课与心理辅导课的主题肯定会有交会之处。这就好比食品安全问题，卫生部门要管，粮食部门、防疫部门、质检部门、商业部门、海关稽查部门等也要管一样。

（2）心理辅导课并不完全排除指导性和教育性的成分

用这样的观点来看前面这位老师提到的那些心理辅导课话题，就不会有“这难道是心理辅导课吗”这样的质疑了。但是这样可能会产生另一个问题，那就是：许多开课主题往往同时被心理辅导课和思品课的教材选中，或者同时被心理课教师和思品课教师选为公开课的主题，此时，听课者就会两相比较，想看看两位老师如何“同题异构”，期待他们“一决高下”，有时甚至还会得出一些并不公允的评价结论。比如说，同样一个主题，思品课借鉴了心理辅导课的活动形式和辅导技巧，上得有点像心理辅导课，往往被听课者称赞，被誉为“思品课教学的改革”；而心理辅导课中如果出现了思品课教材上的类似案例或相似观点，就会受到评课者的批评指责，被说成“不够心理味”、“带有思品课的色彩”，等等。这种现象一方面说明了融入心理辅导课的方法技巧是当前思品课教学改革的一种趋势，另一方面说明了思品课与心理辅导课往往难以截然分开。但是，心理辅导课还是应该有其专业标准的，这就是笔者在前一个问题中所提及的一些基本要求。我们在肯定心理辅导课程本身就带有某些“指导性活动”和“有价值导向”（施密特，2013，p. 153，p. 110）的前提下，应该力求在辅导进程中少一些理性的说教，多一些情感的体验；少一些生硬的价值灌输，多一些水到渠成的价值引导；少一些是非对错的判断，多一些理解、倾听与尊重。这样，我们就会渐渐地把握心理辅导课与思品课之间的一些质的区别，更好地完成各自担当的不同任务。

（3）心理辅导课应该更多地体现“辅而导之”的专业色彩

香港中文大学的林孟平博士（1986）认为：“我个人相信在任何形式

的辅导中，多少会包含教育这一元素。不过，我们要留意，这个教育过程是内隐的。”她特别强调，整体上而言，知识的传授的确是团体辅导或治疗的一部分。辅导员若能在团体成员所经历的事情上加上适当的教诲和提供有关的知识，会有助于他们应用于日后的生活中。但是，林孟平也指出：“在个人经验中，这种教诲，在时间的选择和教诲的语气、用词上都要很小心……否则就可能产生负面效果。”这些精辟的经验之谈同样为我们把握心理辅导课与思品课之间的异同关系指明了方向。

总之，心理辅导课与思想品德课既有联系，又有区别，要彻底将两者割裂开，做到泾渭分明，往往是不可能的；但两者之间确实各有特质，就像太阳和月亮都在天上，也都在发光，偶尔还会交遇，产生“日食”或“月食”，但太阳就是太阳，月亮就是月亮。那么心理辅导课的本质特征是什么？我想并非在于它是否彻底排除了“指导性”成分，而主要应该表现在它是否更多地体现了“辅而导之”。心理辅导教师应该站在“助人者”的立场上，比较熟练地运用倾听、接纳、同理、引导、回馈、面质等辅导技术，并将人本主义、认知疗法、行为训练、焦点解决、积极心理学等各种流派的辅导技巧有机地融入团体活动过程中。这样，心理辅导课的专业色彩就会得到彰显，心理辅导课与思想品德课就能做到“日月同辉”、各放异彩！

资料与借鉴

一般来说，教育过程属于内隐学习；大多数团体治疗师在交互式团体治疗中不会提供具体的教导式指导。然而，在过去的十几年中，许多团体治疗方法把正式的指导或心理教育作为课程中的重要部分。

【摘自：亚隆，等．团体心理治疗——理论与实践［M］．李敏，等，译．北京：中国轻工业出版社，2010.】

6. 心理辅导课上得像主题班会，怎么办？

问题与困惑

我是一名初中的班主任，本学期根据学校的要求，我拿出了一部分班会课时间开设了心理课。我们学校的几位兼职的心理老师来听了我的课之后，却说我的心理辅导课上得很像班会课。我回家后苦苦反思，怎么也想不明白：整个教案是从参考书上学来的，组织的活动也都是一些心理游戏，为什么上出来的效果就不像心理课呢？这挫伤了我的开课热情。如果我开的心理课果真像几位兼职老师说的那样，那么我的问题到底出在什么地方呢？

答疑与探讨

我非常欣赏这位班主任老师主动利用班会课的时间来开设发展性心理辅导课的热情和勇气。从他谈到的情况来看，问题也许并非出在主题的选择上，而可能是另外两个方面存在某些不足。

（1）**对网络或书本上的心理辅导课教案必须进行再加工，不可原样复制**

首先是活动方案的设计，虽然它是从教案集上选的，但教师要仔细思考：这个预设的方案是否符合自己班级的具体学情？其中一些心理游戏和活动的用意何在？这个活动与那个活动之间的内在联系是什么？一定要记住，互联网上或书上的一些现成教案如果没有经过再加工、再改造就直接拿到课堂上去使用，是有一定风险的。如果对心理辅导课的团体动力规律一无所知，只是选用别人设计的现成的心理辅导教案，那并不等于教师就是在上心理辅导课。从严格意义上说，心理辅导课是无法“复制”的。同样一个教案，放到不同的班级去实施，会有完全不同的效果。因我们面对的是活生生的学生群体，必须根据不同的班级特点、不同的学情，对一个备选的教案进行再创造、再修改。这样的过程才称得上是真正的备课过程。

（2）要将自己的角色从“管理者”、“教育者”逐步转向“助人者”

第二个方面，可能是我们的班主任角色问题。班主任的工作性质决定了我们更多地充当着管理者和教育者。长期的组织班级活动和教育学生的经历，使我们形成了一种在课堂上“以班主任为中心”的决断风格；包括在上班会课时，我们也习惯了主导一切、操控一切、指挥一切。作为班主任，我们的长处也许是缜密思考每一个细节，认真落实一系列组织准备工作，有板有眼地调度一切人力和信息资源；但我们可能忽略了心理辅导课上更为重要的一些技术性要素。例如，心理辅导课上主要不是靠教师的指挥调度和说理教育来搞定一切，而是靠学生之间的互动分享来相互启迪，并参照同伴的认知水平与行为方式来推动自己成长；又如，团体内部的人际关系是否是安全的、平等的、信任的，决定了心理辅导课上学生讨论的开放程度；再如，教师的价值观念、价值标准与学生的价值观念、价值标准并非在一个水平线上，而且很多时候还很难出现“交集”，对学生价值观的引导首先要立足于对他们的尊重、理解和共情，尤其应注意不可操之过急，等等。

如果班主任既有开课的自觉性和积极性，又注意了以上这些基本技术问题，那么我相信，经过一段时间的锻炼，心理辅导课上得像主题班会课的问题一定可以解决。

资料与借鉴

无论是在班级辅导、家长教育工作还是教师的工作坊中，团体指导是否成功的一个关键因素是，你的计划、组织和有效应用团体领导技巧的能力。有任课教师经验的学校心理教师，开展班级辅导活动能将这一经验做一个转换。

【摘自：施密特.学校心理教师工作指南［M］.孙菲菲，等，译.北京：中国轻工业出版社，2013.】

7. 心理辅导课的内容与学科教学内容有重合，怎么办？

问题与困惑

我发现在我们学校不只是思想品德课老师，甚至包括社会课、自然科学课的老师在内，开出的公开课几乎都和心理有很大的关系，甚至我上课的内容也和他们有很多的重合！我感到很困惑和迷茫，我似乎都找不到自己存在的价值了！

答疑与探讨

心理辅导课内容与学科教学内容有重合的问题，突出地反映在初中阶段，在高中阶段此类情况并不明显。而在初中阶段这一现象不仅仅表现在思想品德课上，也表现在其他学科（如“历史与社会”、“体育与健康”、“科学”等学科）的教学中，这是新课程改革强调“综合性”的一种大趋势。但是，我们还要认识到：

（1）课程目标与内容设计的相似性不等于课程实施过程的相似性

例如：初中思想品德课程标准强调“培养学生良好的心理素质和健全的人格，使学生做到自尊、自信、自律、积极主动、乐观向上，具有克服困难、应付挫折的勇气；具有公平竞争意识和坚忍不拔的毅力”，等等。这与教育部《中小学心理健康教育指导纲要（修订稿）》提出的“心理健康教育的具体目标是使学生不断正确认识自我，增强调控自我、承受挫折、适应环境的能力；对少数有心理困扰或心理障碍的学生，给予科学有效的心理辅导，使他们尽快摆脱阻碍，提高心理健康水平，增强自我教育能力”极其接近。这样一种目标上的一致性必然带来课程内容设计上的相似性。

但是，课程目标与内容设计的相似性并不等于课程实施过程的相似性。从思想品德课改革的实际进程来分析，一方面，确实有许多教师进行了大胆的实践，努力探索思想品德课改革的途径，例如有一位思品课老师在上挫折教育的公开课时，就曾这样对笔者说：“我按照‘认识挫折—体验挫折—面对挫折’三个环节，在介绍挫折的内涵和特征的基础上，把教学的重点放在‘体验挫折’这一环节上。我想尝试使用‘体验式’教学模式，它肯定要比简单地宣讲如何应对挫折的理论观点效果要好。”这位教师大量引入了心理辅导课上的一些活动形式，使这节思品课增添了许多情趣和活力，较好地调动了学生参与学习的积极性。但不容回避的是，传统学科教学的一些根深蒂固的影响并不是在短期内可以彻底消除的，它是一种心理表象，是一套程序的模式，它承载着关于教育体制的许多复杂的信息。如前面提到的那位思品课老师，在课堂的最后还是意识到了这节课的教学评价问题，她不得不向“落实知识点”这一“铁定规则”靠拢，回归到学科教学的应试轨道上来。

另一位心理教师在初三年级开设主题为“对抗挫折”的心理辅导课时，就从学生的成长经历和成长体验入手，完全没有受到应试教育框架的束缚。他在创设了挫折情境之后，引导学生联系自己的生活实际，畅谈曾经遇到的挫折体验。然后，教师又抓住现场生成的一个典型资源，运用倾听、同感、回应等技术，营造了非常感人的心理氛围，一步步催化当事人敞开心扉，讲出了自己最大的挫败体验——家长的高期待与自己的低成就之间的心理落差。这个话题一经触发，立刻引起许多学生的情感共鸣。于是教师现场提炼出一个共性的话题："面对父母的过高期待和自己的挫败感，我们应该怎样去应对？"这个话题在小组讨论时掀起了一波又一波的小高潮，最后全班学生形成了基本共识，收到了良好的辅导效果。

两相比较，心理辅导课与学科教学实施过程的差异就很清楚了。

（2）心理辅导课要与学科教学"高权威的课堂情境"划清界限

假若我们能再去看看其他尚未真正建立新课程理念的教师的课堂教学，就不难发现，在新课改的大旗下，传统的"高权威者的课堂情境"依然比比皆是。

有一位学者非常精辟地描述了"高权威者的课堂情境"：教师在课堂上组织学生讨论，但未有实质性的讨论，而是用讨论的形式检查学生答案的线索。讨论不是开放的，教师并没有认真听学生在说什么或者试图理解学生的叙述逻辑，而是用自己的逻辑、教科书的论述逻辑、中考和高考的答题逻辑来"敲打"学生的叙述。教师所坚持的叙述逻辑并未浸透其个人的逻辑，而是纯粹的外在逻辑，在叙述中成为一种"程式"。教师按照摸索出来的"程式"组织学生的表述，修正学生的思维……或许这样的价值性知识是无须理解的，也无须深入个人的意义系统中，只需记忆，准确地记忆，并按照程式化的表述在不同的场合中"复述"。（刘云杉，2000）我们可以仔细品味这一段话，它与我们身边的某些学科教学现场"何其相似乃尔"。

由此可见，学科教学领域里的新课改是一项艰巨的系统工程，它不仅需要对课程结构与课程内容做出变革，需要有一个评价体制的"大破大立"，更需要有一个良好的课堂心理环境。因此，学科教学的某些内容与心理辅导课的主题内容及心理健康教育有交会并非坏事，更无所谓"体现不了心理教师存在的价值感"；恰恰相反，正是因为有学科教学同类主题的课程作为参照物，心理辅导课才格外彰显了自己存在的价值。

（3）**心理辅导课要强调“小切口，深挖掘，体验体验再体验”**

从操作层面上来说，要区分这两者之间的重要界限当然会涉及许多维度，但最容易分辨清楚的一条“楚河汉界”可以简要地概括为：在同为塑造人格的主题上，学科教学常常是“快节奏，大容量，训练训练再训练”；而心理辅导课则是“小切口，深挖掘，体验体验再体验”。其中，要用足够的时间引导学生进行体验是心理辅导课的关键所在。

资料与借鉴

课程的传授过程不是法定文化的复制过程……学习的过程是个人与意义符号不断沟通、理解与重建的动态过程。学生立足于既有的生活世界重新解释着静态的“法定文化”与动态的“师定文化”，并生成丰富多彩、具有真实意义的“生定文化”。

【摘自：刘云杉．学校生活社会学［M］．南京：南京师范大学出版社，2000.】

8. 可以用带领小团体的方法来上心理辅导课吗？

问题与困惑

向钟老师请教一下，如果是一个普通的班级，人数有40～50人，上心理辅导课会不会很费力？以愚之见，如果班级规模是40～50人，那样的团体是难以控制的，辅导教师也难以把握大部分的参与者的感受。当然，也许可以通过划分小组来实现深入讨论的目的，但如果一个小组没有辅导教师的参与，其效果也很难达到。因此我感到很困惑：到底该如何有效地组织40～50人的班级团体辅导？谢谢！

答疑与探讨

这位老师提出的问题，反映出教师可能比较熟悉7～8人的小组团体辅导，过去接受的培训大概也是这种小规模的团体辅导，因而面对大团体常常感到束手无策。特别值得注意的是，这位老师恐怕还在以小组团体辅导的成效标准来考量心理辅导课的实际效果，所以才会深感困惑。

（1）**心理辅导课与小团体辅导的区别**

讨论这个问题，首先应该接纳一个事实或前提，即：心理辅导课是以建制班全体学生为辅导对象的一种大团体辅导，辅导教师不能选择学生，学生也不能选择辅导教师。这是班级团体辅导与小组团体辅导的一个最明显的区别。而小组团体辅导多数情况下是以“同质”心理问题或心理需求的学生为辅导对象的，小组的规模一般控制在8～12人。而且，小组团体辅导要解决的往往是同类学生面临的适应性甚至是障碍性的问题，因此需要一个比较长的时间段来分步加以处理。而心理辅导课即“大团体辅导”要解决的是同年龄学生发展性、预防性的成长困惑问题，它不可能、也不需要像小组团体辅导那样深入。它更多地承担着“心理健康教育”中的“教育”功能。“两者是相当不同的学习历程，所学习的和其效能也有差异。”（林孟平，1993）

（2）心理辅导课难以控制说到底是经验不足的问题

有些辅导教师认为40～50人的班级团体辅导难以控制，实际上那是操作经验不足的问题。现在上课的专职心理辅导教师之所以经常遭受这类挫折，是由于在师范院校“科班”就读时，没有受过有关大团体辅导的操作性培训。师范院校的师范性不强，这是一个老问题了，不少院校的课堂只是纸上谈兵；到学校实习时，又没有合格的指导教师，实习学校也并不真正重视。结果从大学到实习再到上岗执教，始终是在黑暗中摸索。我几年前曾有一篇文章，谈到了相关对策，大意是说要有“飞行时数”的积累，不要对自己失去信心，也不要仅凭自己的挫败经历就下一个绝对化的结论。我们的心理辅导教师基本上是单兵作战，学校里无人可以交流，只能跟外校的同行交流；而外校同行也是单兵作战，也是挫败经验多多，于是凑到一起似乎就成了“普遍性”结论了。假如我们也有语文、数学、外语这样强大的队伍，一个学校里同行有十几个人，每个人一周可以上十几节课，那用不了一两年，可能就会发现彼此之间的差距；而找到了差距，眼界就会开阔许多。

（3）不可用带小团体的方式去上心理辅导课

那么，如何上好50人左右的班级心理辅导课？这真不是几句话可以说清楚的，因为每个人的情况不同，最好是能结合课例来交换意见。但是有一点是肯定的，即一定要将班级团体再划分为小组团体。不过，我们绝不能用带领小组团体辅导的要求去对待心理辅导课上的小组团体，那是完全不同的两种组织模式。心理辅导课只有短短的40分钟，要想如同小组团体辅导那样去掌控每一个小组是做不到的。

总之，作为“小团体”的小组团体辅导（或称“团体咨询”）与作为“大团体”的心理辅导课（或称“团体指导”）有着各自不同的性质、特点、功能、对象和内在运作规律。我们可以借鉴，但不能完全采用小组团体辅导的模式与规律去实施心理辅导课；反之亦然。

资料与借鉴

谈到能够促进辅导产生效果的基要条件，我曾将不同年代学者的假设做过比较，结果发现纵然在字眼上有所出入，但“真诚、尊重和同感”这三项是明显重复出现的。换句话说，不同的学者虽然对辅导持有相异的理论，但其中有共通的重点。事实上，以上列出的三项，是超越了学派和受导者类型的、被学者普遍公认的辅导基要条件……罗杰斯强调在辅导过程中，以上三项条件不但是必须具备的，而且足以使辅导产生成效，促使当事人改变和成长。

【摘自：林孟平．小组辅导与心理治疗［M］．上海：上海教育出版社，2005.】

9. 如何应对心理辅导课“形开实不开”的现状？

问题与困惑

不少学校领导都认为，心理健康教育只是观念上的东西，不需要开设专门的课程，或者认为心理辅导课可有可无。这就导致这些学校仅仅是象征性地在课程表上加上“心理健康教育课”的虚名，但真正的课时还是被班主任或其他任课教师占用。校内所有的领导和教师对此都“心知肚明”，因为课表上的课程虚名只是应付上级评估用的，“你懂的！”

心理课程这种“形同虚设”的尴尬局面反过来又强化了领导、教师和学生对开设心理辅导课的认知偏差，这种恶性循环是当前中小学心理健康教育普遍存在的。总之，阻力之大肯定超乎“顶层设计者们”的想象，实在令一线心理教师心寒。

学校领导及教师对心理辅导课的不重视也会传递给学生，误导了学生对心理辅导课的认识。在我们市里，心理辅导课只是到了高中阶段才出现在课程中，其原因则是因为高中学生压力太大，学校领导也怕“出事”，不得不开设。

答疑与探讨

应该肯定，两位老师谈到的情况无论在沿海地区还是内地都普遍存在。换言之，大家都说心理健康教育如何如何重要，都说发展

性、预防性的心理辅导课是中小学心理健康教育的主要载体，但从 1999 年教育部《关于加强中小学心理健康教育的若干意见》下达至今，真正持之以恒地开设心理辅导课的学校寥若晨星。

（1）心理辅导课“形同虚设”是一种“二律悖反”的荒唐

其原因不言自明。因为教育总是“和社会处于一种共生关系”。教育这种“与我们社会中的其他部门的共生关系对变革的前景具有重要意义”（劳蒂，2011）。我国中小学的应试教育体制为受教育者制造了大量的心理问题甚至是危机问题，因此学校心理健康教育才应运而生；但应试教育往往是“好了疮疤忘了疼”——需要心理健康教育为自己“拭灰”、“补台”的是应试教育，而排斥心理健康教育为自己“拭灰”、“补台”的也是应试教育。这种“二律悖反”的无奈与荒唐恰如丹麦哲学家克尔郭凯尔在其著作《非此即彼》（2007）中所戏言的：“上吊自杀，你会后悔；不去上吊，你也会后悔；上吊自杀或者不上吊，你都会后悔；无论你上吊自杀还是不去上吊自杀，你都会后悔。各位，这就是一切哲学的概括和本质……人类所有事情最不完美的地方在于：我们渴求的对象往往首先得通过它的对立面来获得。”

（2）接受事物的现状，在“夹缝”中求生存，在“有为”中求地位

看来我们还是要听从克尔凯郭尔的劝告：“最好接受事物的现状，而不要大惊小怪。”须知一所学校是否真正重视心理健康教育，要受到各种因素的影响。例如：领导的办学理念，所在地区校际升学竞争的白热化程度，地方政府和社会舆论对学校升学率的压力和期待，学校是否出现过危机事件，教师队伍是否受过心理健康教育的基本培训及其比例的大小，学校心理健康教育工作原有的基础，上级教育行政部门及业务指导机构的督导力度，学校中层业务部门的执行力强弱，专兼职心理教师的业务水平及其努力程度，等

等。其中，地区校际升学竞争和领导的办学理念是两个决定性的因素。很显然，在诸多的相关要素中，心理教师能够施加影响的可变量可以说寥寥无几。但是，我们也并非无可作为。就拿心理辅导课“名开实不开”的问题来说，我们首先应该看到，一所学校若能在课程表上“挂名开课”，至少说明这项工作在校领导脑子里挂上了号，而且说不定还有所追求。之所以在实际工作中并未开设，可能是受到了各种复杂因素的制约。假若心理教师经过认真准备，以课表“有名”为依据，能够主动请缨推出一两节比较成熟的心理辅导公开课，“一炮打响”，并且在讲课评课过程中高调赞扬领导的支持和重视，那么就可能为本校心理健康教育工作点燃一个“亮点”，今后就能赢得更多的话语权。这就是我们常说的“有作为才有地位”。

需承认我们心理教师是“在夹缝中求生存”。但成功的人生并不等于是顺利的人生。在学校教育的“大牌局”中，心理教师手里拿的是一付最差的“坏牌”，绝对没有主科教师手里发到的牌好，这是不争的事实。但我们要努力在条件允许的情况下，尽可能把这手牌打得漂亮一些，甚至尽可能打得可圈可点！

资料与借鉴

我们中小学教育中最大的问题是什么？复习严重过头。中小学的前11年中我们学生的复习已经饱和，第12年整整一年又完全投入到复习中……一匹马拉了12年的磨，你让它飞奔，可能吗？不仅今天奔不起来，永远也不会像一匹从不拉磨的马一样飞奔……我们漫长的12年中的过多的复习，使得学生们失去了敏感、兴奋、对新知的巨大好奇。没有了这些，他们将与一流的科学创造力绝缘。

【摘自：郑也夫．吾国教育病理［M］．北京：中信出版社，2013.】

10. 班主任上心理辅导课是否是“额外的负担”？

问题与困惑

我是一名小学班主任，担任五年级语文课教学。这学期我们学校里开展心理健康教育，由于没有专职的心理老师，学校要求由班主任来兼任心理辅导课教师。我觉得这是一份额外的工作，我担任一个班的班主任，还要教一门主科，已经够累了。特别是班主任工作压力很大，班级学生有一点风吹草动或者哪一科考试我班学生未考好，又或者科任老师反映我班学生有不良情况，等等，都会令我愁眉不展甚至心烦意乱。现在又要加上一门心理辅导课，我怎么承受得了？

答疑与探讨

我很理解这位老师的焦虑心情。班主任是学校里“最小的主任”，却在学校里承担着“最大的责任”。俗话说：“上面千条线，下面一根针。”千头万绪的事务工作和千家万户望子成龙的社会期待，最终都汇集于班主任一己之身。那么，让班主任兼任心理辅导课教师是否真的是一种“额外的负担”呢？

（1）上心理辅导课能让班主任懂得什么是真正的教育

我想先给大家讲讲我一位徒弟的经历——

大概是十几年前，我带过一个徒弟。那时她走上教育岗位才一年多，担任初中英语教学工作和班主任。正式上班刚过半个月，她就按学校要求开了第一次心理辅导课，所以她还是一个兼职的心理辅导教师。

有一次，在上“学会沟通”心理辅导课时，她请学生谈一谈在交往过程中出现过的问题。有个男生说每天和他打篮球的好朋友，有一天突然和别人去打球而没有叫他，他很不高兴，友谊开始转淡。还有一位学生说，一次他碰到难题问成绩比自己好的同桌，而同桌一边做作业，一边头也不抬地说：“你自己再想想吧！”他觉得同桌的不耐烦是在嘲弄他的愚蠢，于是好几天都不再理睬对方。而给她印象最深刻的是一位女生，她含着眼泪说有一次上自习时，同学向她借橡皮，她回头说了一句话，就被当时管纪律的班长点名批评，她觉得很委屈，自尊心受到伤害……课后，我的这位徒弟跟我谈体会说：有些事情，在我们老师看来只不过是微乎其微的小事，而在学生的眼中却是份量很重的大事，这促使她从一个新的视角去重新观察学生，并重新认识教师应尽的责任。她还告诉我：“过去在大学里听老师讲，教育者要拥有一颗孩子一样的心和爱孩子的心，用孩子的标准去解决孩子的事，而不能以自己的标准去解决他们提出的问题；否则，教育就很容易变成空洞无力的说教。那时我对这句话并没有什么感觉，一直到上了心理辅导课之后，听到了许许多多平时学生们不会讲出来的心里话，才发现很多时候我们并没有真正读懂学生的心。所以，后来我再遇到这种情况时，都会要求自己从学生的角度去思考，时常表达同感，比如‘如果我是你，我也会这么想’，等等，使学生在被接纳的过程中敞开心扉。”我的这位徒弟之后一直都是身兼班主任、英语教师，还坚持上心理辅导课。她说：“心理辅导课让我跟学生的心灵贴近了，师生关系更亲密了。要知道，当你的学生用一种亮亮的眼神看着你时，会有一种成就感、一种幸福感从你的脚底升起，弥漫你的全身。此时你会暗暗感叹：这才是真正的教育！”

（2）上心理辅导课能让班主任提升自己的班级管理水平

从我的这位徒弟的经历可以看出：班主任上心理辅导课至少有以下几个好处：

①有利于班主任走进学生的心灵，从学生的视角看问题，了解学生的成长经历，了解学生丰富的情感世界，了解学生内心真正在意的东西，从而从人性的层面去理解学生的喜怒哀乐。

②密切了师生关系，因为有那么一个特定的安全氛围和空间，可以使学生暂时放下课业的负担，坦露自己的心扉；而教师也会在一种民主气氛的互动中卸下自己的“权威面具”，以平等的态度与学生共同探索成长道路上的是非曲直。

③填补了班会课无系列内容的空白，使德育主阵地更具有实战力量，更加坚不可摧。

④心理辅导课的发展性主题涵盖了学生成长关键期的共性需求，使班主任在班级管理中对可能发生的问题有了预见性，并通过系列的团体辅导活动积极加以防范，从而能更充分地扮演好学生成长“导师”的角色，并掌握建设健康班集体的主动权。

⑤通过心理辅导课的实践，班主任会深刻地体会到，教育实际上是一种情感活动，教育不是对学生大脑的灌输，而是对学生的“全人”加以关怀和引领；班级管理说到底不是靠制度管理，而是靠情感管理，课堂教学的效率说到底也取决于师生双方的情感联系。所以，大凡上过心理辅导课的班主任，都会不知不觉地把自己在心理辅导课上练就的一些师生沟通技巧，迁移到学科教学中去，从而使自己的学科教学及日常班级管理更人性化。

可见，对班主任而言，上心理辅导课不是一种额外的负担，而是帮助自己修炼教育情感、更新教育理念和提升班级管理水平的锐器。

（3）**上心理辅导课是班主任义不容辞的责任**

台湾师范大学的吴武典博士（1996）指出：“我们把辅导活动看作一种教育活动，却不宜把它看作一门独立的学科，与国语、数学、自然、社会一样，由专门的老师在固定的时间来授课。本质上，辅导是一种精神、一种态度、一种方式或一种媒体。凡是教育工作者，都有辅导的责任，尤其是与学生接触最多的导师（即班主任——作者注），更是辅导的中坚，是决定辅导成败的关键。因为仅凭学校中有限的辅导专业人员（如辅导教师）或有限的校外心理卫生机构（如儿童心理卫生中心），必然无法应付众多的学生需要和问题。欲让辅导发挥全面的效益，站在第一线的导师必须多负起辅导的责任。”台湾地区的中小学心理辅导课起步于 20 世纪 60 年代，我们应高度重视他们摸索出来的宝贵经验。

资料与借鉴

无论教师教授哪一学科，他首先传达给学生的是一种信念，相信人类智慧的力量，对知识的强烈渴望，热爱真理，以忘我的为社会做有益的工作为目标——当教师能向学生同时展现个体间高水准的和完美的关系文化，能把公正和灵活结合起来，能把热忱和谦虚融为一体时——那么，这也会不知不觉地影响年轻一代成为精神高尚的人。

【摘自：季姆娜娅．教育心理学［M］．杜岩岩，译．北京：教育科学出版社，2008.】

11. 班主任作为管理者，能上好心理辅导课吗？

问题与困惑

我是一位初中一年级的班主任。去年，我参加了省里组织的心理健康教育C证培训。在培训过程中，我深深感受到心理健康教育实在是太重要了。所以，今年开学后，我就主动要求担任兼职心理老师，并且尝试在自己的班级里开设心理辅导课。但试教了几节课之后，我就发现自己学的都是一些心理学的初级常识，对于开好心理辅导课，只是停留在“纸上谈兵”的层面，毫无实践经验，所以常常感到力不从心。渐渐地，我有了一种担心：我这样一个心理辅导的“门外汉”，只经过短期的培训，能上好心理辅导课吗？

我现在的难题是，一方面要当班主任，一方面还要上心理辅导课。处在班主任的位置上我要处理很多学生的矛盾和问题，比如这个学生不好好做操啦，那个学生作业又没做完啦，或者是某学生在课间休息时又跟别人打架啦，等等。我作为班主任，难免会心焦气躁，劈头盖脑地把这几个学生批一顿。可是接下来我要上心理辅导课，哎呀，那个气呼呼的状态就很难调整过来。反过来也是一样，有时我充满激情地上了一节心理辅导课，师生之间在课堂上交流互动很温馨，可是接着就有政教处的干事找上门来，说我们班的卫生包干区没有扫干净，班级量化考核要扣分，于是那一点点的好心情马上烟消云散，恨不得立马把今天的值日生找来痛骂一顿。我觉得自己好像一会儿在热水里泡澡，一会儿又被冰水从头浇到脚。有的老师告诉我这叫“角色冲突”，我该怎么办呢？

答疑与探讨

首先，我们要为这两位班主任老师对心理健康教育的那种紧迫感和责任感叫好！一个班主任，如果没有对青少年发展关键期重要性的深刻认识，是不会对开设心理辅导课抱有这种热情的。

从这两位班主任提出的“门外汉”、“力不从心”和“角色冲突”的问题中，可以看出一些教师对自己的“专业化”程度信心不足，所以我们有必要对心理辅导课的“专业定位”先做一个界定。

（1）心理辅导课更多地属于团体辅导中的“指导性”课程

心理辅导课是学校心理健康教育多种载体中的一种，与“个别辅导”、“小组团体辅导”、“心理测量”等其他媒介不同，其“专业定位”要稍低一些。这一定位的基本要点就是：

①心理辅导课更多地属于“指导性”课程，所以会更注重情感教育和提供信息，而不可能像“团体咨询”(即“小团体辅导”、“小组辅导”）那样，重在体现自我成长或发挥矫正、治疗的功能。

②心理辅导课是学校课程的一个组成部分，受学校教学总体计划的制约，所以不可能像“团体咨询”那样在改变个人认知或行为模式方面做得那么深入。

③心理辅导课涉及更多的学生，所以使用的是40分钟左右的教学过程，它不要求教师在咨询理论和技巧上有特殊的训练，也就是说，不要求开课教师像“团体咨询”的带领者那样表现出更多的专业技术，“有强大的推进技

能的有效教师，即可以在带领团体指导上大获成功”（施密特，2005）。

我国台湾地区辅仁大学心理系教授夏林清（1994）指出：“学校中的大团体辅导往往围绕着大部分学生的共性来进行组织，辅导教师帮助儿童探索和理解他们如何感知正在发生的事情。通过直接参与某个讨论或者活动，辅导的效果就能够产生。经验证明，学校团体辅导产生的一个很好的附加作用是，不论学生是安静地坐着看，或者是直接参与，就算是什么都不做，仅仅是‘在那儿’，他们也能学到东西，获得成长。”

夏林清教授是哈佛大学咨询心理系的博士生，回台湾地区后又有长期从事个别咨询和小团体咨询的实践经验，在别人的眼里，她是一位“咨询专家”。到社会不同群体中上课的经验，促使她反省小团体咨询方法的局限性。她在思考如何“不被心理辅导与治疗小团体操作形式限制了对团体场域中人类现象的理解”，如何“避免成为玩弄技巧操弄团体活动的‘专业技工’”。最后，她对自己的专业生涯做了一个重要的内在的认同选择——她选择做一名“教育工作者”而不做“咨询工作者”。意思是说，她不选择成为一个靠“咨询技术”吃饭的专业工作者，而选择认同“教育者”的专业身份。这个抉择的意义在于她选择了一组传统的社会角色关系（学校中的师生关系）来作为她长期积累的专业知识及咨询方法“着床”的母体。

夏林清教授的体验指出了中小学心理健康教育的一个重要的方向，就是心理教师和心理教研员不能戴着技术主义的眼镜来看待学校大团体辅导中出现的问题，不能对积极参与心理辅导课实践的班主任提出过高的“专业要求”；而班主任也不能因为自己是“半路出家”而妄自菲薄。相对于我国港台地区大批从西方名校心理学专业毕业出来的同行，内地毕竟起步较晚，无论是经过心理师范教育系统培训的“科班生”，还是只参加了几百个学时培训就获得认证的“国家级咨询师”，都应该有自知之明。学校心理健康教育必须要有千千万万第一线班主任的积极参与，才有望取得成效。

所以，明确提出心理辅导课的“专业门槛”不能太高，保护中小学班主任加入“心理辅导课教师同盟军”的积极性，成为远比建设“专业化队伍”更为紧迫的当务之急。

（2）班主任上心理辅导课有两个独到的优势

从另一方面来说，作为班主任，我们也是“专业人士”；在如何教育引导学生的问题上，我们绝非“门外汉”。教育学与心理学本来同出一门；上好心理辅导课与当好班主任，两者之间有一种天然的内在联系。据我长期的观察，班主任在上心理辅导课方面有两个独到的优势：

一个优势是对学情的真切了解。班主任和学生从早到晚厮守在一起，对学生中发生的各种实际问题了如指掌。如果能通过一些心理学的基础性培训，帮助他们掌握青少年成长发展的规律及关键期，并能从人性的基本需求方面对大量现实生活中的学生案例重新思考，就能更加贴近学生的内心世界，在开课的主题设计上“号准”学生的心理脉搏。而这一点往往是专职心理教师难以做到的。

另一个优势是，班主任一般都是由学科教师担任，他们在长期的课堂教学实践中积累了丰富的经验，无论在调动和组织学生课堂活动方面，还是在把握课堂的发展走势方面，班主任往往游刃有余。正是由于这个原因，我们看到的许多精彩迭出的心理辅导课常常是班主任上的。

总之，“纸上谈兵”是很难练就心理辅导课的实战技能的，如果班主任感到“力不从心”，那只能说明课上得少了。只要坚持不懈，努力探索，班主任开设心理辅导课一定会“驾轻就熟”起来！

（3）每个人都有多种角色，“角色冲突”不等于“角色对立”

每个人在社会上都具有多重角色，不存在只有一种身份、一种社会角色的社会人。而不同的角色自然会引发角色冲突，这本身是无可回避的。如社会心理学家格罗塞（2010）所说：“现代社会不是由相互层叠、边界清晰的群体构成，而是由同时具有多角色、多参照标的个体组成。”“现代社会建立在人们的流动之上，……建立在他们身份的多元性之上。”

的确，我们每天都需要扮演许多角色，其中一些必然会引起角色需求的冲突。美国心理学家蒂奥（2012）曾举过一个经典的例子：法官的角色要求该个体态度冷漠、客观；父亲的角色则要求该个体充满感情。通常情况下，这些角色需要之间是不会产生冲突的，因为一个人一次只能扮演一个角色。但是当一个法官发现他的女儿作为被告出现在法庭上时，冲突就产生了。同样地，若你既是学生也是运动员，当教授让你考试的那一天，正好教练也要你去校外参加一个比赛，此时的你就会陷入冲突之中。所以，蒂奥认为：“当被期望同时扮演两个不同地位的互相矛盾的角色时，我们就会经受角色冲突。”

中小学班主任常常会兼任心理辅导课教师，这是一个大趋势。即使在我国台湾地区，学校心理辅导已经经营 40 余年，这种兼有班主任和心理教师双重角色的现象也是普遍存在的。我们当然可以想见，班主任是管理者角色，而心理辅导教师是辅导者角色，两者的身份确实有冲突，可是两者之间也并非没有相同之处。如果班主任经过心理健康教育的培训之后，能从内心深处不再把自己看作专门管理、控制学生的权威人物，而是把自己看作学生的朋友、青少年成长道路上的“引路人”，那么两种角色就会找到共同点。至于两种角色的社会职能规范有冲突，则可采取“到什么山上唱什么歌”的办法来加以化解。也就是说，在具体情境下扮演好具体的社会角色，无须在内心感到压力和冲突。还有一个处理办法，就是提倡各班班主任交叉上课，这样可以回避在本班心理辅导课堂上可能引起的角色不适感。最要紧的是，对于上心理辅导课的班主任来说，对学生抱有充分的尊重、理解、真诚、接纳、支持、鼓励、关爱等基本的辅导态度，并能在日常的班级管理工作中尽可能地加以融合，就能慢慢地做到将辅导和教育“合二而一”。

班主任终将成为发展性心理辅导的主力军，并能在两种社会角色中游刃有余——我们坚信这一点。

资料与借鉴

“角色”这个词来源于戏剧，正如在戏剧中一样，它指的是处于特定社会位置的人被期望表现出的行为。当我们扮演一种新的社会角色时，起初我们可能觉得很虚假，但很快我们就会适应。

【摘自：迈尔斯．社会心理学［M］．侯玉波，等，译．北京：人民邮电出版社，2006.】

12. 心理教师可以尝试做班主任吗？

问题与困惑

我是一所高中的专职心理老师，去年又当了一年的班主任。一年下来，有快乐也有悲伤，有收获也有遗憾。对于心理老师是否适合当班主任，我也有很多困惑、迷茫的地方。跟很多同行一样，作为心理老师，我希望给学生留下亲切、温和的形象，能够让他们有心里话时愿意找我倾诉，能够更多地理解他们，而不是一天到晚给他们施加压力。但作为班主任，为了班级的整体利益，有时势必要忽视某个学生的个体利益，这个时候就会发生矛盾冲突，处理这种冲突有时自己都从心底里对自己不认可，这样就会感觉很痛苦。

比如说，很多班级都给学生加了“午自习”，要求学生中午在教定里自习1个小时。而我认为学生一天的学习很辛苦，中午应该适当地放松和休息，不应该过分制造紧张气氛，因此我并没有强制学生中午必须在教室里学习。这样留给学校领导的印象就是我们班的学习氛围不浓，中午在教室里学习的人太少。再一看考试后的成绩，其他班级实行了午自习，短时间内真的有了一些效果，而我们班的成绩没有进步就是退步，这就成了我这个班主任的“责任”。有的时候迫于压力我就不能坚持自己的想法，只好妥协退让，让学生参与到“午自习”的行列中。还有，作为单一的心理老师，本身没有任何班级考评的压力，因此可以很轻松理智地面对学生；而作为班主任，一天当中的情绪是起伏不定的，各种评价机制在制约，再加上各科任老师告学生的状，比如谁今天上课说话了，谁没交作业了……如果这些事情在一天中碰到了很多次，就很难心平气和地去面对学生，无形中会不经意地拉大与学生的距离。

所以，我认为心理老师和班主任在学生面前扮演的角色是不一样的，班主任是学生的领导者，他是站在前方带领学生披荆斩棘获取成功的人；而心理老师是走在学生旁边甚至是学生后边，当路不好走时，随时扶上一把，让他看清方向跟上队伍的人，而这两者应该是缺一不可的。

但换一个角度想，这一年我也有收获。有机会站在第一线接触学生的学习生活，感受到家长的良苦用心，也切身体会到了班主任工作的苦与累，这些经历和体验是我单纯做心理老师不可能有的。总之，如果再有机会做班主任，我相信有些问题我会处理得更好。

答疑与探讨

首先，我想应该先明确一下这个话题的讨论前提，即“心理教师兼做班主任”只是入职初期的一种历练，并非长期的职业行为或硬性要求。我们之所以提倡刚刚入职的师范院校心理学专业毕业生到第一线担任为期1~2年的班主任，是为了让心理教师能真正“懂学情”、“接地气”。

（1）心理教师首先必须过好“教师关”

刚刚毕业的新任心理教师要想上好心理辅导课并有效处理学生的个案问题，离开对学情的透彻了解，离开班主任、学科教师和广大家长的信任与支持，是很难取得实效的。如果一天到晚只是“猫”在心理辅导室里看看资料、搞搞心理测试、按时接待一下来访学生，是很难被学校里的领导班子、教师团队理解和接纳的。如果没有自己带班的经历，即使走进教室开设心理辅导课，你的心里也是发虚的，你的声音是没有底气的，学生一眼就可以把你“看穿”——你“根本不了解我们”，你的话题“我们不感兴趣”，你只不过是一个初出茅庐的“学生兵”！再说，如果没有这样一段亲自“下连当兵”、在一个由你领衔的班级里面和学生朝夕相处、同甘苦共悲欢的经历，如果没有这样一段在年级组办公室里与同行们一起讨论学情、诉苦发牢骚、听学科教师对班里学生抱怨不满的经历，你就会有一种空虚感、孤独感、不安全感，你的心里就不踏实，总觉得自己好像是“局外人”。如果你不敢冲破“角色冲突”的精神藩篱，不敢蹚班级管理的“地雷阵”，你就没有过“教师关”，那么当你就某个学生、某个问题提出你的专业见解和建议时，学生、家长特别是教师同事们就会认为你不过是“隔空喊话”、“站着说话不腰疼”，甚至会有人不客气地对你提出挑战：“要不你来当班主任试试，做个样子给我们看看！”

（2）心理教师当班主任有自己天然的专业优势

心理教师与社会心理咨询师之间的一个重要区别，就在于心理教师首先要让自己进入“教师”角色。那么，由此带来的“角色冲突”怎么办？应该承认，这是确确实实存在的，而且会像前面那位教师描述的那样令人苦恼，但它们也并非“水火不容”的绝对对立。我认识一位心理系的毕业生，名叫陈艳，她在浙江省奉化二中任职3年多之后，意识到自己与班主任队伍之间存在心理距离，就主动要求做了一年班主任。经过努力，她取得了意想不到的成功。下面是她的一些感悟：

我知道，化解大家的质疑取决于我接下来的工作，我只有发挥心理教师在班级管理中的优势，才能得到学生、家长和同事们的认可。开学的头几个月，我几乎每天待在学校，与学生同作息，关心学生的冷暖，关注学生的成长，分析学生的个性特点，委任适合的班委，提供个性化的学生发展建议。根据团体辅导的相关原理，我让学生自己设计班徽、制定班规，打造“远志七班”的共同愿景。我还运用个别辅导技术，有技巧地与学生开展一对一的谈话……第一学期结束时，我再次翻开自己的班主任记录手册，感到很欣慰，与班里每个学生我都至少进行过两次以上的个别谈话，到过 30 多个学生的家里，与家长的电话沟通达 180 多次。我的付出渐渐赢得了学生和家长的认可，直到有一天，德育副校长告诉我，我们班一位学生家长对他说：“我孩子的班主任真是好，工作尽心尽责，更重要的是她懂孩子！”

在当班主任的过程中，我深刻体会到，我们面对的学生是“人”，他们有很多喜怒哀乐需要与人分享，需要有人倾听，倾听能往学生的心灵注入阳光，而班主任无疑是最好的倾听者之一。同时，班主任若要更多地了解孩子，也必须深入孩子的家庭，了解家长，了解孩子成长的过程。也许正是因为我在这一点上花的时间比较多，所以赢得了家长的认可。

总之，对于“心理教师当班主任”，我的感悟是，只要用自己的真诚和热情去赢得家长的信任，用自己的个性优势去赢得学生的喜爱，用自己的专业优势去创新班级工作，用自己的时间优势去弥补“非必修课”的不足，那么，在“心理教师角色”与“班主任角色”之间就没有填不平的沟壑。通过当班主任，我逐渐找到了心理教师的独特价值，同时也更深刻地明白，阳光照在学生的身上，只能暖和他们的肌肤于一时，只有精神的阳光才能照耀他们的心灵深处，温暖他们一生。

（3）心理教师可依靠自己的人格特质来化解“角色冲突”问题

当然，在具体的班级事务中会有一些让我们进退两难的问题，而此时，我们要澄清自己的角色。因为每一个工作岗位都有其相应的社会角色，即一套对个人行为与其特定地位相吻合的期望。今天，你的身份是班主任，你的行为举止就要或多或少地符合这个角色。身份和角色看起来像一个硬币的正反两面：身份基本上是静态的，就像瓶子上的标签；而角色是动态的，受特定的场合和个人人格的影响。如法国社会学家雷蒙·阿隆所说："无论我扮演何种角色——父亲、公民、教师、记者、乘公交车旅行的人、度假者，我都遵循某些行为模式，遵从某些风俗，遵从某些规则。"上面那位"心理班主任"的体会，也许可以给我们提供一些依靠自己的人格特质来解决这个两难问题的思路。

总之，"到什么山上唱什么歌"。当你坐在心理辅导室里接待学生或者上心理辅导课的时候，你是心理教师；当你走进自己班级的自习课堂的时候，你是班主任。两者的工作性质可以不同，但学生可以看到，在两个不同角色的背后是同一个他们信赖的知心朋友。

资料与借鉴

通过观察其他教师，心理教师可以提升自己领导大团体的技能，并改善面对学生、家长和其他教师的表现。

【摘自：施密特．学校心理教师工作指南［M］．孙菲菲，等，译．北京：中国轻工业出版社，2013.】

13. 班额太大的班级怎么上好心理辅导课？

困惑与质疑

心理辅导课是促进学生心理健康和人格完善发展的重要途径。在心理辅导课上可以把学生普遍遇到的困惑作为集体讨论的话题，启发学生思考，也可以通过体验式活动促进学生的人格成长。但现在中小学班级的人数太多，特别是高中，不少班级的人数达 60～70 人，无论是启发式思考还是体验式成长，都很难顾及每个学生，往往只有一小部分人获取直接经验，大多数人获取的是间接经验，而间接经验对学生心灵成长的作用相对于直接经验而言就差了很多。那么该如何克服这个困难，在大教学班上好心理辅导课呢？

我在大学接触的相关课程要么是以讲授为主的，要么是讲授加团体活动。由于我接受的训练主要是个体咨询而非团体辅导，现在面对的又是异质性的中学生群体，所以对课程的开发与设计有很多的困惑。

我开的是一门校本选修课程，选修的学生来自高一的 21 个班级，共 30 人左右，事先没有任何访谈筛选，学生们只是对课程名称（“青春成长体验营：高中生心理素质拓展”）有兴趣或者是因为没有别的课可选，才选的这门课。课程时间目前是 40 分钟，有两个这样的班。本来一学期应该有 12 次课左右，但实际上常会因别的事而取消，上学期最后只上了 9 次，有些计划的内容都没讲完。

我现在的困惑是：如果是理论讲授加团体活动，时间就会不够用；有的学生建议两节课连上，这样就有80分钟，可以一半讲授一半团体活动。但如果两个班的学生并到一起，我感觉很难掌控，座位也不够。此外，有些学生喜欢听讲授，有些学生喜欢团体活动；加之学生来自不同班级，互相不熟悉，很难让他们做较深的交流。

我想知道，异质性团体心理课程设置多少学生比较合适？有必要设计成一节课讲授加一节课团体活动的形式吗？给异质团体上课，怎样帮助他们加深相互了解和信任？

答疑与探讨

这两位老师提出的问题实际上击中了国内高校心理学教育的软肋。目前高校的心理学课程，从针对性来说，脱离了中小学教育的实际需求；从专业性来讲，又与国外的专业精细分工相去甚远。由此导致心理学专业毕业生走上工作岗位后，很难适应中小学心理健康教育的实际需要，造成了相当多的困惑。这是当下很突出也很普遍的一个问题。

（1）不能用“小团体咨询”的模式来运作心理辅导课

学校团体辅导的主要任务是促进学生的发展，这个“发展”不是成年人在身心发展基本成熟意义上的“再成长”，而是一种从幼稚走向成熟、从自然人走向社会人的“成长”，是一个尚未完成但必须完成的“阶段性发展任务”。这一点就决定了心理辅导课不能各行其是地设计专题，也不能根据自己在学校里学过的那些游戏活动来设计专题，更不能把心理教师主观上感兴趣的话题投射到学生身上，而应该根据青少年身心发展的规律来设计课程。这样既保证了辅导课程的针对性，又体现了它的专业性。这也是我这几年努力打造“发展性辅导六六工程”的用意。

心理辅导课又称“大团体辅导”，从多数情况来说应该是为同质成员组织的。那些异质团体一般是指“教育团体”、“任务团体”或“成长体验团体”，所以不可能做得很深入。另外，“同质”还是“异质”也是相对而言的，不存在绝对意义上的“同质团体”。“同质团体”往往指的是在某一目标上大家是一样的。这样说来，班级心理辅导课，可以说它是“同质的”，因为成员年龄相同，遇到的发展性困惑问题也基本相似；但也可以说它是“异质的”，因为同样面临学习困难，每个人的具体情况是不同的。

由此看来，第二位老师组织的团体实际上是“教育团体”（雅各布斯语），是属于讲座加一点活动，所以无法用咨询团体的概念去加以考量。“教育团体”就无所谓凝聚力大小，人越少，越有凝聚力，反之就越松散。该教师组织的不是咨询团体，不可能要求学生之间有信任感和做深入的交流。

所以，不如用“大团体”和“小团体”的概念。“小团体”应该是基本同质的，以 8～12 人为限，最多不超过 18 人。这样的团体有共同的目标和面临的共同困惑，成员有很强的意愿，还要经过筛选。如果做不到这一点，心理教师就开讲座，或者叫“选修课”，那就是“大团体”；而且从严格意义上讲，这还算不上是“团体”，更不用说“团体辅导”。因为没有信任关系，就没有辅导。

（2）班额过大时，必须将“大团体”切割成若干“小团体”

说到学生人数，班级心理辅导的人数限额不是由心理教师说了算，而是在学校行政编班时就已经形成。但是班额太大（例如第一位老师说的达到 60～70 人），那本身就是中国应试教育孕育出来的“怪胎”，这样的大班当然就无法按团体辅导的规律办事了。在正常情况下，50 人左右的班级都是可以开好心理辅导课的，关键在于操作过程中要将班级“大团体”适时而巧妙地分割成若干小组，即“小团体”。数以千百计的成功课例完全可以证明这一点，我国台湾地区将近40年的班级团体辅导历史更是证明了这一点。至于真的碰上60～70人的大班，则应该分成两个小班，由两位心理辅导教师（或由心理教师和班主任）同时在两个场地带领。

最后，我建议上100人左右的“大课”不如搞讲座，绝不可以做游戏。当然，开讲座时对话题和演讲者个人的技巧有较高的要求，演讲者一定要制作好多媒体课件。

资料与借鉴

雅各布斯认为：“当团体扩大规模的时候，成员之间的凝聚力会随之下降。”迈里克也观察到“团体咨询的规模如果多于10人，过程会变得不那么清楚，团体的目的也会有所改变。当这些情况发生时，团体的过程就会变得有别于咨询，就会更富于教导性和信息性，对团体成员的个人关注度也会降低。”

【摘自：施密特.学校心理咨询实用规划［M］.沈湘秦，译.北京：中国轻工业出版社，2005.】

关于心理辅导课设计过程的困惑

14. 没有统一的大纲和教材，该怎么选择主题？

问题与困惑

我们地区没有按照年级和阶段特点详细编排的课程大纲，导致很多学校的心理老师“军阀混战”，各上各的课。而最让我头疼的是每次备课都没有教材。职业高中有一本俞国良主编的教材《心理健康》（高等教育出版社出版），而普通高中却没有。我手头的参考书大多是按照专题编排的心理课教案，缺少针对相应年级的。

我是小学的专职心理老师，也遇到像你说的这些问题与困惑。我教四、五、六年级，每周一节心理课。开学三周以来，自我感觉不好，有些班级的纪律较差，但是最大的困惑就是怎样安排教学计划，总觉得没有体系。每个星期要上 15 节课，还要上公开课，怎么选主题才能既让学生感兴趣，又让他们有所收获呢？

我是新手，很郁闷的。今年在高一开课，没有头绪。主题都不知道怎么确定。第一节课和学生探讨过上什么内容好，他们的意思是“你不是老师吗，上什么由你决定”。等我讲下去时，一看他们都不感兴趣。尽管我使尽了吃奶的力气，但讲故事他们也不想听；让他们表演呢，大家都不爱动；游戏课上问大家要不要玩，大家都很大声地说“要！”，可是当开始找人玩游戏时，又没人愿意出头。或许他们就喜欢坐在那里等别人一口一口地喂吧，我都快绝望了！高中的心理课真的不好上，连我自己都快搞不清要上什么了！

答疑与探讨

看了这些来信，觉得真是难为了各位同行，用“巧媳妇难为无米之炊”这句话来形容大家心里的惶惑，一点也不为过。可以说，在当下的中小学教育系统中，还没有其他哪个学科的教师会遇到每节课都要“找米下锅”的难题。

当然，这是宏观层面的问题。开设一门课，一定要有大纲和教材、教参，这自然应该是国家行为。可是从1999年教育部《关于加强中小学心理健康教育的若干意见》下发至今，十五年了，居然没有形成一个发展性心理辅导课的课程大纲，谁之责，又谁之过也？

心理辅导课是发展性、预防性心理健康教育的主要载体。中小学生的成长发展是有年龄特征和内在发展规律的，因此，发展性和预防性的心理辅导活动课程也必须有一个系统的、与学生成长历程相对应的内容体系。这样一个科学的、连续不断的发展性辅导内容体系，当然要根据国家权威部门的“课程标准”来确认。

这件事情不能再拖下去了，这是今天讨论的前提。

说到教材，我倒认为，除了大纲之外，最重要的不是编写教材，而是编写教学参考书。至少下一个或两个十年内，在发展性、预防性辅导方面，国家教育行政和教育科研部门应该给每个心理教师提供这样两个可操作的“蓝本”和“拐棍”。特别是教师的教学参考书，应该尽可能详尽。

但是，即使上面所说的大纲和教参都具备了，心理教师还会面临校本心理课程的补充选题问题。所以，还是需要明确一些选题的基本原则。

（1）选题要考虑自己所教学年段学生的基本年龄特征

学生的基本年龄特征不是我们过去所学《发展心理学》中泛泛而谈的

那些结论，而是在一个一个活生生的个体身上表现出来的特点，是在开课之前就需要我们去亲身接触了解的那些特点。所以，心理教师初来乍到，第一件要做的事情就是尽可能多地深入教室、操场、餐厅、宿舍甚至学生家庭，和辅导对象交朋友。心理教师虽然没有班主任那么多的便利条件，但心理教师的天然优势是其人际交往技能，我们要利用一切机缘，和学生打成一片。在这个过程中观察学生、了解他们身上表现出来的种种年龄特征。这是活的《发展心理学》，它会给你以灵感、启发和对理论的新的领悟。在这个过程中，一个个鲜活的辅导话题便会“思如泉涌”。如果等到上第一节心理辅导课的课堂上，我们才和自己的辅导对象第一次见面，那就已经跟学生拉开了心理距离。

（2）选题必须关注和研究学生的生存环境

学生在学习和生活中遇到的心理困惑才是他们真正感兴趣的话题，而这些心理困惑一定是在与周围环境的互动中才会产生的。因此，心理辅导课的主题设计必须关注和研究学生的生存环境。但在现实中，心理教师对第一线学生的实际状况了解不够，这导致对学生现实生活研究的缺位。所以，我们可以主动争取做“副班主任”，有这样一个“名分”，就可以进入本来陌生的“教育生态环境”，就有了一块属于自己的“试验田”，而最终目的就是研究学生与生存环境的互动关系及其萌生的各种心理困惑。如果教师只是根据自己的经验主观地列出几个题目，便认为可以进行心理课的设计了，这实际上是一种简单化、表面化的选题处理，不能真正准确地把握学生的心理需求。

（3）选题必须从个案来访提供的信息中寻找共性话题

心理辅导课与我们在心理辅导室里开展的个案辅导是互相呼应、良性循环的。心理辅导课若能受到学生的欢迎，那么到辅导室里来求助的学生就会越来越多；而心理教师在辅导室里接触的学生个案越多，开设心理辅导课的主题和素材就越符合学生的实际生活，就越能受到学生的欢迎。

（4）三个可操作的选题建议

最后，我想引用一位不知名网友的体会来补充三个可操作的具体建议——

我觉得实践证明，若能选准辅导主题，反映学生的心理需求，心理辅导课就成功了一半。要做到这一点，在课堂里就要放弃“我是老师”的想法。如果总想着“我要教你什么”，就会和学生有距离，学生会想：“你算什么！”因此，尽可能带着一种“共同探讨人生”的态度可能会比较好一些。大家都记得大学心理咨询专业课上说过，倾听、理解是心理咨询人员的守则。做一个课前调查，也许更能帮助你了解什么是学生想要知道的。所以我的做法是：课前向学生书面征集主题，然后把搜集来的主题进行分类整理、统计分析，并做到照顾差别，有的放矢；向教师征集主题，及时和班主任进行交流，了解学生的思想动向和情绪状态，获得第一手信息，大大提高辅导主题的针对性和有效性；向社会征集主题，根据当前互联网上流行的时尚元素，进行适当加工后设计出具有明显时代气息的辅导主题，激发学生参与的愿望。

总而言之，三条基本原则加三个具体建议，也许会有助于解决上述“选题难”的困惑。

顺便提醒一点：每周安排一节心理辅导课，密度可能大了一些，一般来说，两周一节比较恰当。否则，为了凑数，把一些针对性不强的话题硬塞进去，反而倒了学生上心理辅导课的胃口。

资料与借鉴

发展性指导的团体训练是学校的指导课程中相当重要的一环。发展性的团体训练可能会有具体的预防性的目标，但总的来说，其本质仍然是以成长为导向的，而且是为了“并不要求发生较大个人转变，更关注……种种发展性问题”……而设计的。

【摘自：卡普兹. 团体咨询方法——培训师手册［M］. 孙时进，等，译校. 北京：中国轻工业出版社，2008.】

15. 可以用一种理论流派作为依据来建构心理辅导课体系吗？

问题与困惑

我是一个高中心理教师，最近买了一本《积极心理学团体活动操作指南》，全书根据积极心理学的理论设计心理活动课，包括六大部分："1. 积极优势：发现并利用个人特长；2. 积极情绪：打开快乐之门；3. 积极关系：建立和谐人际关系；4. 积极应对：从挫折中重生；5. 积极成长：激发内在动机，实现目标；6. 积极组织：传播幸福病毒"。每一部分里又分为1～3章，每章包含5个游戏活动，共计75个游戏。这些游戏大部分都是我在大学接受团体训练时做过的，比较熟悉，只是书中用积极心理学的理论框架把它们梳理了一下，我觉得也蛮有新意的。但是前几天，我跟与我同处一市的一位大学同班同学见面聊天，发现她也在用这本活动方案，而她是教初中心理辅导课的。我马上想到了一个问题：如果她的学生中考之后进了我们这所重点中学，那我要上的心理课内容不就毫无新意了吗？然后我们俩又同时想到了另一个问题：会不会有些小学心理老师或者大学心理老师也在用这本活动方案呢？接下来我们又谈论到一个话题，那就是：以积极心理学作为心理辅导课的设计体系，是否可以涵盖中小学生成长过程中的全部心理需要呢？

答疑与探讨

这是一个在新形势下出现的新问题。进入21世纪以后，关注人类优势与幸福感的积极心理学水涨船高起来，美国哈佛大学、英国惠灵顿学院及我国的香港中文大学先后开设了讲授积极心理学的“幸福课”。这样一股浪潮很快波及我国的中小学，于是近年来就出现了以欧美幸福课为模本的积极心理学团体活动课的“准课程”，这是心理辅导课程领域内一个大胆、前卫的探索与尝试，应当予以充分肯定。

但这个新的发展形势也引出了一些理论和实践方面的问题，需要我们深思。

（1）**设计心理辅导课体系的理论依据是多元的**

在中小学心理辅导课程的研究领域内，儿童与青少年面临的成长需要与发展危机恐怕不是积极心理学的理论体系所能完全涵盖的。在中小学设置心理辅导课程，它的理论依据除了积极心理学之外，绝不可能撇开儿童与青少年发展心理学、教育心理学、社会心理学、学校心理学以及学校社会学等重要的“理论同盟”。卡斯帕尔早就告诫过我们：“任何一个真理如果脱离了和它互补的真理，就只能算是部分真理。”如果仅凭积极心理学一家理论流派来独立构建中小学心理辅导课程的基本体系，恐怕就会远离中小学教育的实际，而无法在本土化的学校心育土壤中扎下根来。正如前面那位心理教师所质疑的那样，如果一本积极心理学团体活动设计方案在小学、初中、高中、大学都可以通用，而不必考虑学生在不同年龄、不同学段的不同发展特点和不同心理需要，那么这样的课程体系无论在理论上还是在实践上都是经不起推敲的。

（2）埃氏人格发展“关键期”理论是设计心理辅导课的主要依据

重视积极心理学对当代青少年成长发展的影响是正确的，但它不是设计心理辅导课课程体系的唯一理论依据。当我们尝试建立本土化的心理辅导课课程体系的时候，要考虑我国的实际国情和中小学生成长发展的心灵轨迹，把埃里克森的人格发展“关键期”理论和当代积极心理学对“性格力量和美德”的VIA（行动价值）分类尽可能结合起来，在学生智能发展与社会化发展的各个关键期中，依据年龄特征和面临的发展主题，充分关注到本土国情下学校教育的实际情况，把“发展”和“预防”有机地融为一体，把每一个发展“危机”尽可能化为发展“转机”，方可推动学生一步步地形成积极的认知、积极的情感、积极的自我、积极的关系，并努力提升他们在童年时代和青少年时期的主观幸福感。

（3）心理辅导课体系应该具有针对性和阶梯性

总而言之，发展性和预防性的心理辅导课课程应该形成一个与学生成长历程相对应的内容体系，以引领学生的幸福人生。这样的课程体系一定要有鲜明的针对性、阶梯性、递进性，在学段与学段、年级与年级之间的主题、内容、素材不可重复。而且，这样一个课程体系从根本上来说，它的理论取向与实践指向都应是积极的——无论它的外部包装是否打着“积极心理学”的印记。

资料与借鉴

需要更多的理论和研究帮助我们理解人如何展现优势，以及描述随着时间的推移，文化如何塑造某种既定优势及其潜能。假若积极心理学要成长为一个领域，我们认为理解从儿童到老年的发展过程是至关重要的。

【摘自：斯奈德，等.积极心理学：探索人类优势的科学与实践［M］.王彦，等，译.北京：人民邮电出版社，2013.】

16. 如何防止心理辅导课设计中“切口宽度＞开掘深度”？

问题与困惑

我听了一节以情绪调节为主题的高中一年级心理辅导课。老师设计了如下活动：认识各种情绪，理解他人情绪，寻找快乐情绪，调节不良情绪等。我的感觉是课的设计面面俱到，但却面面不到，缺少了“核心”和“灵魂”。尤其是看到那位老师拿出几张面具图，让学生识别什么是“喜、怒、哀、乐、惊、恐、惧”的时候，高中生们都是一副不屑一顾的神情，现场感觉真的很不爽。我觉得症结就在于情绪调节是一个宽泛的心理发展领域，这位老师选择主题的范围太笼统、太抽象了。不知我的想法是否正确。

答疑与探讨

心理辅导课设计中切口宽度＞开掘深度，是新教师上课时常见的现象。这种现象从实质上分析，不是一个团体辅导的理论或技巧问题，而是一个教学论的问题。也就是说，一个有经验的教师，除了做科普知识讲座等特殊情况之外，只要是想在课堂上有限的时间内达成一个有针对性的认知目标、情感目标或技能目标，他都会特别留意要做到“切口小、开掘深”。新入职的心理教师即使没有教学经验，只要回顾一下自己在中小学读书时学写作文的体会，也不难理解其中的奥妙。

（1）任何学科的教学艺术都讲究对教学内容做精心处理

17世纪捷克大教育家夸美纽斯说过："从研究中我们发现，一个真正能把我们的世界巨细靡遗地网罗在内的原则，除秩序之外，别无其他。换句话说，就是要按照地点、时间、数目、大小、轻重等，把孰先孰后、孰优孰劣、孰巨孰细、孰同孰异等加以适当的区分，以便各自发挥最大的功用。所以，教学所要求的，不外是对时间、教材、方法等的适当处置。"

夸美纽斯是一个喜欢打比方的理论家，他在《大教学论》这本名著中谈到教学艺术时，总是根据自然界的一些常见现象做出联想。他认为，自然界创造万物都是从最初级的事物开始的，虽然开始并不显著，但具有极大的潜在力量。比方说，在蛋壳里形成鸟的那些东西，开始时只是几滴液体而已，但这几滴东西潜藏着整只鸟，将来的小鸟就是由这些精华里所拥有的营养成分发育成形的。然后，夸美纽斯的笔锋一转："和这个原则正好相反，时下的学校正普遍犯着一个可怕的错误，很多教师千辛万苦地种下去的，不是种子而是树枝，不是幼苗而是大树，因为他们的教学不是从基本的原则开始，而是把一些杂乱的结论或作者的整个作品硬塞给学生。"所以，教学的艺术在于"把教材安排好，让学生先知道那些和他们智力最相近的东西，然后才去学相近的，然后去学稍远些的，最后才去学那些最远的东西。"

（2）教学内容的"面面俱到"实质是"面面不到"

心理辅导课的设计同样如此。比如情绪辅导，不同年龄的学生在情绪发展方面的水平和需求是不一样的。对于小学生来说，低年级孩子最大的困惑是不能用恰当的语言来表达自己的情绪，比如焦虑、着急、愤怒、失望、拒绝、羞耻等，因此在同伴相处中容易引发攻击性行为。低年级孩子的情绪辅导可以通过想象性游戏（即“假装游戏”）进行角色扮演，帮助他们学会用适当的语言表达内心的感受。学会这一条，就可以大大减少低年级学生因为鸡毛蒜皮的小事而引发人际冲突。而对于中年级小学生来说，他们越来越能够意识到自己和他人的情绪感受，并能对他人的情绪困扰做出适当的反应。也就是说，能够及时察觉他人情绪的变化（即俗话所说的“识相”），是中年级小学生社会化发展水平的重要标志，这种对相互冲突的情绪的察觉和理解，可以帮助孩子们预防人际冲突的升级。到了小学高年级，“孩子们能够意识到他们所处文化对情绪表达的规范。他们知道是什么使得自己生气、害怕或难过，其他人如何对这类情绪做出反应，他们学习根据这些反应来调整自己的行为。……六年级学生了解到，情绪可以被压抑但它仍然存在”（帕帕拉等，2013）。至于意识到认知与情绪之间的关系，并通过认知的调整来真正有效地控制情绪，是进入青春期之后，特别是认知发展进入形式运算阶段后期、批判性思维水平明显提高的高中生才能做到的事情。所以，如果不分青红皂白，不考虑不同年龄学生的不同发展需要，只要一上情绪辅导课，就从情绪的识别、情绪的理解、情绪的表达、情绪的调控等方面加以展开，漫无边际地“打沙子枪”，看起来“面面俱到”而实际上“面面不到”。同样地，那种在高中情绪辅导课上让学生识别“什么是笑脸哭脸、什么是喜怒哀乐惊恐惧”的设计，是把高中生的情绪发展水平“低龄化”的做法；而那种在小学高年级就大谈“理性情绪行为疗法”的情绪辅导设计，则是将“ABC 理论”“简单化”、“肤浅化”的做法。

（3）**“小切口、深开掘”是心理教师必须记住的教学原则**

夸美纽斯说得好：“鸟不会为了早些把小鸟孵出来，就把它们的蛋放到火里面去；相反的，它们把蛋放在自然的温度里，慢慢地孵化……假如我们拿一个开口很小的瓶子来装水（用这个方法，我们可以比较孩子们的智慧），不是让水慢慢地流进去，而是猛地倒进去，结果会怎样呢？无疑，大部分的水都会倒到瓶子外面去，最后瓶子里装的水，一定会比慢慢倒水少得多……一个人的能力需要慢慢培养，不能给他太大的负担……课程安排要恰如其分，随着学生年龄与学识的增长，安排适合他们学习的课程。”

因此，心理教师首先要记住的课堂教学原则就是“小切口、深开掘”。

资料与借鉴

内容是比较表面而易于看到的事物，过程则属于较细致而深层的东西。两者相较则发现，只了解事物的表面而不明白内里的过程就像是看到墙上的人影而看不到真人一般。要让团体的经验产生成长作用，必须设法使大家看见真人而不再只是看到影子。

【摘自：吴武典，等. 如何进行团体谘商［M］. 台北：张老师文化事业股份有限公司，2002：110.】

17. 为什么心理辅导课的设计应该“理念重于形式”？

问题与困惑

我曾经听了一节关于正确认识自我、悦纳自我的心理辅导课，教师设计了四个核心活动：“自己眼中的我”、“父母眼中的我”、“老师眼中的我”、“同学眼中的我”。这几个活动较好地把握了学生自我概念的来源和影响因素，但是对于认识自我的关键框架——自我概念，包括身体自我概念、学业自我概念、运动自我概念、社会自我概念等考虑不够。在与教师的课后研讨中，我发现该教师对学生自我概念的理论知识储备是零散不系统的，教师往往不能在深入研究主题从而系统把握相关心理学概念和原理的基础上进行活动设计，这是活动课实效性较差的一个主要原因。

是否有这样一种倾向：心理课堂热热闹闹走过场？太刻意搞形式的后果是教师自己都累得精疲力竭：教师总想先千方百计地调动学生的情绪，成了喧宾夺主的角色。热闹过后，上课的学生却漠然以对。其实，我觉得心理辅导活动课首先是一种辅导，对心理辅导来说，辅导理念和思路是最重要的，把重心放在活动形式上是否容易出偏差呢？

答疑与探讨

这两位老师的看法很正确。我也经常强调心理辅导课要注意“理念第一，技巧第二”，因为理念如果出了偏差，就会“失之

毫厘，谬以千里”，活动形式考虑得再周到、再细致，也会导致整堂课的失利。

辅导理念是教师设计心理辅导活动课的指导思想和设计指南，它反映了辅导教师对组织某一次辅导活动的理性思考，侧重反映了辅导教师对辅导主题的理解和把握。可以说，理念是心理辅导课的灵魂，心理辅导课的价值及其深刻性主要体现在辅导理念上，心理辅导课与班会课或思想品德课的根本分界线主要也是体现在辅导理念上。从这个意义上说，辅导首先是一种理念而不是技巧。丰富多彩的活动、训练有素的技巧、制作精巧的课件，都只是辅导过程的保障和辅导理念的载体，它们当然是不可缺少的；但如果理念发生了偏差，那么再生动的活动形式、再老到的辅导技巧、再令人眩目的多媒体课件，都失去了它们原有的迷人光彩。一些形式极为活跃甚至看得人眼花缭乱的心理辅导课，之所以在活动结束之后给人留下的只是“迷惑茫然”或“一头雾水”，其根源就在于它们只注重了活动的形式而忽略甚至是失却了辅导理念的引领。所以，心理辅导课的生命在于理念，成败在于理念，是否能促进学生成长也在于理念。一句话：理念第一，技巧第二。

心理辅导活动课的辅导理念主要包含了三个层面的思考。

（1）**对辅导主题中核心概念的辨析**

这是指辅导教师对自己选择的主题有无比较深入的理解。辅导主题往往会涉及一些核心概念，例如：“气质”与“性格”、“梦想”与“未来”、“兴趣”与“志趣”、“好感”与“喜欢”、“幸福”与“快乐”、“自尊”与“自负”、“信仰”与“信念”、“鼓励”与“赞扬”，等等。如果教师自己对辅导主题的核心概念理解有偏差，那么在面对学生讨论中出现的各种看法时，就会把握不准引导的方向，在辅导现场回应学生时也就难以恰到好处。

（2）**对学生年龄特征的把握**

设计心理辅导课必须充分注意到中小学生的具体年龄特征，突出其不同年龄阶段要达到的不同心理需求，使各阶段辅导内容的设计理念能够与中小学生的年龄特征相符。对年龄特征的把握还表现在对辅导理念的定位高度上。一节心理辅导课涉及的核心概念往往会涵盖方方面面的维度，这些维度不可能，也不必在一节课上全部呈现。辅导教师要根据学生的实际年龄、认知水平、行为发展状况加以筛选，把最切合学生当前发展需要的理念深入浅出地融入辅导内容中。也就是说，同一个范围的辅导内容在理念深度的把握上，要看是针对高中生、初中生还是小学生而有所区别。

（3）**对辅导主题针对性的拿捏**

在把握辅导理念时，我们不仅要考虑学生在某一问题上的年龄特点和心理倾向是什么，而且要特别注意分析在他们的学习和生活中遇到了何种共同的现实问题。例如：有一位教师设计了一次题为“不用烦恼”的小学心理辅导活动，这个“烦恼”就是一个很宽泛的概念。引起“烦恼”的原因有许许多多，解决的方法则各不相同。而且，“烦恼”只是情绪的外在表现形式，根子还在具体的情境和事件上。如果是人际关系引起的，那么重点是要解决人际关系问题，而不是解决情绪表现形式的问题；另外，如果是人际关系有障碍，还要看是师生关系、同伴关系还是亲子关系，具体情境和矛盾性质不同，情绪的表现形式和对策也不相同。所有这一切，都不是能由教师一厢情愿决定的，而是要根据班级的实际情况来最后确定开课主题的针对性。

总的来说，心理辅导课在实践操作层面存在的大多数问题都与活动理念出现偏颇有直接关系，但这个问题的主要责任并不在一线教师。因为要让每一位心理教师对每一节心理辅导课的主题和理念都吃得比较准确，是有难度的。这个责任应该由教育行政和科研部门承担起来，要从宏观上为一线教师拿出课程规划和相关的活动参考资料，并且保持其相对的稳定性和权威性，以便让一线心理教师有一个操作上的“国家标准”。

资料与借鉴

思想的原材料可以为你所用。你可以用它创造出印度的粗糙陶器或者是东方的精致陶器。针线就在你的手中，设计出什么样的图案全看你自己。

【摘自：肖.心理学漫谈［M］.胡燕娟，译.北京：新世界出版社，2014.】

18. 是不是一定要按照“起承转合”的结构化顺序设计教案？

问题与困惑

钟老师的书中介绍了心理辅导活动课的发展进程是“团体热身阶段—团体转换阶段—团体工作阶段—团体结束阶段”，那是不是一定要按这些进程来设计课程呢？可不可以颠倒顺序或者跳跃某个阶段呢？是不是每个阶段都要有清晰的交代呢？我觉得这4个阶段要在40分钟内完成，往往会造成活动的碎片化，学生不能深入体验和分享。

南方沿海地区的学生比内地的学生难管，他们的学习动机不强，让他们讨论，要么什么也不说，要么就扯些别的。热身阶段做游戏，他们也不感兴趣，嘻嘻哈哈、打打闹闹。所以我感觉把别人的教案拿过来就用是不行的，每个地方学生的特点不一样，每个学校、班级的特点也不一样，如果我们讲的内容对学生真的有用，可以独辟蹊径，没有必要一定按照传统的思路来设计课堂活动吧？

答疑与探讨

谢谢两位老师提出了这个关于设计思路的问题。我的看法是：所谓“四个阶段发展进程”，是指所有的团体辅导（班级团体辅导和小组团体辅导）内在均具有的团体动力规律。只要是团体辅导，就要靠团体动力来推动；如果没有团体动力，那么你站在学生面前，只是在“上课”（而且是单向传递的讲授式上课）或者是在做“讲座”，而并非团体辅导。但是，这四个阶段的发展进程不等于是心理辅导课的设计模式，而只是结构化团体辅导的动态节律。

（1）青少年团体辅导一般是结构化比无定式的效果更好

研究表明，有关儿童与青少年的团体训练，一般是结构化比无定式的效果更好。一个结构化的（但是灵活的）团体环境能够为儿童和青少年提供安全感，给予其指引，同时结合自由地探索及表达自我，创造无威胁的气氛。柯瑞在谈到这一问题时曾说过：“根据课时的限制，我们必须提供结构化的设计……缺乏结构性将导致成员过度焦虑，从而抑制了他们的主动性。”在学校的心理辅导课中，基本上按结构化的团体辅导来进行操作是比较妥当的，而且从实践经验来看，多数的大团体都是采取结构化的方式来运作的。在短期团体辅导中，结构化可能是很有效的工具，它能够帮助团体成员聚焦于一节课的辅导主题，推动团体成员更快地进入任务中。同时，结构化会给全体成员带来一种维持秩序和正确方向的安全感。在整个辅导过程中，这种安全感一旦形成，这个团体就真正建立起来了。（夏林清，1994）

（2）美国同行的经验：高度结构化和“半脚本化”

《中小学心理健康教育》杂志 2012 年第 11 和 12 期连载了《美国社会情绪学习课程选介》一文，这一“社会情绪学习课程”其实就是我国的心理辅导课。该文指出，“基于理性情绪教育理论的课程着重改变学生认知、建立合理信念，能减少抑郁、焦虑、敌对，增强自我认同；基于认知行为疗法的课程以改变思维、行为方式为主要内容，可以改善高中生的心理健康和人际关系；基于情绪智力理论的课程侧重情绪理解、情绪调节的训练，可以有效提高小学生的情绪觉知和情绪识别能力以及主观幸福感”（魏华林、朱安安，2012）。从文中所举课例来看，美国的这种情绪辅导课是高度结构化的。例如“强健儿童”系列课程，每一课时的流程均包括“复习、介绍概念、讨论、活动、总结、作业”这6个环节。“复习是对前一课时所讲内容的重现；介绍概念是用编好的台词直接教授概念和技能；讨论是让学生自愿分享和讨论自身的经历和体验；活动是以小组形式对案例进行模仿、角色扮演；总结是对本节课的主要概念和技能进行简要回顾；作业是指在课的最后布置家庭作业。”这一课程的特点之一就是“高度结构化，半脚本化。每一系列的课程都有技能指导、角色扮演、实践活动、课堂讲义等，流程规范，每一课时都为教师提供了可以采用的台词以及所需的教案”（魏锦、朱安安，2012）。再如文中提到的情绪管理“第二步”系列课程，这是一种暴力预防课程，旨在指导学生使用社会技巧和情绪技巧减少冲动行为和攻击行为并增强学生的社会胜任力。这一课程“每周一次，每次30～40分钟。课程包括10～20分钟的故事阅读和课堂讨论，以及15～20分钟的体验分享和角色扮演活动”（魏华林、朱安安，2012）。

我相信，当老师们了解了来自中小学心理辅导课程的主要发祥地——美国的同行们的这些实践经验之后，对心理辅导课是否需要结构化的设计程序，心中应该已经有答案了。

（3）结构化有助于“入格”

“入格”是基础，“合格”是方向，“破格”是境界。

当然，这不等于说心理辅导课的设计不可以有其他的思路和流程，凡事都不可以绝对化，都应该留足拓展、创造、更新的空间。但不管设计流程如何变化，团体一旦投入运作，便必定会经历“热身—转换（过渡）—工作—结束”这样四个动力发展的过程，这也是毫无疑义的。如加拿大团体心理治疗师彼得·J. 柏林博士所说：“从我们的临床经验来看，团体确实存在着可重复和可预测的过程。”我们甚至可以把这种“可重复和可预测的过程”视为团体运作规律的一种基本“格局”。有了这样一个“格”，初学者就有了一个路径，就可以渐渐“入格”，继而达到“合格”，再进而力求“破格”。毋庸赘言：“入格”是基础，“合格”是方向，“破格”是境界。

至于40分钟内活动的零碎化问题，其实并不是四阶段团体动力规律造成的，而可能是设计者在选择素材、组织素材时有所失误所致。

（4）成功的心理辅导课无一不是“明道”、“取势”、“优术”的全面结合

中国古代哲学家在论及治国与改革的问题时，提出了“形”、“势”、“术”三个概念。“形”，就是基本架构、规范、格局，道家讲究“形而上者为道，形而下者为器”，讲究“大道无形”。“势”，就是动力、走势、趋势、方向。李白的千古名句“黄河之水天上来，奔流到海不复回”，讲的就是“势”。儒家讲究“因势利导”、“顺势而为”，“势成而一切皆可为”。“术”，就是方法、技巧、利器、权变。法家里有一派强调“术”，但“术”是因人而异的，是含而不露的。当然，“术”与“大道”相比，许多时候只是“小技”。

其实，团体辅导也需要讲求古人说的“形”、“势”、“术”。成功的心理辅导课，无一不是“形”、“势”、“术”的全面结合，无一不是“明道”、“取势”、“优术”的全面成功。而深入探讨心理辅导课的“结构化”与“非结构化”，其意义恐怕也在于此。

资料与借鉴

团体治疗的流程 提供结构化的治疗模式，最有效的方法之一是为每个团体治疗时段都安排一个明确一致的程序。这……能够在短期治疗的特殊团体中获得最大效果……我推荐……采用以下流程：

（1）最初几分钟：治疗师向团体明确治疗结构以及使团体成员对治疗有所准备。

（2）明确任务：在此期间，治疗师尝试决定最有益于团体的治疗方向。但是记住，千万不要犯这种错误，即在第一个问题的讨论上一下子陷入过深，而无法讨论其他具有潜在作用的主题。

（3）完成任务：一旦对该次治疗中潜在的众多问题有了一个大概的框架，治疗师就必须尝试讨论这些问题，并确保在讨论的过程中有尽可能多的成员参与进来。

（4）最后几分钟：这是总结的时间。治疗师表示本次团体治疗工作结束，需要大家用几分钟回顾分析今天的治疗，……也可以在结束前理顺一些内容，……或询问成员（包括主动与沉默少语的成员）对这次团体聚会的体验与评价。

【摘自：亚隆，等．团体心理治疗——理论与实践［M］．李敏，等，译．北京：中国轻工业出版社，2010.】

19. 心理辅导课的目标设计应该注意什么？

问题与困惑

有些人认为讨论应该是放开的讨论，最好不要限制或者聚焦要少。但是这样的讨论会导致学生的发言非常杂乱，辅导目标可能很难有实效性。因此，我认为开放并不等于放开，开放更多的应该是心灵的开放，只要学生能够畅所欲言，能够真诚地表达自己的观点就可以。要做到这一点，设计课程的时候就有必要设置限制，使一节课的辅导目标更加集中。

我有机会参加了区里组织的一次心理辅导课“同课异构”大赛，听了30多节情绪辅导课，结果发现从小学到高中，心理教师主要都是帮助学生掌握调节消极情绪的方法，而学会情绪ABC理论则成了垄断性的设计素材，对体验、接纳、表达和疏导情绪这方面的内容则很少涉及。我认为ABC理论需要有一定的认知水平作基础，这一理论是否适用于小学生是值得探讨的。这一次全区“同课异构”大赛，把相同辅导主题在不同年级该如何设置辅导目标的问题提到了我们的面前。

无论是小学、初中还是高中，心理辅导课所采用的教材基本上是围绕相同的几个主题展开，如认识自我、情绪调控、人际交往、学习心理等。总体看来，这些主题在不同年级的侧重程度并无区分，

每个主题所需要的课时数也无区分，这就不能反映出学生的年龄特点，更不能体现不同地区、学校的特点。学生在用这些宏观的心理健康知识去解决实际问题和困惑时，往往目标不明，操作性不强，难以从中获得感悟，也难以引起共鸣，严重地影响了开课的效果。

答疑与探讨

三位老师提出的问题具有相当的普遍性。不少心理辅导课给人的感觉是“滑板式”的，忽上忽下，忽左忽右，不知道要把学生带到哪里去。究其原因就是目标设置不明。

心理辅导课的目标设计要注意什么问题呢？

（1）关注目标的共性与适宜性

从团体辅导的角度来说，“目标”不只是指辅导者个人层次上的意义，而更重要的是指“团体作为一个整体”的层次而言的“团体目标”。一般而言，一个团体的成熟及有效性可以由其团体与团体目标是否具有相对的弹性及适宜性来看。一名优秀心理教师授课的目的就是使学生能够达到发展性课程计划中所阐明的共性目标。所以，设计辅导目标时首先要考虑的不是辅导教师平时遇到的个案问题，而是作为同一个年龄段的学生所面临的共性问题。只有大家都感兴趣、都有解决问题的迫切需求的目标，才可以作为团体辅导的目标。像前面那位老师提到的“ABC理论”，放在高中阶段的情绪辅导课上作为情绪管理的操作性目标，是适当的；但放在小学阶段的情绪辅导课上，就是不适宜的。也许小学高年级中有个别学生能够理解一些“ABC 理论”的较为浅显的认知改变技术，但将它作为批判性思维总体水平并不高的小学高年级学生群体的团体辅导目标显然是不够慎重的。

（2）关注目标的可操作性

从教学论的角度来说，目标设计强调整个课堂教学行为始终围绕着目标开展，目标就是课堂教学行为的出发点，也是其归宿。“一切为了目标，一切服务目标”，这句话强调所有的行为都源于目标，以寻求课堂实施过程的最佳效果。因此，教学论中的目标设计往往强调其可操作性，强调目标应尽量明确和易于执行。一般地说，所确定的目标是学生在课堂上的行为目标，是可以观察和测量、可以评价的。例如小学四年级“我能‘不乱起外号’一课，在行为训练的目标设计上表述为“学会在目光、表情、言语措辞和语气等方面表达对特殊个体的尊重”；在目标的操作性定义中进一步解释为“在与某些方面有异常的同学的交往中，懂得如何避免对他人造成伤害，例如，不用目光盯着对方的缺陷部位，不在脸部表现出好奇的、鄙夷的神情，不用嘲讽的语气乱起乱叫‘绰号’”。这样的目标设定就是可观测、可执行、可评价的。

（3）关注目标的区分度和层次性

这主要是指目标设计必须考虑有一定的分寸感和梯度。结合心理辅导课的现状来说，分寸感和梯度的不当尤为突出地反映在同主题心理辅导课的目标设计上。例如，前面第三位教师指出的“认识自我、情绪调控、人际交往、学习心理”等主题，常常“在不同年级间的侧重程度并无区分，每个主题所需要的课时数也无区分，这就不能反映出学生的年龄特点，更不能体现不同地区、学校的特点”。出现这个问题是由于我们中小学的心理辅导课并无一个官方统一规划的目标体系，导致一线心理教师各行其是，为了彰显内容“深刻”而脱离学生年龄特征盲目拔高目标梯度。若要防止这种情况出现，把握好每一节心理辅导课目标设计的分寸感，可以从国内现有的研究成果《探寻学生心灵成长“路线图”》(钟志农，2012）入手，对中小学心理辅导课的主题架构及目标体系做一个全盘的探索与了解，再来为自己将要设计的一节课的辅导目标进行准确定位。

19 世纪德国伟大的教育家赫尔巴特说过：“花朵切不可过分开放，圆满的状态切不可因为在各方面过于分散而成为它的弱点。”这句话在心理辅导课的目标设计中同样适用。

资料与借鉴

在各科的教学要求中，每一门学科都有其独特的、不同于其他学科的教学目标，这些学科的综合使学生的各项素质得到全面的发展。每一教学单元或每堂课只是这一总目标下的一个构成元件。作者曾询问过很多教师，发现他们通常对本学科的总目标比较模糊，但教师至少应该搞清楚，即使不那么正确也要比糊里糊涂强……把握好教材体系及特点，才有可能确定本单元或本节课的教学目标。也就是说，终极目标的把握是分目标把握的必要条件。

【摘自：徐正言.渗透与融合——教育实践中的心理学［M］.杭州：浙江教育出版社，2008.】

20. 需要设计那么多活动吗？可不可以一个活动做到底？

问题与困惑

心理课给我花哨的感觉。一节课下来，内容比较多，活动一个接一个，主题活动不突出，课堂停留在表层体验上。学生随着教师的活动不断地转移注意力，根本缺乏深入思考和反思的时间，所谓的小组讨论和分享只不过是形式。那么，一节课上完后，学生到底吸收或者提高了多少？可见，过多的活动反而不利于形成团体动力。而且我们有一个很棘手的问题，普遍一个班都有50人上下，活动也不可能每个学生都参加。所以，我个人认为设计一个活动其实就够了，当然在公开课上这样搞是要被人笑话的；可转念一想，平常又有多少节课能像公开课那样，花费很长的时间去准备呢？！

我想中学的心理辅导课不一定每节课都要上成活动、小品的集中表演，那样的话，高中心理辅导老师岂不是要累死啊？每个人都要辅导多个班级，忙得过来吗？最好一个活动贯穿始终，根据辅导目标将一个活动从不同的角度加以变化，这样在不削弱活动吸引力和趣味性的前提下，可以充分利用辅导素材，加深学生的体验和感受。同时，又可减少在心理辅导课上重复组织同一种活动的可能性，增强课堂的吸引力和魅力，有利于心理辅导课的长远发展。

答疑与探讨

心理辅导课上到底能不能一个活动做到底，要根据辅导主题、辅导目标和活动本身的性质等多种因素具体分析，而其中特别应该留意的是：离开主题的需要和学生的年龄特点来谈“一个活动好”还是“几个活动好”是毫无意义的，这是我们讨论问题的前提。

（1）**要看辅导主题的需要**

有些主题，比如“探索自我、认识自我”，既可以通过一个活动层层深入地帮助学生走进自己的内心世界，反思自己的价值取向；也可以通过几个活动，围绕“认识自我”的主题多角度推进。例如，笔者十几年前曾经指导过两位兼职心理教师，就这一主题分别开了两节公开课：一节开在高中，题目是“你的留言是我的……”，整堂课除热身游戏之外，就用了一个活动“请在我背上留言”；另一节开在初中，题目是“自我形象设计”，整节课组织了三个活动，一是“我的自画像”，二是“美好品质大排序”，三是“宝贝大拍卖”，以最后一个活动为重点。两节公开课都取得了很好的效果。但是，有些辅导主题若是用一个活动做到底比较困难，例如小学四年级的学习心理辅导课“我能‘思路比天宽’，辅导目标是训练学生的思维发散性，这样的主题如果用一个活动做到底，就会显得枯燥乏味，还是变换几个角度、采用多种训练素材，才能更好地激发学生的兴趣，并取得更好的训练效果。

（2）**要看学生的年龄特点对活动设计的要求**

如果一个活动确有较多可以挖掘的思想内涵，那么对于已经基本具备高级思维技巧，思维加工水平和道德推理能力都已明显提高的高中生来说，是适合在一节课内围绕主题的需要将它分层次加以推进的；但对于大脑注意加工机制尚不完善、注意的稳定性还处在较低发展水平的小学生来说，若是用40分钟的时间停留在一个活动上，定会使他们心生厌倦，坐立不安，从而大大降低心理辅导课的开课成效。

（3）要看辅导对象是大团体还是小团体

除了上述两个方面之外，对于这个问题人们之所以多年来争论不休，其根本的分歧还在于有些心理教师未能将大团体辅导与小团体咨询认真加以区分。

如前面所说，很多心理教师在高校学习时，接受的技能训练基本上是团体咨询。在团体咨询中，因为关注的重点放在每一个团体成员身上，所以活动往往较少，有时候甚至是一个活动做到底，而把重点放在深入分享上。而罗杰斯就不主张使用活动，而是以团体中的每一个来访者为中心展开互动，这样的团体一般就是“非结构化”的。“非结构化的团体咨询”是指不安排有程序的固定活动，领导者配合成员的需要、根据团体动力的发展状况及成员的互动关系来决定团体的目标、过程及运作程序。领导者的主要任务是以“非指导”方式来催化、支持团体成员。这种非结构团体一般适合年龄较长、心智成熟、表达能力较强的人（樊富珉，2005）。最后这一点是特别意味深长的。经验也证明，往往只有心智成熟的成年人才有可能围绕一个活动步步深入地走进自己心灵的隐秘之处，而且这样的深入分享绝非在短短40分钟的时间内就可以完成的。

而大团体辅导的功能重在发展、预防、教育和训练。戴维·卡普兹等人的研究表明，有关儿童和青少年的团体训练结构化比无定式的效果更好。在学校的心理辅导课中，基本上按结构式的团体辅导来进行操作是比较妥当的。而结构式的大团体辅导往往“在团体中刻意安排一些具有正向功能的活动，通过这些活动的安排可以列出团体发展所需的主题和思考，使团体产生效能”（赵芳，2005）。

所以，我们不应以自己的喜欢或不喜欢来对“一个活动好”还是“多个活动好”加以褒贬或取舍，应根据辅导主题、目标、对象来确定。

资料与借鉴

用活动来展开互动，相当于给予了所有成员一套可遵循的框架和一个有指导的结构。成员们会意识到某种严肃性，同时也解决了对团体的不确定感，因为领导者首先采取了主动。大量研究证实……那些采用了任务和过程取向活动的“结构化团体”会在问题解决和人际沟通上发挥更加积极的作用。

【摘自：迪露西亚瓦克，等.团体咨询与团体治疗指南［M］.李松蔚，等，译.北京：机械工业出版社，2014.】

21. 心理辅导课一定要设计一个热身活动吗？

问题与困惑

我是一名刚刚参加工作的心理老师，感觉心理课确实不好上。我上的第一节课非常糟糕，我安排了讨论、角色扮演、热身活动，但是学生们都不配合。课后我进行了反思，热身活动在课堂中并不能发挥作用，因为他们只是觉得好玩而已，态度也不端正。因此，在第二堂课中我删掉了角色扮演、热身活动，以讲故事的形式来贯穿整节课，效果反而更好。一些活动真的不适合在普通高中运用，因为学生已经习惯了僵硬的教育方式，一旦让他们自己活动反而不知道应该干什么了，所以我的感受是角色扮演、热身活动最好不要用，既浪费时间又达不到预期的效果。

我现在准备上一节主题为“记忆方法”的课，对象是初二的学生。在团体热身方面想设计一些既能调动气氛又和记忆有关的活动，但搜肠刮肚也想不出比较好的活动。想过一些小游戏，但是又担心和团体转换的活动太类似。哎，黔驴技穷啊！

如果热身活动与主题无关，还是不要勉强用之。比如我听过一节课“感悟尊重”，课前有个热身活动，这个活动本身是非常有意思的，但是它与主题并无关系，因此，感觉非常突兀。还有的教师不能及时终止热身活动，结果导致热身占用的时间过多而核心环节用时太少，整节课头重脚轻。

答疑与探讨

所谓“热身”，是指“准备进入运作状态”，它的本质特征是“启动”。这种“启动”，可以是肢体的“动”、情绪的“动”，也可以是（或者说更重要的是）思维的“动”、注意力的“动”、情感的“动”、旋律的“动”、心灵的“动”。

在笔者长期听课、评课、改课的实践中，时不时地会遇到一些心理教师提出这样的问题：“我可不可以不设计热身活动而直接进入主题？”当笔者追问他们为什么有这样的想法时，得到的回答要不就是“我实在想不出什么适合热身的活动，黔驴技穷”，要不就是“热身活动太难设计了，我会的那几个游戏学生都已经做腻了”。可见，在实际操作过程中影响老师们设计教案的难题常常出在“开场”环节，“万事开头难”。

笔者曾经听过两位女教师的心理辅导课。第一位女教师在初中一年级组织一节人际交往的团体辅导课，课临时排在下午第二节，没想到前一节课的任课教师“拖堂”了，当这位女教师走进去的时候，虽然上课铃声已经响过，但教室里人声嘈杂，还不断有学生喊“报告”进来。这位女教师显然有些焦虑，等安顿好课堂，上课时间已经过了五六分钟，她临时更改了活动方案，直接呈现一个人际交往的文字案例让学生讨论，结果课堂上一片沉寂，学生明显没有进入角色。此后，这节课就呈现了“学生说得越少，老师就讲得越多；老师讲得越多，学生就说得越少”这样一种恶性循环。下课之后，一进入评课的会议室，这位女教师就流泪了。后来她谈体会时，将失败归结为“没想到为了保证下面活动的时间，临时砍掉热身活动会带来如此严重的后果”。其实，这位女教师恰好陷入了雅各布斯所说的“一些领导者过于迅速地进入工作阶段，导致成员感觉不适”的误区。

另外一位女教师在杭州一所小学的五年级借班上一节心理辅导课，因为学生到达阶梯教室的时间比较早，为了等待上课铃声，女教师就请这个班的班干部带领大家唱歌。没想到站起来的不是一个而是两个女孩子，她们面朝全班同学，一左一右，各指挥一半，而且指挥时的表情极为认真严肃，手势极其刚劲有力。全班学生挺胸背手，整齐划一，唱了一首又一首，完全没有歇气的意思。这位上课的女教师终于意识到需要给出一个指令，于是她微笑着感谢两位班干部，结束了课前的“大合唱”。但她对当时的团体氛围没有一个准确的判断：这个班的规矩可能是比较严的，严肃认真、一丝不苟、令行禁止的班风在班主任眼里当然是值得骄傲的，但它对团体辅导的推进可能是一种阻碍，此时需要有一个相当活跃的热身游戏才能达到“破冰”的目的。可惜这位女教师对激活团体互动气氛的重要性估计不足，依旧按原计划以一个动感不很强的热身活动切入，结果整堂课虽“井然有序”却“僵而不活”。

由此看来，我们对心理辅导课如何“热身”的活动设计绝不可以掉以轻心。从操作上讲，要特别注意两点。

（1）**热身活动要能打破“开局”时常有的沉寂状态**

热身的目的是为了激活团体氛围，集中团体成员的注意力，避免团体起步阶段的犹豫和不自在，以利于后一阶段过渡到相关的辅导主题，并引入讨论和分享。尤其是小学生，为了引起他们的兴趣，教师需要运用富有吸引力的活动，以提供更多的机会来激活他们的参与动机。如果缺少这样一个阶段，过于迅速地进入下面的实质性环节，则可能造成团体成员的不适感，导致团体动力僵滞，那么教师将很难带领团体达到预定的目标。正如雅各布斯再三告诫我们的那样，“一些领导者未能计划有趣的热身阶段，这是错误的”，但“持续过久的热身或介绍活动，也是一个常犯的错误”。所以，“确保开端是有效的，且不会拖长到令成员们厌烦，这一点非常重要”。即使是一些团体凝聚力比较强的班级，团体内的信任度和舒适度可能都已经比较高，在上课的初始阶段也同样需要通过热身活动来启动团体动力（即“破冰”），只是所耗费的时间会略少一些，一般在3～5分钟内就可以基本完成。但有的教师在“起”的阶段耗费过多的时间，那就很可能造成团体结构上的失衡，甚至导致相反的效果。

（2）热身活动不等于游戏活动

热身活动不等于游戏活动，“热身阶段”也绝不等同于“热身游戏阶段”。多年前，各地热衷于搞“游戏辅导”时，我就说过要防止“游戏化倾向”。那时，许多心理辅导教师外出参加培训，学到一些小游戏就兴奋不已，以为这下自己上课有“法宝”了。我提醒他们说：游戏总有做完的时候，一个游戏反复做，学生也会厌倦。但是，游戏可以做完，团体运作要从“热身阶段”开始的规律不能改变，要变的是课的设计，它取决于教师对课的理念的理解和对学情的真切把握。心理辅导教师不能远离学校的日常生活，不能站在学生群体的外围“隔岸观火”，否则其思想、灵感、热情就会枯竭，自己的心灵家园就会杂草丛生，设计心理辅导课也会“才思耗尽”。

经验证明：一个感人的故事，一条出人意料的新闻，一个惊心动魄的案例，一部来自学生生活场景的DV，一支拨动心弦的乐曲，一串发人深省的数字，一组震撼人心的照片，一段诙谐风趣的动漫，一部自编自演的小品，当然还包括一个经典的游戏……都可以成为团体热身阶段的重要素材，只要它能抓住学生的眼球、心灵、思绪、情感、注意力焦点，并引导学生走向心理辅导课的主题。这就要靠心理教师平时留意，注意积累各种资料信息，包括音乐、歌曲、绘本、故事、游戏、动漫、视频、图片、案例、新闻、微信，等等。用一句老话说就是：“世上无难事，只怕有心人！”

资料与借鉴

拉斐尔用他的感官印象绘出了名画，莎士比亚用他的感觉写出了名著，哥伦布用他的感知发现了新大陆。如果这些人的思想没有得到尽善尽美的利用，就不会成就如此辉煌的事业。

感官有足够的材料去创造伟大的作品。感官的可能性刚刚开始被开发，艺术、科学和各行各业都可以用到这种资源。

【摘自：肖．心理学漫谈［M］．胡燕娟，译．北京：新世界出版社，2014.】

22. 心理辅导课的设计中可以引入心理测试吗?

问题与困惑

现在图书市场上的一些中小学心理辅导课教材，常有一些心理测试的小板块穿插其中。教师在上课时，也喜欢将这些测试的内容引入教案设计。学生一开始倒也蛮感兴趣的，但是时间一长，有的学生就开始应付了，特别是有一些心理测试题的内容比较多，在教材上占有一页半左右的版面，有的学生就显得很不耐烦。结果时间花去不少，还没收到应有的效果。我不知道钟老师对这个问题怎么看。

答疑与探讨

我们在听课过程中也常常看到，一些心理教师特别喜欢在心理辅导课上使用心理测试，而且不惜为此花费10~15分钟时间，对于只有40分钟的心理辅导课来说，这样的时间花费确实太过“奢侈”了。这种现象的背后，有可能是一种“磨时间”的心理。

(1) 一些心理教材中的“心理测试”其实缺乏科学性

我们常说的心理测试大体分为两类：一类是智力测试，一类是人格测试。心理辅导课教材或读本中引用的多数是人格测试。应该肯定，有些心理教材中的测试题很灵活，甚至可以当成游戏或谜语来做，学生可以放松地完成测试，不会有在正规场合进行心理测评的紧张和不自在感。

通常，被测试的学生甚至不知道测试的真实目的，因此回答作假的可能性也比较小。

但是，人格测试与智力测试非常相似，都是试图去测量摸不着和看不见的东西。我们知道，不管是哪一类心理测试，凡称得上“好测试工具”的都必须同时具备可靠性和有效性，即信度和效度。如果从这两个角度去分析心理教材或读本中的心理测试题，可谓是“鱼龙混杂”。有些心理教材或读本中所谓的“心理测试”，说穿了只是流传在网络上或大众书刊上的“伪心理学”，不仅没有科学性，而且会误导人。

（2）心理辅导课很难提供心理测试所需的专业环境

除了测试问卷设计的信度和效度之外，人格测试还有一些特殊的难处。这一类测试本来要了解的是个体特征性的行为，但心理辅导课上有一些因素会使得测试过程中的测试对象变得更为复杂。比如学生在连续几节文化课后感觉疲倦、教材中或施测教师的指导语不够准确、学生对接受测试的疑惑与不重视，还有前面那位老师提到的心理辅导课现场的氛围、问卷题目冗长与课堂上时间的窘迫等，都会影响处于人格测试情境中个体的行为。所以，如果心理教师真想了解学生人格中某一方面的特征，可能还要结合课前的调查及课后的个人访谈、行为直接观察等辅助手段。

（3）心理辅导课使用心理测试不是不可以，但是应谨慎

综上所述，心理辅导课上或教材读本中的心理测试，除了某些比较经典的人格投射测试之外，大多很难收到什么实质性的效果。客观地说，心理测试（或者叫“心理测评”）只是心理学研究方法中的一种，过分地夸大或贬低测评的作用都有失偏颇，只有将测评结果与其他研究和评估方法得到的结果进行综合分析和判断，才可能得到客观、科学的结论。滥用心理

测评方法和工具，错误地解释和应用测评结果，只会得到一些似是而非、并不科学的结论，甚至有可能对测评对象造成心理伤害。

这里还要特别强调的一点是：心理辅导课上讲求的是团体动力的充分激活与维护，讲求“动感第一”。总的来说，“动态”活动会比“静态”活动更受学生欢迎。从实践经验来看，在心理辅导课上一做心理测试题，课堂气氛往往就沉寂下来，好不容易形成的团体动力的强度就会大大削弱，并进而影响到后续活动的有效开展。

所以，我对这一问题的基本看法就是：不是不可以，但是要谨慎。特别是应坚决不用那些明显缺乏科学性的、庸俗化的所谓的“心理测试”。

资料与借鉴

标准化、常模、信度、效度各点，对能力测验以及任何心理测验而言，均属不可或缺的条件。而且，此等必备条件均须在测验编制时即予以建立，否则无从提供资料，让使用者据以选用以达到目的。除了此等基本条件之外，任何能力测验都必须在编好的测验实施手册内，详细载明测验实施的程序与计分方法。

【摘自：张春兴．现代心理学——现代人研究自身问题的科学［M］．上海：上海人民出版社，2009.】

23. 资源枯竭，上哪里去找那么多的活动素材？

问题与困惑

我觉得心理辅导课备课很难、很烦琐，需要很多活动的储备，上几次课之后不知道还有没有可以操作的活动。一节心理辅导课里有五六个活动或者更多，几节活动课下来，教师的活动资源基本枯竭，这是心理教师经常遭遇的问题。

我在南方沿海某地的一所初中任教，刚开始的时候，我也是按照游戏、体验、讨论等方式来给学生上课，内容也大致是情绪管理、认识自我、人际关系等方面，但是我发现学生对这些内容嗤之以鼻，老师讲的和他们的生活理念是不相符的。有些内容连我自己上起来都感觉很幼稚。还有，做游戏也是这样，感觉某一个方面的游戏也就那些，学生并不感兴趣；而且一个大课堂，学生达五六十人，很拥挤，没法做游戏。

答疑与探讨

从两位老师的来信中，能够感受到一线教师在设计心理辅导课时那种搜肠刮肚、捉襟见肘的焦虑和尴尬；同时，也可以看出，有些教师在设计一节课时，首先考虑的可能是游戏素材而不是活动主题。他们往往习惯于从过去学过的团体辅导游戏活动中搜寻自己还没有使用过的

活动形式。这样，随着时间的推移，已有的素材存量不断减少，而输入的素材资料寥寥无几，于是陷入“资源枯竭、供不应求、入不敷出”的困境。

其实，任何学科的教师在备课时都会遇到教学资源的挖掘、积累、筛选和合理配置的问题。因为教材是死的，课上教学资源的配置调度是活的。所谓“教学资源”，除了教材文本这个第一要素之外，还必须包含学生原有知识起点和接受水平的要素，必须包含时代发展、社会进步、科技创新的因素，必须包含教师对教材的理解、调整、补充的因素，必须包含课堂上因师生互动、生生互动而现场生成的资源因素，等等。那么，如此多元化的素材和资源从哪里去挖掘呢？

（1）素材要从学生的生活实践中去挖掘

美国教育家杜威认为，是教育的实践提供了构成所探究问题的资料和题材，教育实践是我们亟待解决的各种教育教学问题的唯一资源。同样，心理辅导课是为促进学生成长发展服务的，它最鲜活的课程资源必定蕴藏在学生丰富的成长经历和体验之中。学生在家庭、学校、班级、社会、网络等多种环境中接触了很多人、很多事，他们会为某些人、某些事感到快乐，会为某些人、某些事感到困惑，也会为某些人、某些事感到痛苦，由此产生的各种喜、怒、哀、乐、惊、惧、愁是他们成长过程中抹不去的“七色彩虹”。设计心理辅导课时就要从学生的亲身经历中发现他们感兴趣、有所思、产生疑惑或者触景生情的小故事、小花絮、小经历、小事件、小成功、小挫折、小纠纷、小体验，搜集、提炼充满生活气息的活的素材，而不要置身于班级群体之外远距离地观察学生，或者只凭自己在心理辅导室里接触到的个别学生、个别事件来判断学生的普遍需要。要知道，同处在一个校园里，校长、学科教师、班主任、校医、生活老师、政教主任、心理老师、门卫或餐厅服务员等，每个教职员工对学生的了解和判断都是有很大差距的。如果我们的大脑仓库里装的不是每天在教室里、寝室里、餐厅里、操场上、小卖部里甚至洗手间里实实在在发生的学生故事，而只是百十个游戏、数十个参考教案，那么，备课时感到资源匮乏就不可避免。

（2）素材要从广阔的社会生活视野中去挖掘

只要能面向社会生活实践，面向政治的、经济的、科技的、文化的、网络的信息，面向学生的个人知识、直接经验、生活世界，那么，心理辅导课的课程资源、活动素材就会源源不断地涌现出来。如果一位心理教师时时关心时代的发展，紧扣时代的脉搏，那么无论在电视、广播、电影、微信、博客、QQ 群中，还是在街头广告、报纸、书籍、体育赛事、音乐达人秀和其他网络信息等平面或立体的媒介里，每天一定可以捕捉到海量的信息和时尚的设计素材，到那时，我们的难题就不是资源枯竭，而是如何海淘、精选、取舍各种时尚元素了。

（3）素材要从心理辅导课的现场互动中去捕捉和生成

杜威的学说有个重要的观点——课程一定要与儿童青少年的生活、经验结合起来——这对我们的辅导工作同样适用。无论是教学活动还是辅导活动，必须尊重学生已有的经验和体验，尊重学生独特的感受和理解。心理辅导课的基本形态是团体成员的交往与探究，这种交往互动又具体表现为团体活动中的对话。特别是在小组讨论中，由于特定情境的刺激和团体氛围的感染，学生内心某一个角落的情感或记忆会突然被唤醒和激活，于是，鲜活生动的事例、人物，催人泪下的友情、亲情，真真切切的肺腑之言、感悟之词，都会在现场碰撞出来，并给每个团体成员带来心灵的震撼和精神境界的跃升，那就是我们教师可遇而不可求的、最佳的生成性课程资源，必须及时捕捉和挖掘。

（4）解决素材枯竭的问题还需要改变我们的精神状态

目前，我国的心理教师队伍还是一支非常年轻的队伍，面临的不仅是教学经验和课程资源的问题，更有自身在工作阅历中磨砺、成长的问题。俞敏洪（2014）在一次对大学生的谈话中说："毕业后步入社会，成功靠的绝对不仅仅是你的智商，而是你对社会的理解、对人生的感悟和对困难的坚忍不拔的态度。而这一切对那些绝顶聪明的、习惯了凡事都轻而易举完成的人来说，反而很难了。""追求未知的世界需要你付出更多的努力。当你进入未知领域的时候，永远比你在一个已知的世界中坚持已知的事情会有更大的收获。"

已故生命教育专家郑晓江教授曾经介绍过由香港地区的朱慧珍等老师设计的一节课"生命体验之旅——点亮心火"。课的一开始是一个别出心裁的活动——"水桶阵"，活动器材是5个方形水桶，水桶的上方罩着黑色的塑料袋。学生都不知道老师"葫芦里卖的什么药"，围在水桶四周窃窃私语。朱老师说："这里面有某种神秘的液体，等一会儿会流出来，请大家尽量想办法不要让这种液体流到外面。"这番话吊足了学生的好奇心，他们直盯着水桶，还怀着几分忐忑不安。这时，老师轻轻一按按钮，细细的水柱从二三十个小孔中向四面八方喷射出来，多数学生躲避不及，慌忙后退，只有少数几个学生上前几步，用手堵住了小孔。此时，其他学生陆续反应过来，连忙也加入了堵孔的行列，然后教室里一片欢腾。老师不失时机地提出了一个问题："这个活动给你带来了什么感受和思考？"（郑晓江，2012）

我看了这个课例的设计之后很有感触。这样富有童趣的活动设计恐怕在任何一本教案或"游戏大全"里都难以找到，它很显然是教师苦思冥想后的精心创造；同时，教师们肯定也收获了满满的成功和喜悦。香港地区心理教师的敬业精神和专业精神可见一斑!

最近出版的《心理辅导课优秀课例实录与点评》光盘中，同样有一个鲜活的例子：一位小学班主任在五年级开了一节“不怕不怕”的心理辅导课，她诱导学生勇敢探索未知事物的素材，居然是装在封闭式暗盒（仅留一个勉强可以伸手进去的小孔）中的滑溜溜的泥鳅和细细长长、快速扭动的黄鳝！对于城市里的小学生而言，这个探索活动真是让他们心惊肉跳而又开心至极！

所以，工作中遇到苦闷、彷徨，给我们带来的是一个个问号；而在探索、奋进中解决问题、积累经验、发掘资源，给我们带来的则是一个个惊叹号。一个自强不息的心理教师，一生中一定可以做成一件事，那就是不断地把心理辅导课设计中的一个个问号改写成惊叹号。那样，我们就可以从入职初期的焦虑中摆脱出来，快乐地去攀登自己事业的高峰！

资料与借鉴

运用活动加速互动的主要目的在于更好地调动团体内的资源……因此，用于加速互动的活动应当潜在地激起大家的热情。另外一个挑战是，领导者可能受限于自己的资源不足。好在如果领导者准备好了丰富的工具箱，那么通常还是会有充足的选择的。

【摘自：迪露西亚瓦克，等．团体咨询与团体治疗指南［M］．李松蔚，等，译．北京：机械工业出版社，2014.】

24. 成人培训中的情境和案例可以作为设计素材吗?

问题与困惑

我认为在设计心理辅导课时，情境的设置和案例的选用要有利于引出学生的已有经验，不能简单地照搬现成的情境或案例，特别是不能照搬成人培训中使用的情境或案例。因为这些情境或案例远离学生的生活实际，不够真实，学生（尤其是低年级学生）仅仅当作故事来听，难以将其与自己的生活体验建立联系。这样的活动课可能因为故事性强而吸引学生，实际上却没有触动学生的心灵，实效性较低。

前几天我看到某市媒体上报道了一则消息，说“小学三年级的学生在心理辅导课上做游戏，做错了居然要下跪承认错误！”，有家长向 12345 市长公开热线反映，如此粗暴的教学方式会不会给孩子的心灵造成伤害?

该家长反映，那天傍晚他去接孩子回家，问起上课的事情，没想到孩子一开口就哭了。再三追问下，孩子才断断续续地说出他在学校里受的委屈。原来是心理辅导课老师让他们做游戏：老师喊“1”，学生向左转；老师喊“2”，学生向右转；老师喊“3”时，学生向后转。如果哪个同学转错了方向，就要跪下来，举起双手说：“对不起，我错了！”

那位家长一听就火了，说：“这是什么教育方式，随便叫人下跪！”该家长认为，按照中国人的传统，下跪是很侮辱人的事；但是她又怕孩子在学校里受到影响，就没去学校交涉，只是向 12345 热线反映了她的疑虑。

记者随即和该小学取得了联系。学校领导说：“这是家长误会了。这是个心理游戏，名字就叫‘对不起，我错了’。游戏规定，错了就要单脚跪地，举起双手，大声说：‘对不起，我错了！’这个游戏的目的就是要让学生勇于承认错误，大胆地说出‘对不起，我错了’。在游戏结束后，心理辅导老师还要根据每个学生的具体表现，进行个别的心理辅导。”

我看了这则报道后心里也有点儿打鼓，我在接受心理教师培训的时候也学过这个游戏，觉得蛮不错的，心想什么时候我也要用它设计一堂心理课。但看了这则报道后，我怕自己也遇到这样的家长。我到底该如何是好呢?

答疑与探讨

这个“对不起，我错了”心理游戏是很有名的，相信很多心理教师接受培训时都做过这个游戏，而且在企业员工的 EAP（员工帮助计划）培训中可能运用得更多。做了这个游戏后，许多人尤其是一些白领高管，都觉得应该学会承认错误，体会到承认错误并不是一件非常难的事情。

我也很认同一些专家的观点，即：心理游戏重在感悟体验、“教育无痕”。即便容易引起家长误会，也不能把游戏的目的事先告知，否则游戏就变成了教育，失去了本身的意义。但如果有家长产生误会，学校有责任解释清楚。而且，应该肯定，多数成人团体咨询培训中的游戏素材是带有普适性的。

此外，我认为学校心理教师在使用成人培训游戏活动做心理辅导课设计素材时，还要考虑两个问题。

（1）*要考虑文化的差异*

现在我国内地中小学流行的游戏活动，绝大多数都是从国外引进的

“舶来品”，有些则是从我国港台地区辗转引入的“二手舶来品”。这些游戏素材为我们新兴的团体辅导专业注入了新鲜血液，非常吸引人，也很容易引起学生的参与热情，这是应该充分肯定的；但是，因为是“舶来品”，就必须考虑到文化差异的因素。尽管游戏活动绝大多数是跨文化的，但不能排除某些游戏在不同地域、不同民族、不同文化传统的人群中确有“适合”与“欠适合”之分。例如前面提到的“对不起，我错了”这一游戏，做错动作要一条腿跪下，举手大声说出“对不起，我错了”，这本来只是游戏设定的规则，对谁都一样，无可厚非，况且在西方基督教文化中，单腿下跪的场景绝不罕见，如男子求婚向女子下跪、信徒在某种场合向神父下跪，等等；但是在东方文化中，用下跪的游戏规则来表示认错就可能引起家长的误解，因为他们会根据东方习俗定义游戏。而且，我们还不能排除参与游戏的学生内心是否也存在着负面体验，因为他们是在东方文化的社会环境中长大的。而当学生内心有抵触情绪的时候，要他们从这个游戏中获得正面的感悟，就可能很难。也就是说，下跪的学生中有一些人可能是迫于团体的压力和教师的权威而勉强为之。其根本原因并不一定是某个学生肯不肯认错的认知问题或个性问题，更多的可能是文化的影响。所以，如果心理教师能考虑得细致一些，将这一游戏中下跪认错的动作改为90°鞠躬认错，恐怕学生心理上的阻抗会小很多。

（2）**要考虑年龄的差异**

对于成年人来说，这个游戏制定的规则很容易被参与者理解，大家在团体中彼此都是平等的，不会因为一个游戏而产生对组织者的误解或曲解。但对于心智发展尚不完善的少年儿童来说，理解这一游戏的内涵可能与成人存在差异。例如上面报道中提到的那个学生一回到家就流眼泪，说明他在游戏的过程中可能感到委屈了。也许，他在课堂上并没有什么明显的表现，但当我们了解到这种深藏在内心的负面情绪时，更应该意识到，原来同一个游戏，成人世界的视角与感受跟孩子们的视角与感受可能是大不一样的。

我曾经听过一些心理教师的课，发现他们受社会上成人团体培训（如 EAP 培训）的影响很深。成年人团体训练一般以 2～3 个小时或 2～3 天为一个活动单元，团体进程的节奏比较缓慢，活动开始前做大量的热身和铺垫，所以相应地，成员在游戏活动中的分享和体验也就比较深入。很多心理教师就是因为参与了这种体验性的成人团体训练，获得了刻骨铭心的成长感悟，所以很自然地想在心理辅导课上复制这样一种团体游戏的形式。但是，当我们在心理辅导课上使用这些游戏活动的时候，切记不可照搬套用，而应该根据学生的年龄特点加以改编甚至是改造。比如，有个成人团体游戏活动让不同性别的参与者随意围成一圈，双手搭在前面伙伴的肩膀上，身体距离很近地走动；然后，随着团体领导者的一声口令，迅速向后坐在后面伙伴的大腿上，整个团体就变成了一个“人椅链”。这个活动很有团体的气场和凝聚力，参与者事后也能谈出许多体验。但是把这个游戏用到中学青春期辅导课上时，场面就可能比较尴尬。有一次我在某地听课，曾看到过一个班的高中生做“人椅链”的游戏，因一位女生曲膝蹲坐时没有站稳，一下子后仰倒在后面男生的小腹与大腿部，并导致“多米诺骨牌效应”。当时场面就有点失控，一些学生当场面红耳赤，一些男生则故意嬉笑怒骂、尖声怪叫。当然，游戏出现意外并不奇怪，但是对于青少年团体辅导中的游戏，还是要多考虑一些细节，提前做一些技术处理为好。

总体而言，在中小学心理辅导课上使用的成人团体游戏，应该从文化和学生年龄特点的角度加以审视，并做出必要的取舍、改动或重新建构。

资料与借鉴

游戏可以“给孩子的问题提供一种安全且相对无威胁的连接”（Friedberg，1996，p.17）……心理咨询师可以自己设计一些游戏，最好是简单的、灵活的，并且与孩子正在经历的困难相关的。

【摘自：格莱丁．心理咨询导论［M］．方双虎，译．北京：中国人民大学出版社，2014.】

25. 设计心理辅导课一定要用多媒体课件吗?

问题与困惑

我不太支持现在随便上一堂公开课都必须要有多媒体辅助；但现实中我必须要按领导的要求做——这是一种无奈……

我印象比较深的是看过广州一所小学的一节心理活动课的实录（文字性），整节课就是一个内容——“优点轰炸”，全班学生每个人都接受“轰炸”，每个学生都参与和感受了，真正做到了“让每一个学生都动起来”。这样的内容看上去简单，但我觉得效果很好。——可是，这样的内容，大家想一下，如果形成一篇教案设计会如何？太简单，没看头？！起码让我做评委的话也要首先删除它。

我们现在的课堂设计都非常强调多样性，围绕主题设计多个活动，层层深入地渗透。学生也随着老师的指挥而忙碌，其中有的是为了完成老师分配的任务——展示课前排练的节目和动作、准备的成果……一节课都在心潮澎湃地等待自己上场的那一刻……

我并不反对将多媒体引入课堂，只是很多时候看到一些公开课或教案设计比赛时，总要求必须有“课件”这一条，好像非得这样做才能“与时俱进”一样。

我并非否定全部的“多样化”的课堂教学，其实我都很佩服这些老师，起码这从某一方面也体现了老师的课堂控制能力。可能是我在小学工作的缘故，比较关注学生的注意力，担心多样性会分散学生的注意力。

答疑与探讨

大家都是搞心理辅导的同行，所以对这个问题的讨论可以从脑科学与团体辅导理论两个角度入手，看看能否取得一定的共识。

（1）多通道的信息输入比单一通道的信息输入更有利于学习

我们都知道学习是多元的，学习发生于用多通道方式处理同时输入大脑的多种刺激的过程中。尽管程序化的、单一感官刺激方式的线性课程设计也可以完成一个学习的过程，但它们同时激发的其他内容则少之又少（詹森，2006）。举例来说，大脑中与视觉相关的神经元占了很大的比重，将近30%的脑灰质由分管视觉的神经元组成，而与触觉和听觉有关的神经元只占了8%和3%。由此可知为什么学生在学习中过程中对教师讲过的许多话会很快遗忘，而对各种图像和声音却留下了深刻印象，而且处理图像信息的速度（即神经元连接的速度）是最快的。而所谓的"学习"，其实就是指神经元细胞之间建立更多的连接，找到更多的神经通路。那么，通过为同一内容的学习提供多重学习背景，尤其是视觉背景，就可以最大化地建立神经元之间联系的数目。正因为如此，在当今这样一个信息爆炸的时代，人们才越来越多地使用各种多媒体手段来进行信息的传播，而受众在生理上也更容易接受和理解这些信息内容。特别是小学生，运用多媒体课件也可以更好地激发他们的学习兴趣，帮助他们集中注意力。

（2）使用多媒体手段不可刻意追求花哨，更不可画蛇添足

心理辅导课特别注重学生的投入和参与，而多媒体手段的使用恰恰可以增强学生的兴趣和参与度，这一点毋庸置疑。当然，我们也要防止在辅导过程中走到另一个极端，那就是过分注重"课件"的制作精美，而忽略

了对主题本身的开掘。

心理辅导活动课重在创设一种氛围，而氛围的形成有一个“热身—催化—互动—共振”的渐进过程。一旦氛围形成，心理辅导活动课就成功了一半，因此教师要格外珍惜。此时如果不合时宜地插入一段比较花哨甚至是画蛇添足的多媒体课件，很可能打断学生互动的兴致，转移学生对讨论主题的注意力，冲淡暖意融融的团体氛围，并使辅导过程失去本来可以达成的流畅感。

例如，一位教师开设一节“从众心理”的心理辅导活动课，总体来看，使用多媒体手段的效果是好的，特别是其中有一段关于学生过生日请客的录像提供了非常真实的生活场景，对于辅导主题的展开起了重要的作用。但是在分析一些同学盲目从众的原因时，教师用多媒体设置了标准答案①②③④，而学生回答的各种看法却不可能是按这个顺序展开的，所以教师只好演示一下，停一下。一来二去的，教师的操作乱了，只好从头再来一遍，于是本来比较浓郁的辅导氛围消失了。

美国心理学家施穆克（2006）曾指出：“如今，教师成了单向交流的多余者。教学机器、电影、录音磁带、电视、电脑程序和其他技术设备已经被创造出来，并作为传递学生信息的有效方式。然而，即使技术进步提供了双向班级交流的更多可能性，非人性的和缺乏对话同样表现在很多班级里。代替对更具人性化的班级关系的使用，教师过于经常地将‘机器倾向性’普及于他们与学生的关系中。”施穆克的这段话提示我们：在课堂上使用多媒体手段其实是一把双刃剑，有利也有弊。

（3）多媒体课件主要用于创设情境和引导思考，而不是提供“标准答案”

经验证明，多媒体教学手段主要应该用于呈现情境、设置背景音乐或提出思考的讨论题，尽量不要用来出示知识性的标准答案，更不能用人机对话取代人与人心灵的交流。而且，过多地按编程出示活动流程或标准答案还容易造成学生思维的惰性。

总之，有现代化教学手段的辅助可以为心理辅导课增添生气和便利，但这种手段的使用一定要服从于辅导目标的需要，不要只是为了变换一下形式。而且，数量也不宜过多，课件的形式应注意美观、朴素、简洁、明快。特别应该提醒一点，公开课上不宜比拼谁的课件做得精美，否则在导向上会喧宾夺主。事实证明，在条件简陋的农村中小学，如果教师吃透了辅导理念和辅导目标，活动设计又比较贴近学生实际，那么，即使未能采用现代化教学手段，同样可以上出效果较好的心理辅导活动课。

资料与借鉴

大脑的一大任务就是视觉处理，几乎半个大脑都是直接或间接用来处理视觉功能的。

【摘自：斯米克莱斯．视不可当——信息图与可视化传播［M］．项婷婷，张东宁，译．北京：人民邮电出版社，2013.】

26. 心理辅导课的设计有无模式可循？

问题与困惑

现在的心理辅导课设计缺乏严谨的教学逻辑，选择什么教学设计往往依赖于授课人的主观意图，这样就导致心理辅导课上出现很多不完善的结构性问题。这是心理辅导课受到学生质疑的根源所在。因此，我认为需要在结合教学实际的基础上，结合心理辅导课程的内在规律，建构相对科学的教学模式。

我发现在科学出版社出版的《中学生心理导向》教材中，或许是为了体例的统一，一般把一节课分为智慧泉、明镜台、回音壁等几部分。但是由于心理辅导课刚刚起步，大部分人处于模仿阶段，因此，很多人的课程设计就机械式地划分成这几部分，模式非常单调。更有甚者，设计课程之前，还没有思路，就已经把这个模式套用起来，因此有的课真的有生拉硬套之嫌。

我在杂志上看到一位心理老师写的文章，比较了心理辅导课设计的“三阶段”体验模式和“四阶段”动力模式的异同。文章说，“三阶段”体验模式认为“四阶段”动力模式按阶段设计活动，造成“活动零碎片段化”，且“活动缺乏内在联系，一个接着一个”，不能使主题深入，所以提出“只需一个活动”即可，认为只要对一个活动进行初级设计、复杂设计、再整合，就可以更深入地探讨，课程的效果也更好。

而“四阶段”动力模式则强调“有效利用团体动力，促进学生在互动中成长”，所以必须精心设计团体活动，至于团体活动的数量并没有规定是一个或是几个，如能充分发掘，达到探索与提高的目标，一个主题活动也可；如果一个活动不能激发学生参与的热情、促成目标的达成，那么就选择多个相关活动进行组合，使团体成员在充分的活动中互动成长。我自己思考了一下，觉得两种说法都有道理。那么心理辅导课到底应该按照什么模式来设计才好呢？

答疑与探讨

前面第一位老师提到了“教学模式”这个概念，对此我先谈一些个人看法。

（1）到底是“教学模式”，还是“活动课型”

“教学模式”的基本含义是指：在某种教学理论或理念的指导下，经过教学实践反复检验的、相对稳定的教学流程。在中小学心理健康教育中，借鉴新课程改革的理念来构建心理辅导课的“教学模式”，也许会是一种趋势，但我们业内人士对“教学模式”这一概念的表述可以再做斟酌。

我以为，用“教学”与“模式”这两个子概念来谈心理辅导课容易引起误解。前者，毕竟我们上的是心理辅导课，不是心理学的知识课，“课”的进程是一个面对团体的辅导过程，不是一个传授知识的教学过程；后者，一提到“模式”，就容易引起歧义，有些教师往往会忽略“模式”的本来学术意义，误以为它就是一个“模子”，可以照套不误。而且，“模式”也更容易使人联想到“模式化”。总之，用“教学模式”的概念来表述我们心理辅导课的创新实践，恐怕会有一些负面的暗示效应。

所以我考虑，用“课堂形态”即“课型”或“活动课型”，来表述心理辅导课多种多样的活动流程，是否更为恰当一些？

（2）“四个阶段”不是课堂模式，而是团体动力发展规律

有些老师将我提出的“团体热身阶段—团体转换阶段—团体工作阶段—团体结束阶段”这样“四个阶段”理解为是四个“教学环节”，或者是不能突破的“四阶段教学模式”；还有些教师则担心会因此束缚了设计和操作心理辅导课的手脚，甚至影响了教师们的教学探索和专业突破。另有一些同道通过邮件、论坛、面询或其他方式与我讨论，涉及的问题包括：心理辅导活动课是否必须严格按照这几个阶段层次分明地开展活动？是不是不能颠倒顺序或不能跳跃某个阶段？是不是每个阶段都要有清晰的交代？等等。

我非常感谢老师们提出的这些问题，但大家若能回头看一下拙著的原文，就不难发现我说的这“四个阶段”并非指“教学模式”或“教学环节”，而是指团体发展的进程。

例如，我在《心理辅导活动课操作实务》中说：“我们认为，将一节心理辅导活动课的发展进程划分得过细是不便于操作的……但将发展进程描述得过于笼统模糊，又不利于辅导教师把握团体成长的阶段性动力特征。所以，根据学术界对于团体辅导进程的一般共识，我们对一节有具体课时限制的心理辅导活动课的微观发展进程做如下的划分，即：团体热身阶段—团体转换阶段—团体工作阶段—团体结束阶段。”

在《探寻学生心灵成长路线图》一书中，我又引用了我国台湾地区彰化师范大学徐西森（1997）的观点：“团体动力的开展有其一定的进程可掌握运作，从初始阶段、转换阶段、工作阶段到结束阶段，正如作文撰写格

式的起、承、转、合，犹如人类行为发展有幼儿期、儿童期、青年期、中年期到老年期等历程一般。”

后来，笔者把上述“起、承、转、合”四个动态阶段在心理辅导课过程中所占的大致时间比例，以及活动任务与团体动力变化规律之间的关系，形象地用图 1 来表示：

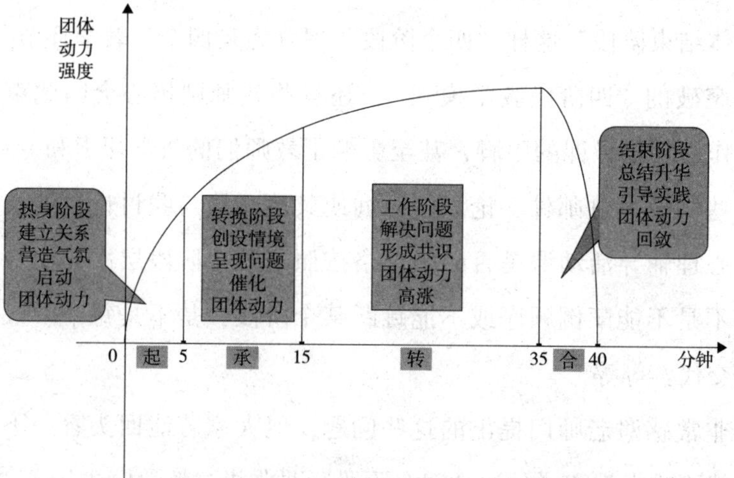

图 1　心理辅导课中团体结构与团体动力关系示意图（钟志农，2009）

图 1 的团体动力的强度变化曲线，反映了一个健康发展的团体内部成员互动关系的变化趋势，即“启动—渐进—高潮—回落”的动态规律性。假如团体动力走势不是这样一条“抛物曲线”，而是一条“波浪式曲线”或者是一条“滑梯式曲线”，就说明这个团体发展进程是困难的，阻力重重（如图 2），甚至是失败的（如图 3）。

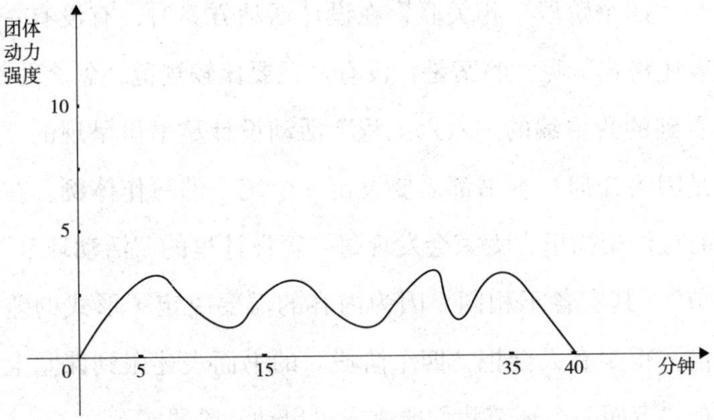

图 2　团体动力走势不畅示意图

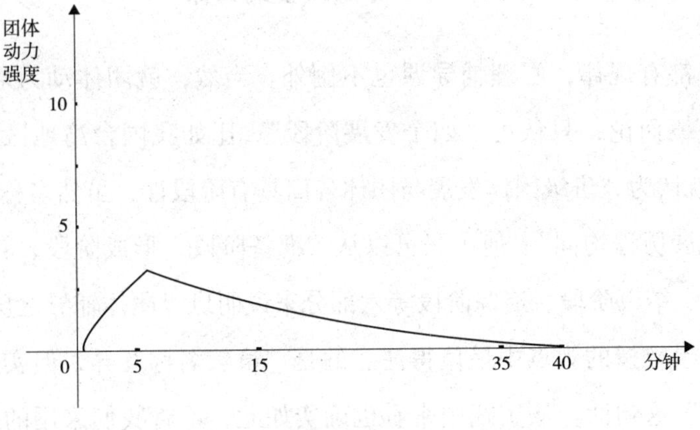

图 3　团体动力严重受阻示意图

相信大家理解了“四个阶段”并不是“教学环节”，而是团体动力运作规律，就不会有“四个环节能不能颠倒顺序、能不能跳跃某个阶段”这样的问题了。从团体动力发展规律来说，这四个阶段必定是不可以任意颠倒或跳跃的，这就像自然界的潮汐涨落规律或人体生理节律（如月经）一样，如果出现紊乱，在自然界就意味着天灾异变，在人类个体身上就预示着疾病萌生。而在团体内部，若出现不规则的动力起伏，则表明这个团体的发展进程是不健康的。

那么，与“四个阶段”相关联，在设计活动方案时，有没有一个“标准的四阶段表述格式”呢？答案是：没有。只要比较规范，怎么写都可以。至于老师们看到的我主编的“六六工程”活动设计丛书里呈现的“四个阶段”架构，是因为任何一本书都需要设定一个统一的写作体例。在这样一个大体统一的写作架构里，大家会发现每一篇设计里的“活动环节”（或者说“教学环节”）其实各不相同，因为内容的需要决定了形式的差异。而且，我也相信，很少有人会把“四个阶段”的书面表述搬到课堂上，去层次分明地宣布“下面一个环节我们要进入‘启动’阶段了”。

（3）要遵循规律上课，而不要照搬模式上课

凡事都有规律，心理辅导课也不例外。当然，就团体动力规律而言，也不是一概而论，只认可“四个发展阶段”。比如我国台湾地区的李坤崇（1999）就认为“班级团体发展与团体咨商具有阶段性，虽然名称互异，但实质的发展历程均同”。他主张可以从“准备阶段、形成阶段、转换阶段、工作阶段、结束阶段、追踪阶段等六部分来说明班级团体辅导之历程”。

李坤崇教授的观点中最值得注意的是“虽然名称互异，但实质的发展历程均同”这句话。从实践中来看也确实如此，不管我们采用的是什么样的“教学模式”或“活动课型”，不管我们设计的是一个活动还是四五个活动，上得比较成功的心理辅导课，其内在的运作机制都自觉或不自觉地遵循了团体动力的总体发展规律。下面我举两个课例来说明。

第一个课例，是浙江省嘉兴市屈丹老师上的“高中生人际交往水晶球”一课，这是一次将“焦点解决短期咨询”理念运用于心理辅导课的有益尝试。

该课设计分为5个活动环节——第一环节以水晶球引导学生构建目标，即“未来导向”：“如果通过水晶球可以看到你未来的人际交往状况，你可能

会看到什么？如果理想状态为10分，你希望达到几分？”第二环节挖掘可利用的优势资源，即“寻找例外”：“你曾经做过什么，使你在人际交往中达到过比较理想的状态？”第三环节探索方法，即“尝试解决”：“应该如何做才可能接近你在水晶球中看到的理想状态？”第四环节分享交流，制订个性化的行动计划。第五环节开展行动，即引导学生在课外“走出一小步”。

这样一个五环节的活动课型，在实施过程中同样需要依靠团体动力来推动。如果将这个课例做一个团体动力学的剖析，那么，第一环节的水晶球活动是为了引入主题、“目标导向”，形成初步的成员互动，这要有“团体转换阶段”的“中等动力强度”方能奏效；而第二环节的挖掘资源、“寻找例外”，第三环节的探索方法、“尝试解决”，以及第四环节的“分享交流”，均属于达成目标的“团体工作阶段”，更需要有一个热气腾腾的“高强度动力场”；到了第五环节“开展行动”，则基本上是教师的点拨引导，主要靠课外实施，此时团体活动已近尾声，团体张力呈回落状态，明显地照应着“团体结束阶段”的“弱心理场”。不难看出，这个设计方案并未呈现“团体热身阶段”，那么这5个活动环节在课堂上会如何操作呢？设计者屈丹老师在跟我讨论这节课的时候谈了她的体会：“如果没有团体热身，没有激活动力，上来就做水晶球的冥想，学生会感到很突兀，有的学生根本静不下心来，更进入不了角色，有的还会嘻嘻哈哈，难以营造冥想所需要的团体氛围。所以我在不同的班级尝试了不同的热身活动，但始终没有一个比较成熟的做法。”后来经过商议，我们考虑了这样一个思路：

全班分6人小组入座后，教师发给每人一只无色的气球（教师还要有若干备用气球），开场先做“吹气球”的游戏，要求尽可能吹得比较有透明度而又不致爆裂。在这样一个过程中，班级全体成员就会互动起来，彼此观察交流，团体渐趋激活，甚至出现气球爆裂的“意外”也成了团体互动的“润滑剂”。然后教师依据团体规范收拢注意力，自然而然地说出一段带有“奇迹问句”的指导语，将已经启动的团体动力引向“冥想活动”：“现在请大家双手轻轻捧起变得比较透明的气球，慢慢闭上你的双眼，跟我做几次深呼吸……下面我会提出一个似乎有点奇怪的问题……假如现在突然发生了奇迹，你手中捧着的不是一个有透明度的气球，而是一个晶莹剔透的、神奇的水晶球，透过水晶球，你看到了三年之后你和许多朋友在一起……”（下略）

由此可见，一个活动方案如果投放到课堂实践中去，就一定会受到团体动力规律的检验，并在实践中反复修改锤炼。最后操作得比较成功的，一定是符合团体发展规律的那个修改方案。

第二个课例，是广东省广州市越秀区雅荷塘小学孙静老师在四年级上的“纸塔”。这是一节“三阶段体验模式”的心理辅导课，整个设计分为三个阶段：

第一阶段是热身活动“超级清理”：根据指令，学生把桌面上的新扑克牌清理进盒子里，比比谁的动作快。这个活动学生反复做了几次，一次比一次熟练。这一阶段的目标是初步体验接触新扑克牌的感受，从而为完成游戏做好心理准备。

第二阶段是主题游戏“搭建纸塔”：要求学生在4分钟内用若干张扑克牌搭建一座层数尽可能多的纸塔。塔搭好后，要保持3秒内不倒塌。这个游戏分成三步来组织。第一步是说明游戏规则，并尝试搭建纸塔，这是游戏前的练习，让学生初步感受搭建纸塔的方法。第二步是正式开始搭建纸塔，并交流分享“遇到了什么问题？你是怎样想的？又是怎样做的？结果如何？”。通过找寻搭建纸塔的多种方法，感受克服困难的成功感。第三步是给学生提供再次搭建纸塔的机会，让学生讨论“这一次打算怎么做？”，然后通过两次游戏的比较，谈谈“有什么新的感受？”，从中提炼出“方法总比困难多”的感悟。

第三个阶段是联系生活经验，拓展延伸，引导学生思考在学习中遇到困难时应该如何对待。

我发现，这样一个“三阶段体验式”的活动设计，在运作的过程中同样遵循了团体动力的发展规律：课例中第一阶段的“超级清理”活动明显地属于团体动力的“热身阶段”，从录像中可以清楚地看到学生是如何从“零动力”状态渐渐“热”起来、“动”起来的。课例中第二阶段若从团体动力学的角度分析，则可以发现团体张力明显地提升了两个台阶：该阶段的第一步，即宣布游戏规则并初步尝试搭建“纸塔”时，课堂的团体张力强度大约为3～4分（10分为最强），达到了“团体转换阶段”的基本要求；而第二步的正式搭建“纸塔”并分享感受以及第三步的“再做一次”，则是解决问题、形成共识的“团体工作阶段”，其团体张力逐渐上扬，到“再做一次”并在分享中提炼出“方法总比困难多”的感悟时，团体张力已达到8~9分左右。课例中最后一个阶段“联系生活经验，拓展延伸”无疑就是“团体结束阶段”的“高潮已过，余音尚存”的表现。当然，如美国心理学家柯瑞（2006）所言：“各个阶段的每一步之间的界限其实并不明显，不是可以绝对分开的，而是存在着许多交叉重叠的部分，这一点在过渡阶段与工作阶段之间体现得尤为明显。”

总之，团体动力标志着团体运作的状况，它与心理辅导课的设计及操作息息相关。在心理辅导课上，团体动力主要表现在团体凝聚力、团体气氛、团体规范、团体活动的参与度及成员互动水平等几个方面。而一个健康发展的活动团体，其内部互动的张力强度必定要经过“热身—转换—工作—结束”这样四个阶段。不论我们按照何种“教学模式”或“活动课型”去设计和操作，遵循这样一种团体发展的共性规律，自觉而有效地一步一步催化团体动力，以促成心理辅导课的正向运作，是“有百利而无一害”的。

（4）**团体动力是“引擎”，课堂形态是“车型”**

美国心理学家欧文·亚隆曾把团体动力比喻为“引擎”，这实在是巧妙之极。我们将前面论及心理辅导课内在“动力规律”与外显“课堂形态”的关系归结起来，就如同汽车的“引擎”与“车型”、“款式”的关系一样，两者是相互依存的。从发动机的角度看，不管是汽油机还是柴油机，不管是四冲程的还是二冲程的，不管将来是太阳能能源的还是甲醇能源的，只要汽车动起来，就必然要经历“启动—提速—高速—制动”这样一个运作过程，少了哪一步恐怕都要出问题；从“车型”、“款式”的角度看，则要根据任务、需要和个人喜好考虑，可以选四轮的、六轮的或者十轮的，也可以选跑车、轿车、厢式车或者载重车，等等。但作为“买家”来说，必定是既要考虑“动力系统”优良，又要考虑“车型、款式”新颖。由此我们联想到，心理辅导课的设计与操作亦是如此，同样需要处理好“引擎”与“车型”的关系，而无须去争论“引擎”与“车型”哪个更好。

资料与借鉴

团体的发展犹如个体的生长，也会呈现出其形成、发展和终结这样一种生命圈或生命发展过程。根据发展心理学的研究，我们人类个体从出生开始，经过婴幼年、童年、青少年、成年、老年，以至面临死亡，呈现出了一种发展的规律。而在这样的发展过程中，……也都会呈现出具体的规律性表现。

【摘自：申荷永．充满张力的生活空间——勒温的动力心理学［M］．武汉：湖北教育出版社，1999.】

27. 如何看待心理辅导课的“多元化”？

问题与困惑

有同事提出：“心理辅导课为什么就不能提倡百花齐放呢？只要不是知识的灌输，是不是也可以应用多种手段和方法促使学生投入到心理辅导课中呢？能否有其他更多、更有效的形式呢，比如读书课、行为训练课等？”对此我有同感。我认为心理辅导课的辅导方法可以百花齐放。有特色的、辅导效果佳的当然可以让大家来分享！而且我还有一种不同的感受，我觉得心理辅导不仅需要有体验感悟，而且有时需要关注被辅导者相关知识的增长，有时甚至需要进行知识的灌输。不必做出死规定。谚语云“条条道路通罗马”，在实践中才可以知道是不是最好的辅导方法和辅导效果。

答疑与探讨

从哲学的角度看，有共性就一定有个性。共性决定事物的基本性质和规律，个性揭示事物之间的差异；共性是绝对的，个性是相对的、有条件的；共性只能在个性中存在，个性体现并丰富着共性。对心理辅导课的哲学思考也是如此。

（1）心理辅导课必须适应“多元文化”的时代需要

社会发展已经进入多元化的时代，未来的心理辅导课将比现在更重视对多元文化的了解、接纳和适应。如果僵硬地认定某一种活动课型，对心理辅导课的发展肯定是不利的。正如恩格斯在《自然辩证法》中所说："从个别到特殊并从特殊到普遍的前进，并非在一种样式中，而是在许多样式中实现的。"英国社会学家鲍曼也主张"埋葬差异分歧，高扬共同精神，迈向集体目标"。尼采更是说过："我们允许对某一事物发表意见的声音越多，那么，我们将有多个不同角度观察这个事物，我们对这个事物的理解越全面，我们的客观性越强。"所以，我们要支持每一位教师在实践中学会课型"建模"，鼓励教师通过一节较为成功的课例，尝试性地建构新的课堂形态，鼓励教师将"毛坯型"的课型建构为动态"修改型"的课型，最后建构起相对稳定的课型。

正是基于这样一种考虑，浙江省在 2007 年"百课万人"心理辅导课展示活动中，在浙江大学等高校的专家指导下，尝试总结并推出了 12 种活动课型，包括：

①"深度体验"式课型；

②"情境—建构"式课型；

③"活动—体验"式课型；

④"讨论—澄清"式课型；

⑤"活动—体验—自助"式课型；

⑥"体验—感悟"式课型；

⑦"体验—分享"式课型；

⑧"自省—自助"式课型；

⑨"话题—探讨"式课型；

⑩"动态生成"式课型；

⑪"认知—行为训练"式课型；

⑫"情境—感悟"式课型等。

而这几年来在专业期刊上介绍的“三阶段体验式”课型、“翻转课堂”课型和“目标导向”课型等也是心理辅导课课堂形态走向多元化的证明。

（2）*心理辅导课提倡“多元化”，但反对乱贴“模式标签”*

当然，上述这些课堂形态大多处在探索尝试的初级阶段，并非统统趋于成熟，更不宜称之为什么“模式”。因为我们提倡心理辅导课的“多元化”，并不等于不按团体动力学的规律别出心裁，不等于乱贴标签。“多元化”的前提是“科学化”，也就是认真按照学生年龄特征和大团体自身的发展规律来尝试各种不同的形式、结构、设计与操作。无论是按照学科教学模式借鉴来的若干活动课型，或是按照个别辅导、小组团体辅导的技术借鉴来的若干活动课型，都要经过实践的检验和科学的考量，切勿匆忙贴上“× × 新理论”、“× × 新模式”的标签，因为那不是一种严谨的做法。

一般地说，任何课型都有其适配性与局限性，都要根据辅导主题和内容需要来灵活运用。四川省成都市的“宝光寺”有一副著名的楹联：“世外人法无定法，然后知非法法也；天下事了犹未了，何妨以不了了之。”辅导有模，但无定模；无模之模，方为“至模”。只要发展性团体辅导实践中的新问题层出不穷，心理辅导课的课型建模就永无止境。

一线心理教师应当了解和掌握尽可能多的基本的心理辅导课“课型”，然后根据辅导对象的年龄和社会化发展水平，根据青少年不同发展“关键期”的具体需要，根据所要达到的辅导目标，自己构建或选择活动课型。只要教师认识到心理辅导课课型可以“多组合”，就不会被一两种现成的课型约束，并可以从中筛选出若干行之有效的课型，作为自己的“保留节目”。

（3）*在探索多元化的道路上力戒浮躁之风，提倡“守正”先于“创新”*

我一直以来有这样一个想法：搞教育，包括搞心理健康教育，也包括研究心理辅导课，跟办工厂、开发新产品、提升 GDP 不一样，不能总是搞“创新”。教育有滞后性，不能立即看出效果。教育要靠积累，不能变动太过频繁，不能染上“多动症”，不能急着想出“新经验”。我们要把“守正”放在“创新”前面，也就是说，要扎扎实实地按规律办事。对于心理辅导课来说，就是要扎扎实实地按团体动力规律和课堂教学规律办事，把心理辅导课上出规律来。有的辅导教师资历尚浅，课上得不够理想，有挫败感，是完全可以理解的；但是，如果因为遭遇失败就怀疑这个路子走不通，就想搞另外一套模式出来，这不是不可以，但很可能陷入“舍本逐末”的误区，说到底对自己的成长是不利的。试想一下，如果我们是文化课教师，是初出茅庐、“新手上路”，也上不好课，恐怕不敢自己另搞一套什么“新模式”，只能“诚惶诚恐”、老老实实反思自己，虚心向人请教，改进自己的教学方法，严格按教学常规办事。因为还有老教师、教务主任要来听课、评课、监督，帮你上路，“逼”你上路。而渐渐地，你也就上路了。那为什么我们心理教师上不好课就老想独辟蹊径呢？因为我们是“单兵作战”，我们缺少传帮带，也缺少监督、引导，我们没有“心理辅导课辅导常规”，我们有其他新教师所没有的“专业自由”。别人看我们“热热闹闹”搞一套“创新”，也是雾里看花，隔行如隔山，不好妄加评论。这样，虽然我们可以“热闹”一阵子，但终究不是长久之计。

我之所以这样直言不讳地提出自己的看法，是想强调“继承团体动力学学术传统”的必要性，强调“研究课堂教学规律对上好心理辅导课的相通性”，强调坚持“不浮不躁、求真务实”作风的重要性。我们是中国第一代学校心理教师，我们有责任要求自己打好扎实的理论基础和实践基础。如果我们身体力行，力戒浮躁之气，就可以给后来人开一个良好的先河。

资料与借鉴

我尊重一，并警惕一的僵局僵硬。我懂得二，并迎接二的挑战，琢磨二的协调的可能性。我欢迎三，并注意三渐渐成了一以后还有一、二、三的分化与万物杂多共生，情势会愈来愈复杂化。

【摘自：王蒙 . 老子的帮助［M］. 北京：华夏出版社，2009.】

28. 心理辅导课的准备工作太复杂了，该怎么办？

问题与困惑

从担任高中心理教师以来，我感到最困惑的就是备课。心理辅导课没有教材，甚至连个系列主题也没有，等于一张白纸。我得挖空心思去想：下次上什么主题呀？主题想好了，又开始发愁素材：做游戏？我会的那几十个游戏早已经做过了。排练小品？学生都嫌烦，说没时间。到网上找资料？也并非说说那么容易。好在我比我的一位在一所民办小学工作的同学幸运。她告诉我，在小学里上心理课更麻烦，还要给小学生准备各种小道具，又是画，又是剪，又是贴，得把自己当成能工巧匠。我虽然不用做这些婆婆妈妈的事情，但觉得自己投入的精力也够多了，准备工作真的非常复杂，效果也并不好。况且，一两节课这么弄弄也还能撑得住，如果每节课都这么麻烦，那不是要累死人吗？看看别的学科老师，要教材有教材，要教参有教参，虽然说改作业很累，但总没有我“白手起家”造房子累吧？这样下去，我真不知道自己能坚持多久。

答疑与探讨

上面这位心理教师谈到的课前准备工作繁杂是一个事实，但问题的症结也许在于“劳而无功”上。也就是说，我们感受到他有很多“付出”的体验，但很少有得到“回报”的快乐。大家都知道，在成功的道路上是没有捷径可走的。付出很多代价去准备每一节课，虽然不能确保次次成功，却一定有成功的希望；若是因为怕麻烦而马马虎虎地准备每一节课，那么成功就永远与我们无缘。

所以，我们要讨论的，是如何让课前准备工作有成效。

（1）“化繁为简”，设计思路就不会头绪杂乱

有时候我们的准备工作之所以烦琐，是因为设计思路头绪杂乱，贪大求全。心理教师若是没有从宏观上为自己的主题定好位，切口张得太大，想法过于庞杂，繁枝冗叶过多，就会造成设计素材堆积，准备工作相当复杂。我遇到过几位心理教师，他们都非常敬业，为备好课付出了很多心血，但是年复一年，他们的上课水平并没有多少突破，却找不到问题的症结，于是，职业倦怠感就来了。在听完他们的课并和他们交谈之后，我发现他们陷入自己找来的大量素材当中不能自拔，虽然通过上课，感觉到某些地方可能出了问题，但是由于思路不清，又无法割舍素材，缺少了一个对自己实践过程的反思，所以总是跳不出原有素材的框架。

例如一位高二的心理教师，开设了一节青春期辅导课，内容从青春期的生理变化，到由此产生的发育烦恼，到异性同学该不该正常交往，再到青春期恋情会如何影响学习，最后还涉及如何防止“越轨”，几乎涵盖了青春期教育一半以上的主题。结果不仅课前准备工作极为烦琐，而且未能取得预想的效果。后来经过几次研讨，这位教师明确了高二青春期教育应侧重在爱情观、婚姻观等价值观的引导上，于是缩小了切入点，将主题定位在“什么是爱情”上，课的主线清晰了，素材大大删减了，主题也更加突出了。

因此，我们在备课时仅仅靠搜集繁杂的第一手资料是远远不够的，还要善于从宏观上理清思路，对各种资料进行理性的分析、辨别、借鉴，采

纳其中对自己有用的精华，这样才能真正做到“化繁为简”。

（2）“当繁则繁”，且不可忽略细节

但是，总体而言，心理辅导课的准备工作的确比较复杂，而且要考虑得非常细致才行。例如，很多时候，我们设计的活动需要在课前准备一些必要的小道具，这些道具的制作常常会花费不少的时间和精力，但我建议还是要努力去准备，因为有无这些小道具，效果会大相径庭。

比如，有一位高中心理教师，在一节人际交往课上运用了当下热门的“焦点解决”技术，她采用的是“奇迹询问”。老师让学生闭上眼睛冥想：“假如你眼前有一个水晶球，透过这个水晶球，你看到了 5 年后、10 年后自己的人际关系出现了奇迹，你拥有了你最想要的理想的人际圈子，请仔细看一看、想一想，那将是一种怎样的状况？”

这一设计在付诸实施时，教师总觉得学生无法倾情地投入，有的学生甚至闭着双眼在偷偷地笑。后来，她增添了一个小道具：在课前热身活动时，先让学生按 6 人一组围着桌子坐好，全班“吹气球”。40 多只五颜六色的气球出现在学生的座位前，煞是好看。此时，教师请学生用两手轻轻捧起气球，闭上双眼，将自己胸前的气球想象成一个晶莹剔透的水晶球，然后教师再用舒缓的语调对学生提出了那个著名的“奇迹式”问题。由于有了气球作为“过渡性客体”，水晶球引发的奇迹式询问便不再变得突兀了。后来全班学生的讨论分享说明，这个活动取得了很好的效果。

还有一位小学班主任在二年级开了一节观察力训练课，整堂课以“黑猫警长”为主线来组织各种观察品质的训练活动。其中有一个“黑猫警长抓老鼠”的活动，一开始学生上台做角色扮演时，1 名学生扮演“黑猫警长”，5 名学生扮演偷油瓶的“小老鼠”，但 6 个孩子都穿着校服、戴着红领巾，结果全班学生对此活动兴味索然。在其他老师的建议下，这位班主任为“黑猫警长”缝制了一个“黑猫”头套，为5位扮演“小老鼠”的学生准备了5只“老鼠”头套。结果在另一个班上课时，学生们的欢呼声不断，小演员们的表演也格外起劲。而且通过活动，学生们对“观察须仔细，更要持之以恒”的理念有了比较深切的体验。

细节决定成败。课前准备工作的“繁”往往就“繁”在这些细节上。很多时候，有些老师觉得时间很紧，做这些准备工作又比较麻烦，于是就选择了放弃。结果因小失大，课的效果大打折扣。孰利孰弊、孰是孰非，不是一目了然吗？

（3）**“去繁求简”，还需有丰富的想象力**

课前准备能否从“繁杂”中求“简”，不仅需要一种精神，也需要发挥我们的想象力。所谓“想象”，就是对各种记忆表象的重新组合。许多看似平常的事物，如果在赋予某种理念之后重新组合，就会变成一种生动简洁的情境素材。例如有一次齐白石作画，老舍为他出的画题是“蛙声十里出山泉”。齐白石稍加思索，便欣然命笔。他没有去描绘逶迤的山谷和鸣叫的青蛙，而是画了一泓山泉从山涧喷流而出，泉水中夹杂有小蝌蚪顺流而下。这幅画构图极简，却给人留下了丰富的艺术想象空间。

心理辅导课的准备工作也是这个道理。有一位高中心理教师，上生涯规划的辅导课时，在如何呈现“霍兰德的职业兴趣六大类型”理论时陷入了困境。按照她预定的设想，出示霍兰德职业兴趣理论的表格，逐一进行解释，然后再让学生根据自己的个性特点对号入座，整个过程冗长而沉闷，多次修改也未见起色。后来在与合作团队讨论时她突发奇想，将人的职业选择过程比作一次既有目标也有风险的“人生跳伞”，而将霍兰德的职业兴趣六大类型比作大海中的六个小岛，于是整堂课就以“生涯降落伞”为主线贯穿起来了。当学生们手持五彩缤纷的“生涯降落伞”小道具，去寻找适合自己生存的岛屿并“跳伞着陆”的时候，整个课堂顿时活跃起来，“降落”到同一个“岛屿”上的学生彼此之间立即有了一种默契。无疑，这节课的成功与“生涯降落伞”的大胆想象有着极大的关系。

可见，当我们找不到一个满意的设计路径时，也许可以运用自己的想象力，换一个思路，换一种活动的素材，说不定就会“柳暗花明又一村”。

心理辅导课的准备工作比较复杂是普遍的专业现象，并非中国特有。在美国，学校心理学家施密特（2013，p. 96）就曾这样告诫他的同行们：“你的班级辅导、教师工作坊和家长教育的成功，与你花的准备时间有直接的关系。你要花时间去设定教育性目标、选择适当的策略和活动、合理地安排好实施时间和日程。例如，你要上一堂班级辅导课程，你要为课堂里的学生选择适合其发展水平的活动。这意味着选择和使用中小学生能理解的概念和词汇。你也要给课程足够的时间——中小学生在他们关注新信息能持续的时间上存在很大的不同，能维持他们兴趣的课程类型也不一样。”

所以，还是让我们坦然面对这样一条职业成长的必由之路，花费必要的时间和精力，不厌其烦地为上好每一节心理辅导课做好各方面的准备工作。就像唐朝大诗人刘禹锡在《浪淘沙》中所说的：“千淘万漉虽辛苦，吹尽狂沙始到金。”心理教师的成长和改变就始于这样的“千淘万漉”的辛苦付出。

资料与借鉴

行动理论认为，在特定的情境中，如果我们做了X，那么就会出现Y结果……如果我们希望达到特定的目标，那么，我们就应该做相应的事情。

【摘自：约翰逊，等. 集合起来——群体理论与团队技巧［M］. 谢晓非，等，译. 北京：中国轻工业出版社，2008.】

关于心理辅导课操作过程的困惑

29. 心理辅导课是否一定要有师生敬礼的上课仪式？

问题与困惑

我们学校有同事议论说：“心理辅导课上课时学生不用起立，下课也不必起立，导致学生在上文化课起立时也稀稀拉拉的，一点也不像上课的样子。”“老师不说‘上课’，学生不喊‘老师好’，总觉得怪怪的，不像课堂！”

其实“不必起立”并不是心理辅导课的标志。我理解的上下课仪式或许有两个作用：一是使学生的注意力能从课间的休息转移到课堂中来；二是出于对教师的尊敬和礼貌。但心理辅导课本身就是活动课，为什么一定要“上课——起立！”，然后是“我们这节课讲……”呢？当然有的学科教学确实需要学生集中注意力，但也不是必须采取这种上课的模式。

答疑与探讨

很高兴这位心理老师提出了一个有关教学论的问题。心理教师要想真正上好心理辅导课，就不仅要研究心理学的理论，而且要认真学习课堂教学心理学等教学理论。

（1）**课前学生起立致敬是一种“群体符号”**

毫无疑问，在教室里上课时学生先起立，然后师生相互问好，这是一种仪式，也是一种教学规范与团体规范。这种仪式或规范大概从班级授课制建立之初就已形成了，它的作用不容低估。比如：全体学生的统一动作表明其自我在场并能相互影响；通过起立，学生们将其注意力集中在共同的教学活动上；当然，也包括通过起立和行注目礼来表达对授课教师的尊敬，等等。

这样的仪式有三种主要的结果：

①促进群体团结：学生会有班级成员的身份感，仪式使群体成员感到自己与集体相关，即涂尔干说的“神圣物”。

②增进个体的情感能量：在适当的场合，仪式会让学生产生自信、有力量、有热情与主动进取的感觉。

③维护群体中的道德感：尊重群体符号，防止违背群体团结及其符号标志所带来的不得体的感觉。

可见，任何仪式的创立都是有其意义的，它是一种凝聚人心的“群体符号”。

（2）团体正规仪式的前提是成员高度的自觉与认同

人们往往将那些通过普遍认可的礼仪性程序开展的活动称作“正式仪式”。一般来说，按正式程序开展的仪式可以影响和确认严格的群体界限感，但前提是高度的自觉和认同。在小学，因为学生比较单纯，课前起立仪式在这方面会做得更好一些；而在中学，如果存在长期的学习压力甚至是厌学情绪，就会使学生对课前起立的仪式表现得比较懒散和无奈，甚至使之变异为一种强迫性的仪式——当学生个体被迫假装出一种参与性的全神贯注时，这种情况就出现了。强迫性的起立仪式消耗而不是创造情感能量。多次参与强迫性仪式的经历会让学生产生对这些仪式情境的厌烦。从这个意义上说，不是所有的课前起立仪式都是成功的，有些是沉闷失败的，甚至是痛苦的；有些是逐渐衰退的；有些被当作空洞的形式受到学生的消极抵制。

（3）团体非正规仪式可以为成员提供更灵活的团体身份感

相对而言，某些自发的、宽松的非正式仪式却提供了更为灵活、更被认同的成员身份感。例如，我们心理教师参加培训时，培训师上来第一句话往往是"大家好！"，而全场报以热烈的掌声则成为心理教师培训约定俗成的仪式了。假若我们也套用中小学课堂里的"正式仪式"，来一个"起立！"—"老师好！"—"坐下！"，那会是一种怎样的效果?

其实，从教学心理学的角度而言，课前起立仪式的主要作用是使学生的注意力集中。因为在课堂上，教师的首要目标就是抓住学生的注意力。如果教师不能引起学生的注意，就不能指望他们参与多少教学活动。

青少年喜欢新奇的、充满刺激的事物，呆呆地坐在教室里等待上课，既没有新奇感，也不够刺激，这是对青少年注意力的最大考验，因此，许多教学策略都在吸引并保持学生的注意力和兴趣上动足脑筋。而当我们使用强制性的课前仪式与教学策略时，就完全忽略了情感和认知这两大学习活动的基石。那么如何实现有效的教学呢?

（4）心理辅导课更需要新奇、愉快的课堂仪式

改变传统的、流行300多年的课堂仪式，通过让学生获得愉快的体验来吸引学生的注意力，这对于老师和学生而言都是令人兴奋的。美国心理学家范斯坦（2006）曾记录了这样一幕课堂情景："一天，伯恩特老师滑着轮滑进入教室，让所有的学生大跌眼镜。而似乎用轮滑的方式进入教室还不够刺激，他还为学生准备了旱冰鞋。很快，所有的学生都穿上了旱冰鞋，在彼此推动的过程中，体会着作用力与反作用力。"

上面这个例子告诉我们，只有当你真的想要抓住学生注意力的时候，

你才可能让学生一直关注你。从这个意义上说，在课堂中引入新异刺激，带动多种身体感觉，激发学生的好奇心，都是吸引学生参与活动、增强其注意力的有效方法。比如课前的热身游戏，教师变化自己的语速和语调，变换教室里师生的位置，在教室里摆上鲜花或道具，鼓励学生在课前用新颖的方式展示自己或者让他们完成一些实践的任务，等等，都可能比僵硬的起立致敬的仪式更有趣、更有效。

（5）**整齐划一的仪式化动作和威严的口令常常“帮倒忙”**

我在各地听课的时候，发现心理教师上课时采用正式的起立仪式，效果都不是很好。在某些小学开心理辅导公开课，有的班主任还喜欢站在教室后面，对学生“现场监督”，结果把整个课堂气氛都搞僵了，真是给上课的心理老师“帮了倒忙”。整齐划一的动作和口令如果伴随着威严的眼光和严肃的现场感，就暗示着“秩序”和“纪律”，而课前那种由老师带领的“爱的掌声——！”同样是整齐的节奏，带来的却是激情、专注和力量。

资料与借鉴

相互的关注焦点是仪式运作的关键要素，但是这种关注焦点是自发产生的，人们并不刻意去关注它。

【摘自：柯林斯．互动仪式链［M］．林聚任，等，译．北京：商务印书馆，2009.】

30. 为什么上课前重在理清思路而不要死背教案？

问题与困惑

上完高一（2）班的第五节课，感觉真的是很迷惘。我总是感觉自己的课太单薄，对学生没有什么太大的教育作用。我怀疑自己的价值。对于讲什么、如何讲，我有自己的想法；但怎样把它讲明白、讲清楚，我却做不好。到底是什么原因造成的呢？是因为我没有自己的思想，还是我从没仔细阅读和理解要讲的内容？

我有时觉得自己在课的设计上有了一个比较好的想法，于是就有一种强烈的冲动，想把这节课上好。我会认真找很多素材，再把教案写得很详细，包括我的每一句话要怎么讲都写到上面，甚至连学生可能怎么回答我的问题都做了预想。然后我就熟背教案、信心满满地去上课了，可是等待我的是什么？是学生麻木的眼神，是他们懒洋洋的表情，我受到沉重的打击！我真的是一头雾水了！

答疑与探讨

我觉得这两位老师可能是备课时在设计思路上出了一些问题。所谓“思路”，指的是达成这一节课的辅导理念、辅导目标的思维路径，它取决于我们对这个主题总体架构的深刻剖析和把握。只有通过对辅导主题、目标和相关素材的深入思考与反复推敲，团体辅导运作过程的基本线索才会逐渐明晰起来，才能找到直奔辅导主题的捷径，想明白达成辅导目标的有关步骤，并把这些素材和活动步骤从学生的角度简洁明了地进行整合。

举个例子，有一位小学教师设计了一节题为“播下积极的种子”的心理辅导课，要在五年级实施。她的辅导理念是这样的：“挫折是人们在从事有目的的活动时受到阻碍和干扰，因获取成功的心理需要得不到满足而产生的一种消极的情绪反应。如果处理不当，它会给人造成心理压力，损害身心健康，从而影响学习和生活。而自信心是取得成功的重要内驱力，属于非智力因素的范畴，它既可以被培养，也可以被压抑。本节课主要是让学生能清楚地认识人的不完美，在活动中发现人生总会遇到许多困难和挫折，这是很正常的，不管结果如何，只要我们积极、自信地去应对、去挑战，就是一次成长，就是一次收获。”

然后，这位教师设计了若干活动，这里节选几处简述如下：

①热身活动：看绘本《胡萝卜种子》。问题设计：“绘本很简短，却能打动人，你对哪个环节最有感觉呢？”

②冥想：我是一粒种子。问题设计：“你的生命悄然开始。渐渐地你要发芽，你要长大了。你渴望成长，成长的道路上，你可能会跌跌撞撞，也可能会一帆风顺，你经历过什么呢？哪个经历让你印象深刻？最后你长大了，你长成什么样了呢？”

③情境讨论：“体育运动种子”的故事。问题设计：“a. 体育运动种子小波遇到了什么挫折？他是怎么想的？ b. 如果你就是体育运动种子小波，你会去报名参加运动会的比赛吗？去或者不去，都要说说理由。”

④视频：观看动画片《种子要发芽》。问题设计：“a. 视频中的种子在找坑的过程中遇到了哪些困难和挫折？ b. 遇到那么多的困难和挫折，它的心情又是怎样的？它是怎么想、怎么做的呢？ c. 你有什么想说的吗？”

⑤总结。教师总结语设计："同学们，在成长的道路上，存在困难和挫折是很正常的，我们要接受它们的存在，然后积极面对，享受这个挑战困难的过程，让我们都在自己的心中播下积极的种子吧！祝福你们！"

在这份教案的每一个环节，教师都有详细的师生互动的预设，例如：在第三个环节"情境讨论"中，针对"体育运动种子"小波应不应该报名参赛的问题，教案预设了以下师生互动的细节。

请大家在小组内分享自己的想法。

①谢谢你的分享。

②有没有选择不愿意去比赛的同学呢？谁来分享？

预设以下答案：

A. 你怕失败，你不能接受失败，是吗？我能理解你的心情。那你是否觉得做一件事只能成功，不准失败？孩子，失败是很正常的，每一次失败会让我们距离成功更进一步。

B. 你在不断告诉自己不行，是吗？我能邀请你玩一个游戏吗？谁愿意和他一起玩？

压手游戏：怎么做呢？看规则。

请两生面对面站好，伸出两只手，掌心朝向对方。一生嘴里不停地默念着"我是个没力气的人"，同时用手去压对面同学的手。然后，同一个学生再改念"我是一个力气很大的人"，同时用手去压对面同学的手。

采访压手的人：你觉得两次游戏心理和动作上有什么不同吗？/你的手被对方压了两次，你有什么感觉呢？/同学们，刚才你们作为观众参与了这个游戏，你们有什么想说的吗？/有些事人们之所以不去做，只是以为不可能，而许多的不可能只存在于我们自己的想象中。

C. 没事啊，可能我们现在身上还存在很多不足；没事啊，每个人都有不足之处，我们可以积极面对，然后想办法弥补不足！

③选择愿意去参加比赛的同学呢？谁来分享一下？

预设以下答案：

A.请两位同学谈谈。看来你对自己相当有信心啊！谁来给他泼泼冷水？

B.如果此时有同学对你冷嘲热讽，你想过应对方式吗？（预设性回答：每个人都有优缺点，别太在意他们的评价等。）

C.万一参加比赛不能取得好成绩，你怎么办？（预设性回答：我们去尝试了，去努力了，不管结果如何，我们在这个过程中都为自己储备了能量，注入了养分。）

D.你得感谢挫折，它让你越来越完美。

教师小结："种子"们，在成长的过程中，遇到困难和挫折是在所难免的，而这些挫折都在帮助我们达成完美的结果。重要的是，要保持积极、乐观的人生态度。

类似以上这类预设性细节在教案中比比皆是。而且在上课之前，心理教师还将自己要说的话熟背了好几遍。但是，在实施这份教案的过程中，这位教师却遭到了挫败。那么，问题出在哪里呢？

课后，我与这位教师探讨了以下几个要点：

（1）挫败来自教师对课的辅导理念的定位想得不够透彻

教案的理念部分涉及"挫折"、"困难"这两个关键概念，在教案原稿里，某些地方还将它们并列或交叉使用。人们很容易把"困难"与"挫折"当成一回事，其实这两个概念是有很大区别的。所谓"挫折"的含义有三个要点：一是行为主体有一个明确的目标；二是这个目标经过艰苦努力未能达成；三是行为主体在主观上有强烈的失败感或其他负面体验。而"困难"的含义，一是指行为过程的难度较高，它是客观存在的，不一定是行为主体的主观目标；二是经过努力困难可能克服，也可能未能克服；三是行为主体在遇到困难时的主观情绪体验可能是负面的，也很可能是积极的。这样一分析，我们在设计这类心理辅导课时，就要仔细斟酌辅导对象的年龄特点。就以“学习挫折”为例，初中生或高中生面临中考、高考和各式各样的“月考”、“模拟考”，每个人都有很明确的努力目标，因此，跟他们讨论如何面对“学业挫折”的问题就很有针对性及普遍性，在课堂讨论中学生比较容易进入角色；而小学五年级学生也会遇到形形色色的学习困难，但不一定会有强烈的挫折体验，因为小学生中同时具备上述“挫折”三个条件的人数并不多。而其他生活中的难题，比如父母离异，也只能说是孩子遭受打击，有童年创伤，但并不一定是心理学意义上的“挫折”，因为孩子事先可能并不了解详情。况且，这类问题也不适合拿到心理辅导课上讨论。所以，在小学五年级若以“挫折”为主题设计心理辅导课，学生中有体验的人很少，讨论时很可能会遭遇“冷场”或出现理念上的偏移，因此应慎之又慎；但若以“困难”为讨论话题，涵盖面就比较广，学生就会有话说。总之，这是一个理念的定位问题，是心理辅导课设计思路的出发点。这个问题不想清楚，教案写得再详细、背得再熟练，都无济于事。

（2）**挫败来自教师对设计素材与辅导主题的内在关系思考不深**

初稿中，贯穿整个教案的主线索是“种子”，这条线索从文字上看好像很明确，但对于“种子”这一素材如何使用的问题，教师并未真正想清楚。比如，当我问她为什么要用“种子”这一素材时，这位教师回答说，她看到《胡萝卜种子》的绘本，觉得很有意思，于是她就开始围绕“种子”这一意象来设计“困难与挫折”的教案了。毫无疑问，教师自己对“种子”这一意象包含的意义是理解的，但是，当她在课堂上用冥想指导语诱导学生思考——“我是一粒种子……成长的道路上，你可能会跌跌撞撞，也可能会一帆风顺，你经历过什么呢？哪个经历让你印象深刻？最后你长大了，你长成什么样了呢？”——此时，教师有没有想到，五年级的小学生，多数在娇生惯养中长大，他们对“一粒种子跌跌撞撞地成长”会有什么真切的感受和体验呢？很显然，此时的教师是将自己的感悟体验强加给学生了。“种子”这个意象作为设计“困难与曲折”心理辅导课的素材本来是很有创意的，但要让学生真正理解，还必须在两者之间搭一座桥。

两天之后，这位教师拿出修改稿给我，其中加了一段话：

“种子有可能被洪水卷到贫瘠的土地上，有可能落在寒冷的雪地里，有可能落在沙漠中，有可能被从山上滚下来的大石头压在身下……但它们都顽强地想要长大。（可能学生会说到什么，教师预设：同样一片土地上的种子，一些死去了，可依然有一些继续在生长。你有什么感受吗？）正如它们一样那么美丽。”（播放一组打动人的植物图片。）

打开链接的十几幅植物图片时，我的眼前顿时一亮，特别是其中有这样几个画面（见图4）——

图4　顽强的植物

我想，这是多么好的具象思维载体啊，它们正是架设在学生心灵体验与“困难曲折”之间的一座桥梁！但是很可惜，教师依然沿着自己固有的思路向前走，这十几幅极具震撼力的画面仅仅在学生面前一闪而过。所以，我建议这位教师站在学生的视角，将“种子”的意象与上面几幅植物照片作为主要设计素材，重新考虑一条新的设计思路。于是，第三天她拿出了下面这样一个设计框架。

课题：我是一粒小小的种子

开课年级：小学五年级

一、团体热身阶段：视频——动画片《种子的旅途》

二、团体转换阶段：种子的生命历程

（1）播放一组打动人的植物图片，提问：

假若一粒种子随风落到了山崖上……落到了黑土地里……落到了寒冷的雪地里……被小鸟衔到了沙漠里……或是被一块大石头压住了……那么，它们可能会遇到哪些困难呢？它们的命运会如何呢？

（2）头脑风暴：请你们小组选一张全组最喜欢的图片，每个人看着它，在想象中回到这棵树、这株花草的种子时期，想一想它经历了多少困难。又是经过怎样的努力才绽放出今天这样的美丽。然后在小组里分享这个令你们感动的故事。每个人最好说出跟别人不一样的故事，故事越多越好。

（3）全班交流。

三、团体工作阶段：改写我的生命故事

（1）小组讨论：这么多种子成长的故事，是否让你想起在学习和生活中曾经经历过的或者目前正面对的困难呢？

（2）改写生命的故事：如果生命可以重来，人生可以改写，你将会如何改写你的生命故事呢？

四、团体结束阶段：配乐朗读《我是一粒小小的种子》

很明显，这个修改稿（简本）的设计思路基本上理清了。将前后两个教案进行对比，我们可以看出：同样是一粒种子的素材，由于对素材内涵理解的不同，也由于处理“素材—学生”之间关系的方法不同，导出了效果迥异的两种设计思路。

（3）挫败来自教案中预设的话太多，框住了教师的思路

教师容易犯的一个毛病是，在教案中不仅预设了学生可能怎么回答，更预设了很多自己应对的语句。

应该肯定，心理教师在课前多想想师生互动可能发生的情况，是无可非议的；但要注意不可想得过细、过多，否则，这些预设反而会充斥教师的头脑，变成束缚教师上课时挥洒自如的精神负担。因此，我建议这位教师在预设上多做“减法”，在课堂生成方面多做“加法”。不可把自己的每一句话都想得那么细、背得那么熟，那样只会让教师在课堂上变成“背台词”的复读机。而且，事实证明，心理课上教师讲得越多，学生就越是表现得目光呆滞、思维阻塞，他们的话就说得越少，甚至可能使整堂课变成教师在唱“独角戏”。教师要把重心真正放到“想清理念”和“理清思路”上，因为心理辅导课的课堂不是教师自我表现的舞台，而是师生之间心灵碰撞、真情互动、共同成长的广阔天地。

总之，上面这一课例给我们的启示是：当我们辛辛苦苦备好一节课，却在课堂上没有收到预期的效果时，不要责怪学生，而要多多反躬自省。备课时不应把关注的重点仅仅放在寻找某几个比较感兴趣的活动素材上，然后就一头钻进这几个素材的各种细节中，却忽略了整体大局和理念定位的把控。只有在总体上进行深入思考，才会有清晰的设计思路；只有牢牢把握理念的定位，才不致迷失辅导主题的方向。

资料与借鉴

无论是表达观点，辩驳，反驳，都不能有语义混乱，要能够将不同的观点清晰地区分开。特别重要的是，对论证或批评中任何有可能造成迷惑或误解的关键词，都要仔细推敲。

【摘自：戴默.好好讲道理——反击谬误的逻辑学训练［M］.刀尔登，等，译.杭州：浙江大学出版社，2014.】

31. 心理辅导课为什么很重视分组和座位排列的技巧？

问题与困惑

心理课上，需要“动起来”的活动首先成了问题。可能你会说，把桌椅移动一下不就行了？但是有时候是三四节课连着上的，50多套桌椅，在5分钟内按照要求摆好，谈何容易！并且要保证不会影响该班其他课的进行。那么，心理课是否一定要分小组？像文化课那样的座位排列难道不行吗？

答疑与探讨

上心理辅导课时，学生到底要不要分组？座位要不要进行调整？这看来真的是一个“很不起眼”甚至是“多此一举”的问题，但如果我们分析一下各种心理辅导课的录像，就不难发现，凡是气氛沉闷的心理课，除了选题、设计、教师个人素质等要素之外，十之八九还与课堂的“空间结构”即座位的布局有关。

笔者有一次应邀为某地的心理辅导课优秀课例展示做点评，认识了几位开课的青年才俊。也许是受当地学校亚文化的影响，我发现他们那里凡是上公开课，学生必定统一着装、统一坐姿、统一表情，甚至连学生的视线都是“统一”的；加上课桌的“插秧式”排列，桌椅横平竖直，无论从哪个角度看过去都是一条直线，真好像军营一般规整。这就是我第一眼见到的“课堂空间结构”与“心理场”。开课的几位教师个人风格各异，但基本素质都相当不错，课的设计也大体合理，但是在整个活动过程中，学生就是“活”不起来；即便老师要求学生进行课堂讨论，学生的参与度也明显受到了影响。课后我与这几位青年教师进行交流，建议他们调整课堂的空间结构。首先是要分组，一般以4～6人一组为宜；其次，小组内部学生的空间位置要有利于面对面交流；最后，小组与小组之间的桌椅摆放、区块组合要打破整齐划一。结果第二次试教时，局面立即有所改观。

那么，为何开课场地的空间设置如此重要？

（1）心理辅导课划分小组的重要性

我在十几年前曾提出，心理辅导活动课必须促成一种气氛，让每一个学生都想说话，让每一个学生都有话说。要做到这一点，其基本方法是改变座位的排列，采用小组合作学习形式。座位一变，学生们相向而坐、四目相对，心灵的窗户就打开了。这有点像罗杰斯所说的“交友小组”或“会心团体”、“坦诚团体”、“个人成长团体”的形式。罗杰斯甚至认为，“会心团体”是20世纪最重要的社会性发明。当然，心理辅导活动课中的小组合作互动方式与真正的小组团体辅导或“会心团体”是有区别的，但它是一种促进学生在辅导过程中互动互助的有效形式。正如奥地利心理学家阿德勒所说，它可以“使儿童学会与别人合作，共同完成任务”，所以具有强大的促进个体社会化的功能。

布鲁纳也非常主张使小组讨论成为学生学习活动中表达思想感情的工具。因为在这样的互动合作的活动中，学生能倾听别人的意见，能对别人的意见做出评价，并能通过集思广益形成自己的观点，既不钻牛角尖，也不人云亦云。这种能与他人和团体合作共事的人格特质，就是通过自由的、没有压力的小组讨论来逐渐形成的。

大量的课例实践证明，心理辅导课不必过分关注课堂的秩序感。常见的整齐划一的校服是为了增强学生对集体的认同，但教室里横平竖直的课桌排列、挺胸直背的坐姿却意味着令行禁止的纪律和规则；全班学生面向教师、交叉双臂如同“插秧”一般坐好，实际是传统的“以教师为中心”的课堂秩序标准，是“教师的极大权威性和学生的极大被动性的重要生成因素之一”（石鸥，2006）；而课桌摆放拥挤，带来的不仅是团体活动场地受限，而且是由物理性间隔距离带来的生生之间的心理距离。约翰逊等（2008）说：“座次安排得越正规，群体成员就越会感到焦虑。”一旦改变这些课堂细节，学生就会活起来。

（2）心理辅导课小组规模的大小

班级团体成员动辄四五十人，因此团体的互动往往要划分小组来进行，小组人数以4~6人为宜。两人小组形成不了多向交流的气氛，讨论也不可能深入持续；三人小组容易出现其中两人滔滔不绝、另一人被冷落的尴尬局面；八人小组则因人数较多而难以控制，或者因人数较多而互相等待甚至是相互推诿。当然，在特殊情况下，分组可不受人数的限制。

团体动力学理论认为，团体越大，成员越有机会遇到各种人，互动较丰富；但团体越大，组织的问题也愈加复杂、困难。例如“次团体”产生的概率也可能加大，冲突的可能性增加。较大的团体对成员的吸引力较小，成员满意度较低，因为每人分配到的时间有限，互动机会及深度也受影响，团体较易受少数成员的控制（例如由两三个人占据了大部分发言的机会）。相反，团体较小时，成员比较能感受到自己的重要性，互动机会较多，互动也比较深入；而资源广度较小，是这种小团体互动的缺憾。但在心理辅导课上，这种缺憾可以通过在全班面前的交流分享来弥补。

小组组合的方式应尽可能做到随机分组。例如可以采用数字抽签分组、动物抽签分组、拼图分组、诗句分组、英文字母分组、扑克牌分组、以组长为核心自由分组等。不仅每一节心理辅导课都要根据主题的需要采取不同的分组方式，就是在同一节心理辅导课上，也应尽可能变换分组的方式。之所以要花费这么多精力去研究分组技巧，其目的就在于让每个学生在每次活动中都可以与新的伙伴进行交流，以便将团体的互动功能发挥到极致。如果是怎么省事就怎么分组，学生在每次活动时见到的都是老面孔，那么就很难在彼此间碰撞出新的思想火花。

心理辅导课是同年龄段学生之间的心灵碰撞，解决的是共同的发展性问题，同时又受到课时的严格限制，必须在一节课内解决一个小切口的主题，所以在分组上要富于变化，在操作上又不能过于复杂，这是一个总的前提。有的心理教师用一节课来编组，再用一节课来增强小组凝聚力，然后再慢慢切入正题，这实际上是一种带领小团体的做法，在心理辅导课的实际操作中是很难做到的。因为心理辅导课的课时实在太少，必须惜时如金。

（3）心理辅导课小组的座位排列方式

小组的座位排列方式也大有讲究。一般情况下，教师为图方便，往往让前后两排座位的四位学生组成小组。其实从学生的角度考虑，这种四人小组让人反反复复转身太麻烦，一次一次扭头又很吃力，结果经常是草率结束，讨论无法收到应有的效果。还有的教师虽然撤去了课桌，但将四人小组一字排开，全班学生都朝向教师；或者是让全班沿教室四周围成方阵，即主题班会常用的那种座位排列方式。此种情况下，尽管教师可能会将“班级方阵”再划分为若干个小组，但同样不利于学生进行交流。有时，一节心理辅导课的气氛不理想，究其原因并非教师的活动设计不当，而是学生座位排列限制了人际之间的互动所致。反之，假如学生的座位是有利于目光互动的，那么，“成员之间简单的眼神交流能提高互动频率，提升友谊、合作以及对群体、群体任务的喜爱”（约翰逊等，2008）。所以，小组座位应该以四人弧形排列、四人圆形排列、六人马蹄形排列为主要形式，再以这些小组为单位，组合成全班的圆形、方形、扇形、弧形、梅花形、散点式、对抗式、鱼缸（内外两圈）式等人际交流互动模式。

有关课堂空间分布的一项研究（伍宁，1996）发现，我国中小学课堂教学的空间分布几乎是千篇一律的“秧田型”。研究者尝试将初中课堂教学的空间构成由“秧田型”改为“马蹄式组合型”，并对这两种空间构成进行了比较，结果发现“秧田型”空间构成更有利于教师的系统讲授及控制学生的课堂行为，而“马蹄式组合型”空间构成更有利于学生在课堂中的相互交往。

（4）小组讨论是心理辅导课的基本运作载体

有的教师问：“心理辅导活动课经常使用小组讨论的方式，是不是多了一点？”产生这种看法的原因主要有两个：其一是不了解讨论是任何团体辅导的主要活动方式。不管在团体辅导中采用何种多姿多彩的活动形式，只要进入实质性阶段，就必然会使用讨论的方式，否则便无法使成员之间充分沟通，并使他们达到统整合作。其二恐怕还是受了传统教育观念的影响。许多教师习惯于自己的“一言堂”，从来不质疑自己是否讲得太多了。即使偶尔组织小组讨论，也只是作为一种点缀和陪衬，在内心深处说不定还有一种“作秀”的感觉，所以一让学生讨论就觉得心里发虚、不舒服。

还有的教师会问：“小组讨论在小学低年级能行得通吗？”这要看我们从哪个角度来做判断。如果用成人的标准去衡量，小学低年级的学生的确讲不出什么惊人的大道理；但我们若是深入到这些孩子中间去观察，就不难发现他们自有其认知标准和沟通方式，自有他们更容易接受的游戏规则和共同语言，他们对自己感兴趣的事情有说不完的话。

（5）**小组讨论要与组际交流、全班自由讨论相结合**

心理辅导课要以小组活动与讨论为基本的运作载体，这是辅导过程有无动态气氛的关键。

团体辅导与个别辅导的最大区别就在于学生是通过团体交流产生的影响力来调整自己的认知、态度、情感和行为的。而团体交流的效果与团体规模有直接的关系，较小的团体规模与较大的团体规模各有其利弊，因此教师要注意将小组交流与组际交流、全班交流相结合。

大卫·W. 约翰逊等人（2002）的研究发现，当教师试图通过全班提问让学生参与学习时，学生当中只有一半的人做出反应。即使教师努力使学生都参与，也只有一小部分学生在唱主角。在不足 40 人的班级里，4～5 个学生占了班级所有交流的 75%；而在超过 40 人的班级里，2～3 个学生占了班级的所有交流的 50%。笔者在对心理辅导课现场的观察中也发现，不少心理教师喜欢与学生进行一对一的交流，而且大多是“学生说一分，教师应十分”。在中小学班级规模较大的情况下，如果课堂交流总在师生之间进行，那么参与对话的学生就只能是少数人，绝大多数学生只能旁听，缺少表达的机会，有的学生甚至长期处在“被遗忘的角落”，游离于班级群体之外。

所以，一定要从课堂结构上压缩师生之间的单独对话，增加小组讨论的时间，让每个学生都参与到对主题的探索中来。这里要注意的是，小组讨论不能沦为漫无边际的聊天调侃，也不能变成例行公事的“形式化议论”。真正有效的小组讨论取决于教师对问题的设计是否一针见血、分寸得当，是否与学生的认知水平相匹配；如果问题设计能引发学生中不同观点的碰撞与争论，则属上乘之问。

只有在高水平的小组讨论基础上展开组际交流与全班分享，才是有效而非形式主义的。

资料与借鉴

至少在一堂课的部分时间里，给学生们选择自己座位的自由权……必要时重新安排教室里的椅子、桌子和讲台的布局，以改变教室环境。

【摘自：詹森．适于脑的学习［M］．北京师范大学“认知神经科学与学习”国家重点实验室脑科学与教育应用研究中心，译．北京：中国轻工业出版社，2006.】

32. 上心理辅导课需要有专用的团体辅导室吗？

问题与困惑

我是职业中学的心理教师。平时我上心理课都在本班教室，学生相对熟悉对环境，虽然达不到专用教室的水平，但均配有多媒体及音响设备，通常上课的效果也尚可。有一次我开一节青春期教育的心理课，突发奇想地将一个男生班和一个女生班合并到一起来，想看看有何特别的效果。可是，普通教室里容不下这么多人，于是我就将课堂搬到了小礼堂。由于小礼堂里的座位是固定的，像电影院里那样排列，学生只能侧过半个身子和别人交流，形成了相对拘束的小环境。另外，由于小礼堂中间只有两条通道，不利于教师深入到学生中间去参与和倾听，想搞一点动态的活动也没有合适的空间。结果这一节课上下来，学生特别沉闷和局促，我的心情也大受影响。由此我想到，心理辅导课的效果是否和场地的设置也有很大的关系呢？

答疑与探讨

这位老师的思考是完全正确的，心理辅导课的效果确实与场地的设置有很大的关联性。这种关联性主要表现在环境、场地是有利于团体动力的滋长，还是有碍于团体动力的上扬等方面。

（1）狭小的空间不利于团体活动和团体互动

现在很多学校特别是重点高中，班额已经突破上限，可以说是“人满为患”。学生的课桌紧贴讲台，教室里几乎人挨人，出入通道相当狭窄。在这样的教室里上心理辅导课，学生根本无法进行团体活动，即便是小组讨论，座位也难以挪动一分。所以，最后只能是以教师做“布道式”的说教为主，其效果可想而知。Beum 和 Singer（1982）说：“物理环境因素会促进或阻碍群体中的有效沟通。一方面，群体环境会成为压力源。这个环境可能太热、太冷、太大、太小、太嘈杂或有太多分心的事；另一方面，很多人都希望能够找到一个可以依存的环境，因为这样做会让他们感觉更好一些，甚至感觉更加精力充沛。”

（2）课桌椅固定的场地不利于团体活动与团体互动

笔者曾经参加过不少心理辅导课的公开课活动，令人费解的是主办方往往选择诸如阶梯教室甚至是大会议室作为开课场地，然后将学生安排在中间座位的前四五排，左右两边及中后排座位留给听课教师。这样的场地设置，不用等正式开课，就可以基本判断这会是一节死气沉沉的课了。课后与主办方交流，发现他们考虑更多的是教室里能容纳多少听课人员，教室里有没有比较好的多媒体设备等物理条件，却忽略了物理空间给学生的心理感受。阶梯教室和大会议室的椅子一般都是固定的，仅这一条就严重地限制了学生之间的目光、表情、言语、心灵的互动，团体动力无法真正启动和催化，团体心理辅导也就无从谈起。

（3）杂乱无章、充满压抑感的教室不利于团体活动与团体互动

现在许多学校的教室里，墙上布置了许多作业展览、分数排名表、量化考核评分表等资料，有的教室里，课桌上书籍成垛、资料“围城”，学生埋头于书海之中，只露出半头黑发。处于这样压抑的学习环境，学生怎么可能全身心投入到心理辅导课的话题讨论之中？心理教师在这样的课堂上

开课，内心有说不出的无奈。

（4）团体氛围的营造需要一个开放、安全、温馨的物理空间

近代的生态心理学理论认为，人和环境交互体之间存在一种动态交互过程，人的行为与情境是不可分割的。在大多数时间里，环境会对大部分个体产生强有力的影响，人则会改变和调整自己的行为以适应环境。所以，调整环境与调整个人一样重要。（刘伟，2012）心理辅导课作为一种大团体辅导，特别需要营造一种特殊的团体氛围，以使学生能在安全和温馨的团体氛围中充分开放自我。这种氛围需要心理教师精心设置，其中就包括物理空间的改变。所以，我们要向学校领导积极宣传、努力争取，在条件具备的时候配备专用的“大团体辅导室”，这种专用教室的桌凳应该是造型活泼的、可以移动和组拼的，在小学和初中可以是色彩鲜亮的；四周墙壁的布置应该是色调柔和、气氛温馨、充满朝气和积极向上的。如果学校经费充裕，还可以配置相应的活动器具。

正如我国台湾地区的学者徐西森（1997）指出的：不同的刺激影响个体产生不同的反应，此乃科学心理学的重要法则。一个人处于不同的环境刺激中，其反应也会有所不同……物理环境经常会直接影响成员参与团体的动力。适宜、舒适的环境有助于团体的运作，举凡场地布置、空间大小、隐私权的考量、噪声干扰的处理、湿热度的控制、物品的摆设、地毯的铺装以及活动器材、照明通风设备皆属之。

（5）“空间—情境记忆”能给学生的心灵成长留下终身难忘的印记

脑科学的研究告诉我们，空间记忆与和地点相关的经验相联。也就是说，无论是同伴的表扬或建议，还是自己在团体内的出彩表现与郑重承诺，或是因为心灵的剧烈碰撞激发出来的澎湃激情，将永远和你当时所处的教

室环境相联结。

所有的学习都是以一定的方式进行某种情境性加工的。学习之间的情境相似性越高，比如不管什么课程都在同一间教室里，则脑对这些信息进行回忆和提取的难度就越大。独特的地点和环境为脑提供了许多具有本质特征的线索，足以进行今后的回忆。教师对“空间—情境记忆”的这种特征运用得越多，学生能回忆得就越多。因此，特殊的团体情境提供了大量感知线索，能够激发更有效的记忆，从而使一节出彩的心理辅导课为学生的心灵成长留下终身难忘的印记。

资料与借鉴

创造难以忘却的记忆……要避免学习的污染，就要通过改变周边环境或地点的方式尽量创设各自独立的学习情境和背景……你为教室创设的环境越是与众不同，那么你的学生就越是能记住他们所学的内容。

【摘自：詹森.适于脑的学习［M］.北京师范大学“认知神经科学与学习”国家重点实验室脑科学与教育应用研究中心，译.北京：中国轻工业出版社，2006.】

33. 学生不参与讨论，可否让大家轮流发言？

问题与困惑

我所在的学校是技术学校，学生的综合素质相对来说并不高，所以讨论的时候，大多讨论不出什么名堂，基本上是我自己最后总结。我希望大家指点一下：怎样可以调动学生的积极性，怎样可以让水平不一的学生都参与进来？有时候我很用心地准备了一节课，但上课时，每个班都有差异，如果让大家讨论，就乱哄哄的；如果不讨论，让一个学生起来说，那么谁也不肯站起来！实在没办法，我就让他们轮流站起来发言，但他们常常是言不由衷，应付两句了事。

上完初二（1）班的课，我在失望之余，突然有一种奢望：如果上课时师生之间能够互动，每一个问题都能够促使学生思考，都能激起他们的求知欲，而我也能知道他们在想什么，那该多好！那我们可以就某个问题好好议论一番，甚至可以有说有笑……这样的课该多温暖、多好啊！该怎样让学生投入到课堂活动中，真正上好一节心理课呢？

尽管“重点班”、“普通班”之类的划分并不符合相关教育法规的精神，但实际上许多学校都存在这样的“快慢班”。老师们都有这样的感受：在“重点班”上课时，课堂纪律、学生的自觉性和参与性都很不错，教师可谓“享受教育”；而在“普通班”上课，许多方面都不尽如人意，教师常常感到“被教育折磨”，有人戏称为“水深火热”。心理教师往往是带一个年级，一个教案要重复好多遍，单调机械的重复已经让人的激情渐渐冷却，再遇到学风不佳的班级，教师情绪失控、内心产生角色冲突甚至混乱就难以避免了。

实践中让我困惑的是，在设计心理辅导课的过程中，有很多讨论的环节，这个活动操作起来难度实在大。学生要么死气沉沉，要么乱说一通，最后的结论很多时候都是要老师来说，这样的讨论有意义吗?！我们都说要激发学生的兴趣，可操作起来并不是那么回事。我赞成讨论式学习这种课堂模式，但前提是学生形成了讨论的学习习惯才行。记得在一次新课改的通识培训中，中央教科所的一位教授就提到，一个好的讨论模式应该是整个课堂都相对比较安静的，学生不是在各抒己见和给人热烈的感受，而是每个小组有中心发言人、有组织地小声进行的（因为大声会影响别人），对此我记忆深刻。可是在心理辅导课上，我从未找到过这种感觉。

答疑与探讨

谢谢上面这些老师提出的重要问题。学生在心理辅导课上不肯发言，可能涉及许多方面的因素，包括“职高班”、“普通班”与“重点班”学生素质方面的差异（当然也绝不会单单是学生素质方面的问题）。许多心理教师谈到此类问题时，往往较多倾向于从学生角度去探查原因，却较少从自身的层面做认真的反思。因此，今天的讨论要从我们自身说起。

我在前面一再提及，心理教师过去所接受的专业训练基本上属于心理学基础理论与心理咨询技能技巧的范畴；但是要真正上好心理辅导课，除了要有心理学方面的理论修养和技能训练之外，还必须要有课堂教学理论与教学方法技巧的训练。而长期以来，我们只注意在团体心理辅导的培训方面“做足功课”，却忽略了课堂教学技能技巧的学习和修炼。换句话说，我们“心理教师”在上心理辅导课时所遇到的许多挫败，主要的“跟头”恐怕不是栽在“心理”这个专业门槛上，而是跌倒在“教师”的“角色门槛”上。

进而言之，我们过去的学历教育严重地忽略了一个基本事实：毕业生的工作环境和所负担的任务是在中小学做心理健康教育工作；我们首先应该是合格的“教师”，然后才是合格的“心理教师”。校医可以只会看病、不会上课；但心理教师必须既会做个案辅导，又会上心理辅导课。在这方面，我们的“先天不足”是非常明显的。与文化课教师相比，我们不仅在教育学、教学论、课程论、班级管理学、课堂教学社会学、教学病理学等方面的专业素养和技能训练存在严重的缺失，而且由于心理课课时不足而导致我们在课堂实践经验的积累方面与学科教师存在很大的差距。所有这一切都提示我们：目前在心理辅导课上遇到的各种问题，更需要多做反思与调整的是心理教师，而不是学生。

在这样一个大前提下，我们方可就心理辅导课上学生发言态度消极的问题再做一些具体的分析。

（1）学生肯不肯发言，首先要看话题是否切合学生发展的需要

团体讨论应该是心理辅导课上最重要的运作手段，这是毫无疑义的。而讨论能否进行得热烈、投入、充分，首要的因素在于话题是否切合学生发展的需要。有的教师误以为“学生感兴趣”才是设置讨论话题的第一要素，结果导致有的话题虽然“有兴趣”，但“无必要”甚至“不科学”。例如，有的心理教师为了迎合学生的“兴趣”，设置了“看看你属

于什么星座”、“你的星座与你的性格有什么关系”等讨论话题，这些话题基本上属于那种难登大雅之堂的“通俗心理学”、“好玩心理学”范畴，有些则是“镜中花”、“水中月”，在任何一本严肃的、权威的心理学著作中都无从寻觅其踪迹。所以，“感兴趣”不是设置讨论话题的第一标准，“切合发展需要”才是心理辅导课问题的首选，而切中学生内心困惑的问题也必定是学生“感兴趣”的，并且一定能够激发学生积极投入讨论的参与热情。

（2）**学生肯不肯发言，还要看问题的切入点是笼统的还是具体的**

如果一个话题是符合学生成长需要的，但在课堂讨论中遭遇冷场，那么要考虑的是：“问题本身的设计”是否切口太大？是否问得比较笼统而不够具体？比如，“你对自己的生涯规划有何考虑？”这样的问题就比较难回答。如果改为“我是一个什么样的人？我的长项和不足是什么？”“我认为在我25岁前后，最适合我的职业是什么？”“为了实现这样一个目标，我准备在高考时选择什么专业方向？”“为此，我在高中三年的学习中要做好哪些准备？”……这样的问题就比较容易引起学生参与讨论的积极性。当然，要留意的是：问题不能一股脑儿抛出，而应该逐一呈现。

（3）**学生肯不肯发言，更要看团体动力是否真正激活**

如果问题设计切口较小，问题指向也比较明确，但依然打不开学生的话匣子，教师绝不可以用指责的口气抱怨学生，而应该立即意识到，这是因团体动力没有充分激活而导致的信息交流“群体阻力”或“相互依赖”。此时最有效的办法，是立即将班级大团体“切割”为次级小团体，在小组里七嘴八舌地自由交流3~5分钟，打开学生的思路，消除“自我透露压力”，然后再引导面向全班学生的分享发言。

（4）**讨论陷入僵局时，教师绝不可把批评的矛头指向学生**

教师要根据自己的观察和评估了解所带领的团体当时的动力进程、学生参与讨论的准备心态、学生与教师之间的关系，来考虑如何提出问题与引导讨论。教师绝不应该轻率地批评不发言的学生，因为在团体发展进程中，每一个细微的因素都会产生或正或负的影响，尤其是在团体发展的初级阶段，教师的言行态度往往具有决定性的影响力，一不小心，就可能使团体陷入僵局。此时教师要再做补救会困难重重。

（5）**当学生不肯发言时，教师不宜指定学生轮流发言**

学生不肯参与讨论的时候，教师不宜要求学生轮流发言，因为这种处理手法会陡增团体成员的紧张和压力，产生负面影响。其次，在被教师指定而勉强表达时，学生往往会虚晃一枪，并没有个人深层的参与，结果反倒失去了讨论本应有的价值。况且，一旦这种不真诚的表达成为常模，流弊会更大，因为学生会由此变得非常被动和依赖，班级团体也会由此变得非常僵化和没有活力，那就无法发挥辅导与成长的功能了。

当然，如果有些问题比较开放，答案有多种，并且能用两三个字说清楚，那么用“开火车”的方式轮流发言是可以的。这种情况在小学比较多见；但在中学，一般情况下不适合“开火车”，因为学生的感觉会不太好。

影响学生参与心理辅导课讨论发言的因素还有很多，比如说，问题的思维力度不够大，答案比较单一而非开放、多元，等等，这里就不再一一讨论了。

资料与借鉴

一种常见的错误技巧是，组长为了方便或节省时间，于是要求组员依序轮流发言。可惜，这往往削弱了组员的自然回应，也变得被动。在“轮候”时，他们只会专注于准备个人的“演讲”，以致无法专心倾听其他人的分享，对组员间关系的发展产生负面影响。

【摘自：林孟平．小组辅导与心理治疗［M］．上海：上海教育出版社，2005.】

34. 为什么心理辅导课上得气氛很沉闷?

问题与困惑

今天我刚上了两节心理课，第一节气氛不错，但“活”得“按住葫芦起来瓢”，影响了其他班级上课。第二节我只好改变了教学方式，结果很沉闷，没有学生回答我的问题。有人说，课堂气氛好不代表课上得好，这一点我赞同；但是，让心理辅导课真正融入学生内心又是一个实际的问题。课堂气氛应该怎么把握？适当的度又在哪里？

我是一个刚毕业走上工作岗位的老师，今天上了人生中第一堂课，效果不是很好，我一紧张就容易语言混乱，这让我很郁闷。是否刚上课可以先和学生分享一下假期生活什么的，不一定非要正式开课，好让大家都有个过渡？另外，由于我面对的是高中生，是不是可以增加一些介绍心理学知识的内容，因为高中生已有较强的认识水平、理解能力和抽象思维能力，他们对心理学概念和知识较感兴趣，而一些简单的活动可能反而提不起他们的兴致，这是否也是我的课比较“闷”的原因呢？

答疑与探讨

这两位老师的问题很有代表性。心理辅导课本来是以活动、体验、感悟为外在特征的，如果在课堂上组织学生活动却“活”不起来、

"动"不起来，让他们谈感悟又无"感"无"悟"，的确会让教师觉得很尴尬、很沮丧。正如道格拉斯（2011）所说："群体有时会令人吃惊地表现出高效能，而有时又会令人晕倒地表现出无能。"

刚毕业的心理教师由于经验不足，遇到这一类问题毫不奇怪，这需要有一个过程。从大学生过渡到心理教师，肯定需要时间和经验。但如果教龄已达两年以上，上课气氛依然沉闷，那么主要原因可能有以下几点。

（1）"气氛沉闷"折射了辅导关系信任度不高

辅导首先是一种关系，无论是个别辅导还是团体辅导，第一个必须解决的就是建立良好的辅导关系。许多心理学专业毕业的教师往往把学校教育的现实理想化，以为用亲切、温暖等特质就可以营建良好的师生关系，而一旦没有出现预期效果，就产生困扰。其实，师生关系的核心是信任感而不是亲和力。不少心理教师由于长期单兵作战，除了在辅导室里与个别学生有过接触之外，一周或两周才与学生群体互动一次，对每天发生在学生身边的事情不明，脑子里装的只是自己专业的若干游戏和若干概念，一上课，学生就会明显地感觉到这位心理老师好像是"天外来客"，对他们的现实生活和内心感受并不了解，说出的话和讨论的主题与他们的现实需要有很大的距离。这样就会大大损害他们对教师的信任。此时，教师即使满脸阳光，也难以获得团体辅导必须具备的"气场"。于是，团体产生阻抗的潜在危机就可能出现了。

辅导关系出现问题的另一种可能是教师对学生衍生了负面情绪。我们知道，一个充满活力与热情的心理教师与一个紧张、焦虑的心理教师对团体气氛常常会有很不同的影响。所以在上课时，不只是班级团体需要暖身的活动，心理教师自己也需要先"温暖自己"。也就是说，心理辅导教师在上课开始前要能觉察自己的状态。如果发现自己十分焦虑、紧张，甚至对学生有反感、厌倦情绪，就要先调整自己的心情。最好的办法是在上课之前与开课班级有所接触，教师可以深入班级，听听课，与学生随便聊聊天，和学生一起参加课外活动，在没有正式上课前就有与他们在一起活动的感受。这样的情绪培养会使教师产生喜欢学生、想要了解和接近这个班级的心情，而不是害怕、担心、陌生和紧张。害怕和紧张会使心理教师产生退缩甚至不喜欢学生、责备学生等自我防卫心理。教师的这些自我防卫心理与行为会严重损害自己作为辅导者的专业能力，也会阻碍班级团体动力的发展。

（2）“气氛沉闷”的实质是“团体动力僵滞”

辅导教师要有敏锐的觉察力，一旦察觉自己上课时气氛沉闷，就要抓住问题的实质——团体动力陷入了僵滞状态。而团体动力如果没能按照“起—承—转—合”的规律顺利向前推进，那么问题就可能出在以下几个方面：

①目标模糊或者目标分散、游离不定；

②活动主题脱离学生实际需要或者学生不感兴趣；

③活动设计形式不够新颖；

④团体过程的推进缺少结构化；

⑤问题设置过于简单幼稚或脱离学生认知水平，导致学生无话可说；

⑥课堂活动节奏拖沓；

⑦团体凝聚力中辍；

⑧教师的亲和力与人格魅力不足以聚拢人气；

⑨班级原有基础薄弱，班风欠佳；

⑩教师的课堂调控组织能力比较薄弱。

不难看出，大多数原因都集中在教师身上。因此，当心理辅导课上出现团体动力僵局时，切不可责怪学生，只需认真分析、反思教师辅导行为中的失误之处，并且认真吸取教训，积极加以调整和改进便可。

（3）“团体动力僵滞”的要害是“教师讲得太多”

有的教师看到学生不参与活动，就误以为他们更愿意听心理学的知识，于是就学着高校教师讲课的方式，海阔天空、旁征博引起来。这是一种方向性的“误判”，它的确是省力的，因为它诱导你逃避自我反思。长此以往，心理教师就无法推进自己的专业成长。有的教师则认为心理辅导课上气氛沉闷的原因在于自己不会“讲”、“讲不好”。当然，语言表达能力是教师的基本功，但从大量的不成功的课例中我们发现，真正的问题并不在于教师“不会讲”，反倒在于教师“讲得太多”！这是一个简单到不能再简单的客观事实：当教师滔滔不绝地讲心理学的概念、原理、规律、实验，或者大谈自我感受、人生哲理时，无论学生是听得津津有味、目不转睛，还是听得目瞪口呆、昏昏欲睡，都只会有一个共同的结果：他们开动脑筋、参与讨论、互助互动的主动权已经被搁置一边了，因为“既然老师讲了，我也就懒得想了”。而教师呢，此时往往会沉醉于自己的表达激情之中，而把心理辅导课的根本特质——依靠团体成员的互动分享来推动每个人的成长——忘到九霄云外了。

在一个不以教师为中心的、安全的团体环境里，学生方可畅所欲言地陈述自己的看法；同时，也可以听取同学的回馈、建议及意见。这比起在一个权威性的说教团体里，直接告诉学生什么东西对他们较好，更能够激发他们的责任感和积极的行动。所以，要下决心在心理课上减少教师讲的话，只有教师做了“减法”，学生才有时间和空间去做“加法”。我建议老师们请同事帮自己录一节心理辅导课，然后按“微格教学”的方法将整节课师生活动的全过程逐一做出分析，重点计算一下教师“讲”的时间占了多少分钟，而学生发言的时间总量又是多少分钟。我相信，分析的结果一定会让老师们大吃一惊的。

总之，心理辅导课上气氛沉闷有很多原因，我认为团体动力是关键。这里说的“团体动力”，与辅导关系的建立、辅导话题的选择、活动内容和形式、活动流程的结构、时间比例的分配、问题设置的推敲等都有密切的联系。说到老师的“内功”，我认为关键是能否牢记发展性心理辅导课的本质特征，按照团体动力的规律做临场的催化与引导。说到要改进的“通病”，恰恰是老师“讲”得太多——哪怕你讲得非常精彩！

资料与借鉴

团体是领导者的一面镜子，一个团体的样子取决于团体领导者。团体会和领导者、领导者的技巧和领导者目前的状况一模一样……一个沮丧、带有敌意的领导者，会使整个团体消沉且具有敌意。反过来说，一个带有“滋养素”的领导者，会使成员之间的互动活泼有趣，并且是一个能使自己更富足而非让成员消瘦的领导者。

【摘自：贝茨，等．小团体领导指南［M］．曾华源，等，译．台北：张老师文化事业公司，2002.】

35. 为什么心理辅导课的课堂秩序会混乱？

问题与困惑

我是刚刚毕业的，今年担任初一的心理健康老师。今天我刚刚上完第一节心理健康课，课堂气氛不好，学生很吵，我必须时不时地停下来维持纪律！上课前我强调的规则完全没用。估计学生们是看我年轻！我应该怎么办啊？好苦恼！我反复在想，课堂上“活”与“乱”并存的问题该如何解决？辅导活动课要“活”，但一“活”就不容易控制，有些学生就会乘机捣乱、调侃，或许有的学生本来就对心理辅导课怀着一种“混”的想法吧！

深有同感！我以为初一的孩子会听话点儿呢！我也是刚毕业的。我教初三的心理健康课，也很累。让学生活动，他们就跑了；让他们讨论，他们就聊天。我强调纪律也不管用，我也不想“熊”他们，因为他们会用幸灾乐祸的眼神看着我！现在无论我为上课准备什么素材都觉得学生会没兴趣，似乎他们中的很多人对什么都没有兴趣！我曾经问过他们爱好什么，回答无非就是“爱好广泛”、“玩”或者是“什么都不爱好”。我现在就不想干了！可是我好像还没开始呢！

我上初一年级六个班的心理健康课。这些孩子还真是调皮，远远超出我原来的想象。开学这一个星期下来，原本一直渴望上心理健康课的我觉得上课反而成了一种负担。那天上的第一节课是在一

（10）班，太吵了！真的令我很郁闷，后来在一（5）班、一（6）班上，学生就比较安静，纪律也比较好。我想班级之间也存在差异。问过另一个老师，也说一（10）班比较吵闹，有的学生比较调皮。对那些影响课堂纪律的学生我真不知道该怎么办！

第一年工作的主要困惑是课堂调控。我觉得自己作为心理老师，不能像其他老师一般用威严去控制课堂秩序；另外，心理课作为学校里的“副科”，学生本身所持的态度也与对待主科不同；还有，课堂上的动静交替一直让我困惑，不知道“动”起来如何才能不失控，于是我把很多的心思都花在了课堂控制上，反思自己是不是过度“怀柔”，是否应该更加强调基本规则，等等。不知道从哪堂课开始，我生成了三条课堂基本规则：“第一，要举手发言；第二，在老师讲话时要保持安静；第三,一个同学发言时其他人要耐心倾听。”但这些老生常谈的规矩显然是没有多少效力的。静心思考，可能就是很多前辈说的“越强调纪律越突显纪律问题”，却始终触不到依赖兴趣点来达到“无为而无所不为”的境界。

第二年我开始遵循一个原则，即“比学生有耐心”，不再追求课堂的完整性，如果氛围不对就停下来。另外，增强自己对课堂杂乱的容忍力，心理课毕竟不同于其他课，很多话题本身的争议性就大，一个学生发表看法后让其他学生一点儿不讨论似乎也不合情理。那么，就给他们一点情绪缓冲的时间。于是课堂上的即时反思开始增多，这样做的结果是有时候会觉察到内心的无力感，怀疑课堂的实效性。

我也有类似的经历，郁闷得我差点当场哭了！我也是个新手，教高二，我觉得自己在这个班级里没上过一次成功的课，很有挫败感，甚至怀疑自己的能力。当时我停掉了原来的课，调整好心态，和学生说："我们来聊聊心理课和我这个心理老师吧！"学生没什么反应，大概也从来没有老师这么做过。于是我说："我是个新的老师，上课会紧张。我很想上好每一堂课，也很用心地准备每一堂课，但结果并不是我想要的。每次进这个班级，我都紧张。可能你们对心理老师有很高的期待，而我满足不了你们。所以，我想请大家发表一下自己的看法。"终于有学生发话了，他们提出了很多我想不到的问题，也指出了我的缺点。通过交流我有了收获，但我在那时并没有完全冷静，对自己始终不太满意，心里很郁闷！

答疑与探讨

从上面几位同行的倾诉中，不难看出维持心理辅导课的课堂秩序成了心理教师特别是新上岗的青年心理教师的最大困惑。其实，这个问题对于所有新教师都是存在的。也就是说，只要刚刚当老师，十之八九都必须面对学生"欺生"、"出难题"、"先发制人"、给"下马威"等令人尴尬的局面。过去我们这一代人当老师，都说要"过三关：一过"学生关"，二过"教材关"，三过"教法关"。这三关归结起来就是一句话：懂得并掌握教学规律。但是，现在从高校校园里走出来的年轻同道们却不曾学过、考过、实习过"课堂教学论"。

（1）**面对混乱的课堂秩序，第一个需要反思的不是学生，而是教师**

心理辅导课是在学校总体教学计划框架内的一门课程，它是在班级教室环境中实施的；我们面对的是半成熟半幼稚甚至是顽劣懵懂的青少年儿童，而不是我们在接受团体咨询培训时相处的那些成年团体伙伴。因此，许多青年教师学了满肚子的心理咨询理论与技术，可一进中小学的大门就发现与现实“脱节”，与学校具体的课堂教学情境根本无法“接轨”。

心理辅导课，或曰“班级团体辅导”，是一门科学，也是一门艺术。既然是从事科学和艺术的探索，就都不可避免地会遭遇艰难、挫败、痛苦和无数次的失望。不同的是，科学和艺术探索的大多数对象都是不会说话的“物”，因此，即使我们经受了几百次上千次的挫败，也不会批评、指责、埋怨甚至反感我们的研究对象，不会责怪那些研究对象（物体）不理解我们的用心、苦心、诚心和好心，不会埋怨那些无生命的或有生命的事物不懂得接纳我们付出的各种努力，不会抱怨它们为什么不能对我们做出哪怕是一点点的反应或回报。相反的，我们只会苦苦思索、反躬自省：是不是我违反了它们存在和发展的客观规律？是不是我的研究思路或研究方案有误？是不是我对自己的研究对象了解得太少？是不是我的理论视野太窄或操作技术不够扎实？是不是我的付出、功夫、积淀或经验还不到火候？等等。

可是，现在我们心理教师的研究对象是“人”而不是“物”，于是在失败和挫折面前，我们就很自然地从潜意识中找到了一个宣泄负面情绪的对象，在归因方式上很自然地将各种根源、责任转移到研究对象——学生身上，而忽略和掩盖了真正需要我们认真反思的东西。说句实在话，这样一种思维模式对于青年教师自身的专业成长是很不利的。

（2）课堂秩序混乱的根源，是教师对团体行为边界失序缺乏管控能力

学生的眼光是相当犀利的，他们从小到大不知道见识了多少不同水平、不同个性、不同资质的教师。一张新面孔在讲台上刚一亮相，学生们就可以做出判断：这是一位经验丰富的教学老手，还是一只“菜鸟”。他们在台下穿着一样的校服，留着一样的发型，面对一位在他们看来可以随意拿来开涮的“学姐”或“师兄”，就会百般调侃、肆意捣乱。社会学家戴克斯的

“行为目的理论”早就发现，人有一种“不能获得注意，就想获得权力”的天性。获得什么“权力”？获得控制他人的“权力”。学生们的潜意识告诉他们，不是自己控制他人，就是他人控制自己。他们每天在学校里牢牢地被各学科的教师严密控制着，一旦发现可以由自己操控的人物，是绝不会错过给自己“松绑”的机会的。

因此，在课堂这个小社会环境中，维持秩序就成了一项首要的任务。而“秩序是通过边界才成为可能的……混乱也表现为一旦未能安排好事物的秩序，预期就会出现的结局。是什么使结局如此失序？就是观察者无力控制事件的流动，防止或消除不在计划之列的偶然事态。从这些方面来说，混乱就变成了不确定性，只有保持警惕的技术专家能够将其引向有序的行为和事态”（鲍曼、梅，2010）。

那么，怎样才能使自己成为对课堂失序现象“保持警惕的技术专家”呢？我们应该读读17世纪捷克大教育家夸美纽斯的名著《大教学论》，这是当好教师必读的百科全书。夸美纽斯告诫我们：

①教师应当经常给予学生应该模仿的行为榜样，应当把自己当作一个活生生的榜样。除非教师能这样做，否则他的一切工作都将是白费。

②教师可以忠告，可以劝导，有时还可以谴责，但是他应该格外当心，要把他的动机表示明白，要确切无误地表明他的动作的根据是父亲般的慈爱，为的是要培养学生的品性，而不是要去压制他们。除非学生明白这一点、完全相信这一点，否则他们会轻视一切纪律、存心违反纪律。

③假如某些学生没有受到温和方法的影响，就必须求助于比较强硬的方法。不过我们应该格外当心，这种极端的方法不可用得太随便。因为倘若我们滥用了，那么责罚难以对付的学生时，师生对峙的极端情形还没有发生，我们就早已智穷力竭了。

夸美纽斯认为，对学生课堂上良好品行的训练只能通过上述的方法完成，就是：用良好的榜样，用温和的言辞，不断诚恳地、直率地关心学生。突发的愤怒只能用在例外的情境，并应当留意使最后的结果能恢复师生之间良好的感情。

而一些年轻教师的问题就卡在此处了。他们往往认为，面对顽劣的青少年，心理教师如果采取严厉的态度，就会与自己的身份产生“角色冲突”。于是他们只好始终保持一种温和却又无奈的神情。这些心理教师可能忘记了，我们面对的学生是千差万别的，有的学生甚至是“久经磨炼”的，一成不变的“专业面具”如何能应对复杂的课堂人际关系？这些心理教师可能忘记了，心理教师也是人，也有喜怒哀乐、七情六欲，谁规定心理教师不可以适度表达自己的愤怒？这些心理教师很可能也忘记了，当自己的“角色”已经丧失殆尽的时候，又何谈“角色冲突”？

所以，对于从书本上得来的“专业规范”，我们绝不可迂腐地遵从清规戒律，要一切从实际出发，一切以具体的时间、地点、条件为转移。

夸美纽斯曾经打过一个比方，虽说从心理辅导的角度看也许会有一些非议，但并非全无道理。夸美纽斯这样说：“一个渔夫用网到深水里面捞鱼，他不独用铅块悬在网上，使它沉下去，而且把橡木系在网的另一端，使它能够浮到水面。同样，凡是想把青年捞入德行的网里的人，他就必须一方面用严厉的办法使之敬畏和服从，一方面用温和与慈爱的办法去抬高他们。凡是能够结合这两个端点的教师就是幸福的教师！凡是能够遇上这种教师的孩子就是幸福的孩子！”

（3）要维持良好的课堂秩序，教师必须认真锤炼六种课堂管理能力

从操作层面来说，心理教师若想维持良好的课堂秩序，需要具备六种课堂管理能力：

①洞悉学情的能力。教室秩序良好的首要条件是，让学生了解到教师随时随地都知道教室内每个学生的行动。不少班级里有一些个性好动或比较调皮的学生，很喜欢在教师不注意的时候表现一些不当行为动作，以引起同学们的注意。如果心理教师在此种情况下能让学生们了解他洞悉教室内的一切，“眼观六路，耳听八方”，他们就不会“轻举妄动”。如此，个别学生在教室里可能做出的扰乱秩序的行为，就会因教师的洞见先机而消失于无形。

②兼顾全局的能力。心理教师必须能在同一时间内兼顾处理团体内发生的各种事件。教师必须使用目光、语言或手势，兼顾两边学生的问题同时处理，如此使学生们觉得他们随时都受到了教师的注意。缺乏经验的教师，有时会集中处理或关注一个学生的问题及其发言，因拖延时间过久而使全班学生精神涣散以致影响团体活动的开展。这是一种常见的、错误的课堂策略，必须改正。

③掌控时间的能力。我们在前面说过，在中小学，心理辅导课基本上应该是结构化的。这是因为中小学整体教学计划的约束使然。有经验的教师都会有计划地按照预先设计的活动方案有节奏地组织学生参与课堂的各个活动元素，使他们既能互动分享，又能秩序井然。这个过程中，教师的时间观念和调控能力极为关键，因为掌握课堂专用时间是有效辅导活动的重要条件之一。假若在某个活动阶段，因为教师“脚踩西瓜皮，滑到哪里算哪里”，或因学生行动迟缓而拖延时间，则势必对原定设计的整个活动结构产生不良影响，造成“前紧后松”、“头重脚轻”。此时，教师可能手忙脚乱，而课堂秩序也容易失控。

④防止学生丧失参与感。在心理辅导课上，要想全班学生始终参与各个环节的活动，是一件相当困难的事。小组讨论时，未必所有的学生都在谈论正式的话题；部分学生上台做角色扮演时，其他学生未必全都在注意

其表演的细节；各组发言或全班交流时，有的学生也未必仔细倾听，尤其是在教师习惯上喜欢跟某些学生“一对一”进行师生互动的情况下，其他学生长时间作为“陪坐者”，自然难免丧失课堂参与感。所以心理教师要注意以下调控课堂的技术细节：

A. 所有重要的问题都应该投放到小组里讨论，等有了答案后再在组际间交流，尽可能避免指定某一个学生回答。

B. 教师向全班发问后，先停数秒，让全班学生都听清楚而且了解问题的含义后，再组织学生讨论。

C. 绝对避免任何发言顺序，以免形成学生预测。如此，使全班学生知道，任何人都随时有被抽到的机会，因而不能不随时对教师说的话加以注意。

D. 避免只指定能说会道的优秀学生回答问题。

E. 能让全体学生参与的活动，就不要只让几个学生在讲台前表演。比如说，让两个学生在讲台上摸“暗箱”（里面装着泥鳅），就不如为每个小组都配备“暗箱”（同样装有泥鳅），让每个学生都参与“摸一摸，你有什么感觉”的活动。

⑤营造活泼氛围的能力。教师设计的辅导活动能否维持学生的动机与兴趣是很重要的。如果心理教师每一次的课堂都是按照一成不变的程序，很容易使学生感到单调枯燥，因而降低了学习动机与参与兴趣。所以，心理教师可以努力改变活动组织方式，使心理辅导课的形式多样化。特别重要的是下气力选好学生感兴趣的活动素材，以营造团体现场生动活泼的气氛。

⑥避免涟漪效应的能力。在有些特殊场合，心理教师难免需要当堂指出某些学生的不当行为，但应避免产生涟漪效应。所谓涟漪效应，是指教师过度批评某生行为的时候，对班级中其他学生所产生的负面影响，即不

但对纠正该生错误的行为未必有效，反而会引起其他学生对他的同情，甚至因此对教师的做法产生反感。为避免涟漪效应的产生，教师应注意（康尼，1970）：

A. 教师批评学生时，必须明确指出他的行为错在哪里。

B. 除了指出学生的错误行为之外，应向学生说明怎样的做法才是正确的。

C. 要学生立即停止错误行为，并向他说明必须停止的理由。

D. 批评学生时，教师的态度应公正严肃；在言辞上要明确肯定，让学生在心理上产生敬畏感。

E. 对学生行为的批评，应采取“对事不对人”的原则，且不应在言辞上有辱他的人格。

F. 教师批评学生时，尽量避免带有愤怒的情绪反应。

综上所述，要解决心理辅导课上秩序混乱的问题，不仅要有比较熟练的辅导技巧，也需要具有一定的课堂教学组织管理的能力。在学校里做心理教师，首先要当好“教师”，然后才可能当好“会上心理辅导课”的“心理教师”。所以，当务之急是心理教师要意识到自己“补课”的迫切性，要通过各种方式补“教育学”、“教学论”、“课堂秩序论”、“师生互动论”、“教学病理学”、“课堂管理学”、“社会学”、“教育社会学”、“教育社会心理学”等教师必修的课程，以填补自己知识结构中的空白或弱点。因为课堂自有课堂的“潜规则”，只有从教学心理学、学校社会学等多种理论角度充分关注和重新学习课堂管理中反映出来的细节问题，才可能帮助我们到达心理辅导课完胜的彼岸。

资料与借鉴

如果组织得合适，学习本身就有充分的吸引力，就可以利用它们固有的快感吸引一切人。假如情形不是这样，错处不在学生身上，而在教师身上，假如我们的技巧不能把印象印在悟性上面，我们的教鞭是不会发生效力的。事实上，施用任何强力的结果，只能使人厌恶学问，不能使人爱好学问。

【摘自：夸美纽斯．大教学论［M］．傅任敢，译．北京：教育科学出版社，1999.】

36. 为什么我一上课就爱讲半句话和重复的话？

问题与困惑

我最近讲了一节公开课，自己觉得设计和操作过程还是不错的，但在课后老师们讨论的时候，好几位同事都指出，说我在课堂上的语言不连贯，喜欢说半句话，有时还会说重复的话。我听了很诧异，因为我自己毫无感觉。直到第二天，我去学校信息技术教研组把课堂录像拷贝过来看了之后，才发现问题真的很严重。等下一次上课时，我心里就老提醒自己：别说半句话！别说半句话！但这么一来，我就好像邯郸学步一样，连路都不会走了。天哪，看来已经成了习惯，我该怎么办呢？

答疑与探讨

语言表达是心理辅导教师的基本功，因为辅导说到底就是一种语言的艺术。尽管心理辅导课主要是靠班级成员的互动分享来推动个人成长的，但仍然不可低估教师在提问、回应、引导、重述、追问、共情、解释、指导、摘要、支持、鼓励、调停、自我开放等语言表述过程中对学生的影响力。

但是，纵观当前的心理课堂，部分教师在语言基本功上确实还不尽如人意，其中突出的问题就是说半句话、说重复话。

教师说“半句话”的现象相对来说在小学里比较多见。例如，教师说："我们想要学习成绩好，就必须——"于是学生齐答："能——吃——苦！"教师说："能吃苦就是说，要——头悬梁——"学生齐答："锥——刺——股！"教师再说："学海无涯——"学生再齐答："苦—作—舟！"教师再引导："梅花香自——"学生再表态："苦——寒——来！"这样的课堂师生互动真是让人啼笑皆非，但在实际的课堂情境中比比皆是，很少有人意识到这是一个严重的问题，以致任其滋长，泛滥成灾。一些已经具有10年左右教龄的中学心理辅导教师，依然会不自觉地使用这种"半句话"（或半问半答，或自问自答），则恐怕是在小学读书时被自己的任课教师"熏陶"出来的，好像不这样讲话，就不是一个"循循善诱"的好老师。

说"重复话"，是指有的教师习惯于将自己的"台词"复制为"一式两份"或"一式三份"。有的教师说三句话必有一句要重复2~3遍，但其本人竟然毫无察觉。这样喜欢重复自己语句的结果，是大大延长了教师讲话的时间长度，使教师的语言格外冗长，而课堂教学的有效时间严重"缩水"。美国心理学家约瑟·特雷纳曼（1987）的测试研究表明，教师讲解15分钟，学生记住讲解内容的41%；教师讲解30分钟，学生只能记住前15分钟的23%，而教师讲解至40分钟时，学生只能记住前15分钟的20%。也就是说，在单位时间内，教师讲的话越多，讲话内容的保持率就越低。

教师为什么会养成说"半句话"、"重复话"的习惯呢？说到底，是教师对自己上课的内容缺乏自信造成的。如果教师对这一节课的主题、内容和结构都烂熟于心，胸有成竹，那么他一定是统览全局、惜时如金的，他绝不肯因为自己的拖腔带调或唠叨重复而浪费宝贵的课堂活动时间。

所以，合格的心理辅导教师必须锤炼自己的课堂辅导语言。课堂上教师语言的基本要求有以下几点：

（1）善于概括——抓住要点，一语中的

“概括”是一种逻辑思维能力，是语言表达的内在核心。心理辅导课上，当学生参与讨论和发表观点的时候，教师面对的是大量的语言信息，包括各种一致的或矛盾的、雷同的或相反的、清晰的或杂乱的、幼稚的或成熟的看法。一个有效率的心理辅导教师面对如此大量芜杂的信息，若想拨开云雾、引领团体的航船驶向预定的目标，除了需要认真运用倾听的技巧之外，还要看自己能否去芜存菁、抓住要点，能否抽丝剥茧、提纲挈领，能否理清混沌、去伪存真，能否高屋建瓴、一语中的。所有这些临场发挥的语言技巧，都离不开教师高度的抽象概括能力。概括能力是可以训练的，只要辅导教师在每一节心理辅导课上都能全身心地投入团体活动的现场情境，在倾听的过程中要求自己加快思维运行速度，不断地进行即时性的分析、归纳、加工、提炼、压缩、简化，力求形成一个统领全局的、简要的反馈提纲，经过一段时间的自我操练和积累，我们的语言概括能力就能大大提高。

（2）清晰明确——条分缕析，明白无误

“清晰”，是指教师的思路清晰而不是杂乱无章。思路混乱，学生在现场听起来会不知所云。“清晰”需要有层次感，需要减少交叉与重复，需要教师自己对讨论的问题有比较透彻的理解。俗话说“想得清楚才能说得清楚”，就是这个道理。有些心理辅导课之所以给人“一头雾水”的感觉，问题就在于教师自己没有理清思路，因此工夫还要下在课前准备上。

“明确”，是指辅导教师传递的信息应该是明白无误的。教师可以在某些问题上持价值中立的态度，但这不等于说我们的语言信息也可以模棱两可；教师可以在表达自己的观点时保持一定的弹性以留有余地，但这不等于说我们的语言信息可以令人难以捉摸。总之，在心理辅导课上，一切含混不清、闪烁其词的语言都是令人生厌的；对于辅导教师而言，能否有简洁而明确的语言反馈，标志着教师是否具有更高水平的倾听与共情。

强调语言“明确”的同时，我们要注意语言信息和非语言信息的一致性。例如在表达同感时，教师除了自己的反馈语言应该对学生有准确的理解和把握之外，还要注意自己的态度、姿势、表情必须力求与内容一致，如果“言不由衷”，学生就会心生反感。

（3）简洁连贯——要言不烦，力避重复

在心理辅导课上，无论是教师还是学生发言说的话，都应该尽可能简洁明了；但教师要先做榜样，学生才能效仿。所谓“简洁”，按林孟平（1986）的说法，就是“用字措辞不但要适当，还一定要简单和清楚，要避免含混不清、模棱两可的用语，以避免下列流弊：①不够精细和过分概括化；②探讨变得杂乱无章，费时失事；③阻碍辅导过程的发展”。柯瑞（2006）也告诫我们，辅导者说的话不能太多，一般来说，不要超过辅导现场互动说话总量的四分之一，这可以作为我们在心理辅导课上师生语言互动比例的一个参照标准。但在课堂上，教师还是要把精力聚焦在具体的信息互动上，所谓“不超过四分之一”的简约要求，只是供我们课后反思时做参考的。

教师在使用同感、支持、指导、自我开放等技巧时，语言表达必须简洁、富有弹性。教师的表述过多时，团体的注意焦点就会从学生身上偏移到教师身上去，教师不应该“喧宾夺主”，应该把表达看法的时间充分地留给学生；同时，教师的语言表达不能过于生硬、过于肯定，句式和语气都应富有弹性，给学生也给自己留有余地。

要做到简洁连贯，不说“半句话”、“重复话”，教师可以从练习朗读入手，通过朗读经典散文来训练自己吐字清楚、语言连贯流畅。

最后，我们还要提醒一点，辅导教师的语言功底如果达到了一个比较高的境界时，还要谨防出现自己难以察觉的另一种倾向，那就是以自己的流畅表述占据学生在团体内与同龄人充分交流的时间。因为团体辅导主要不是靠教师的输入，而是靠团体成员的心灵碰撞和相互启迪来解决他们成长中的困惑，因此教师必须时时提醒自己：要给自己的表达时间做“减法”，而给学生的交流时间做“加法”。课堂上教师说话与学生说话的时间比例应该保持在 1∶3 左右。假如一个学生发言 1 分钟，教师的回应大体上在 20 秒左右就够了；如果学生发言 1 分钟，教师回应的话却有 3 分钟，这个师生互动的时间比就是 3∶1。我们可以设想一下，如果一节心理辅导课上，教师讲话的总时长是学生发言总时长的 3 倍，这还算是“心理辅导课”吗?

资料与借鉴

长时间的言语讲授易引起学生的心理疲倦、听觉疲劳。讲授者的种种性格、能力缺失，又会加剧这种疲劳，使信息接受率、保持率不尽如人意。

【摘自：柳夕浪．课堂教学临床指导［M］．北京：人民教育出版社，2003.】

37. 学生思想活跃、想法太多，教师无法掌控，怎么办？

问题与困惑

现在的孩子个性强，上课会质问老师，而且各种想法太多，我就无法控制课堂。所以我有时候就不敢放手让他们讨论，因为讨论的结果往往不仅是课堂秩序乱，说不定还会冒出几个学生故意站起来刁难我。哎呀，我真是拿他们没办法啦，只好一讲到底上大课，结果他们就各干各的，什么样子的都有！

答疑与探讨

上心理辅导课学生想法多好还是想法少好？我看恐怕还是有想法比没想法要好，想法多比想法少要好。如贝茨等人（2002，p. 51）所说，团体的互动是以回馈为基础。团体的有效性取决于团体互动回馈的品质，而团体领导者则负责掌握回馈的品质。所谓“回馈”就是指学生各种想法的交互反馈，它是团体动力的外在表现。勒温把团体看作一个动力整体，其中任何一个部分（或个体）的变化，都必将引起另一个部分（或个体）的变化。这种部分与部分或团体成员之间、个人与个人的相互依存关系，是勒温团体动力论的要点。

但是，由于心理辅导课面对的是学生“大团体”，“大团体”内的相互依存关系非常复杂，远远比 8～12 人的小团体难以控制。而且，班级与班级也有差异，有的班级过于沉闷，有的班级过于活跃。所以，施密特

（2005，p.59）才指出：有的时候，教师会对主体的敏感性相当担忧，或者在特定的指导课程（即我国的“心理辅导课”）中感觉不适。这时，“对于那些没有大规模群体辅导经验的咨询员，有关教学技巧和群体管理的培训就显得尤为重要”。

那么，面对一些过于活跃的班级，为防止学生在互动过程中敏感度太高，造成场面失控，心理教师该怎么做呢？

（1）**减少师生“一对一”互动，增加小团体内部的回馈频次**

前面提到的那种老师遭遇个别学生当众质问的局面，一般都发生在师生“一对一”互动的场合。当团体长时间滞留在“一对一”的“单线联系”中时，凸显的是教师的“权威”。因此，许多学生会感到乏味和被忽略，而有些能量较大的“好事者”就会不甘寂寞，以公开挑战教师的“权威”来彰显自己的“存在感”。所以，沙利（2006）告诫我们：以团体为中心的互动方式，是成员之间直接的互动，而不是经由领导者做沟通。成员共同分享团体时间，彼此倾听与诉说，提供支持也被支持，这才是一个比较成熟的团体。

沙利说的“以团体为中心”往往被一些心理教师误认为“以班级为中心”，这是大错特错了。因为，若“以班级为中心”组织互动，在单位时间里发言者只能是一个学生，而组织者和回应者必定是教师，这无疑将教师置于全班的中心地位，并给教师带来了更大的挑战。此时，一些年轻的新教师特别是高中新教师，很容易因准备不足而陷入被动。

所以，必须严格控制全班以教师为中心的“一对一”互动时间，增加小组内部的“小团体互动”。以小组团体为中心的互动方式可以让团体动力有最充分的运作。在这些阶段，小组成员会从其他成员那里得到支持和鼓励以及解决问题的看法和方法；每个人都是团体的协同领导者，而且在让团体能符合他们的需要和期待上也负起了更多的责任。一句话，“小团体”会以更有力的方式提供讯息，有机会对大家提出来的想法做讨论，小组成员会因为能提出自己的意见而觉得被“赋能”，不再是流于表面的点头同意。

黄惠惠（1980）认为，这一过程中最关键的是团体领导者“如何”去营造气氛、引发成员的感受、体悟并催化真诚沟通与分享讨论，以达到学习与成长的目的。这就需要心理教师事先向班主任了解并熟悉团体成员的构成，提前注意那些组织能力较强、发言水平较高的学生，有意识地将他们引上小团体组织者的舞台。

按照社会心理学的观点，“那些解决问题的群体需要至少一名成就动机很强且精力充沛的成员（否则小组不能做任何工作）、一名富有想象力以及充满好奇心的成员（否则群体不会产生好的想法）以及一名令人愉快的宽容的成员（否则小组成员不能友好相处）。而且，拥有太多非常善于交往的成员的群体通常会在关注任务上存在困难，而拥有太少善于交往的成员的群体很难形成想要自由产生新想法所需要的和谐气氛”（西奥迪尼等，2011，p.313）。这虽然是一个高效团体的理想条件，但对于心理教师在课堂上组织小团体的运作有着重要的参考价值。

（2）**防止团体内负能量失去约束，形成破坏性的团体张力**

团体动力是团体运作的“引擎”，但这台“引擎”不是机械的，而是有血有肉、有思想、有价值倾向的。它蕴含的能量有正向、负向之分，因此，它所产生的动力可能是建设性的，也可能是破坏性的。

我国台湾地区的学者夏林清（1994，p.26-27）认为，一个团体能在某种程度上发展成为一个正向的开放系统，有赖于三个要素的展现：

①反馈：如果在该团体的行动中能发展出问题讨论、问题认定（共识）

及问题解决的积极互动环节，那么团体中评估成员行动结果的反馈就是成功的。

②理性：团体的行动具有目标性及适应性。当团体成员的行为是防卫或具有解构组织的性质时，这个团体就缺少理性的特质。如果无法将团体的各个组成部分整合到一起或者未能使团体成员适应当下团体环境的话，这个团体就容易出现重复、固定的非理性行为。

③稳定状态的维持：一个开放的团体所使用的资源，包括物质的、能量的、资讯的和有约束的张力。随着开放系统的发展，这些资源渐渐被团体成员吸纳，就会成为团体成员行动的源泉及改变的力量。而若是忽略了问题讨论、深入及思考的过程，张力便容易变成破坏性而非创造性的，个人、团体的整合功能与适应程度就降低了。

因此，心理教师必须时刻留意团体内部能量的流动方向，经常深入小组内部倾听学生讨论的内容，发现负能量滋生的可能性并及时做出引导；同时又能顾及其他小组的“动静”，防止因“关注一点，不及其余”而造成局面失控。一旦发现小团体内部的负能量，就要力求在小范围内化解，绝不可扩大到整个大团体中并形成破坏性的团体张力。

卡普兹（2008）说，苏格拉底相信真理存在于每个人的内心，人们所要做的仅仅是把它带到意识层面上来。苏格拉底所用的方法就是对问题寻根究底，引导学生深刻思索人生的意义。团体活动就是利用苏格拉底的方法来达到这个目标。如果学生感受到活动的内容是令人激动、有价值并充满愉悦的，那么他们就会坚持一种积极的、正向的态度。“安全感和被接纳感是团体深层次分享的基础”，也是保证团体张力正向运行的根本。

（3）团体规则维护团体秩序，团体秩序维护团体的安全氛围

一位美国学校心理学家（戴维，2008）曾说：“孩子们是制造噪声的天才，所以建立起一些基本规则是很重要的。”

心理辅导课上，如果出现学生大声喧哗或故意“刁难”教师的情况，就说明这个团体的发展是不健康的，如果任其发展，那么团体成员之间的互动就不可能有安全感。因此，建立起团体活动规则并让学生们理解团体内部维护秩序、形成团体的凝聚力是非常重要的。要事先明确团体内可以做的和不可以做的事情，确保每个学生在团体内都有机会进行分享，并对每个学生分享的时间有所限制，防止少数学生独占团体舞台中心。在学期开始的时候，心理教师就应该将自己视为团体中的一员，而不仅仅是辅导老师，和学生一起讨论并制定团体规范。与此同时，他还要对团体进行适当的控制，并给所有成员一种“我能维持秩序和正确方向”的安全感。在整个过程中，安全感一旦形成，这个团体就算是真正建立起来了；反之，如果教师开学初的“第一炮”打了“哑炮”，那么，后续的心理课堂失控就在所难免了。

（4）维系团体凝聚力的根本在于学生对辅导教师的信任

樊富珉（2005，p.154）认为：团体凝聚力的内涵非常丰富。团体凝聚力包括团体对参与者的吸引程度、团体成员的归属感、包容和团结。团体凝聚力是一种成员之间的爱，是一种紧密的个人关系，是一种对团体的忠诚；团体凝聚力是成员之间的关爱与承诺，以及能让成员留在团体内并维持他们与团体的关系所付出的一切行动力量；团体凝聚力是成员之间彼此开放、自由分享、互相关照；团体凝聚力是一种团体吸引力，它使团体成员喜欢参与团体并在团体中自由表达。

换句话说，学生在心理辅导课上想法多、气氛活跃恰恰是团体凝聚力强劲的反映，而“质问”、“刁难”教师等团体的病态行为其实是团体凝聚力匮乏的“表征”。

柯瑞（2006）认为，团体的根本是“信任”。团体领导者的热情程度、人格魅力、心理专业水平、自我开放程度以及对团体的信任忠诚度都会对团体的氛围产生影响。领导者能否成功地建立团体内基本的信任感以及安全感，大部分取决于他为团体所做的准备工作如何。

因此，辅导教师必须注意自己的行为表现以及这些行为表现对团体造成的影响，并且运用技巧营造适合团体辅导的氛围。要成为出色的辅导教师，你必须让学生认同你作为“青少年心理专家”的角色，你必须为这个团体、为这节心理课做好足够的准备，你必须有足够的知识修养与理论自信，而且在态度上足够热情与诚恳。如果连辅导教师本人都不相信自己所做的，甚至是一脸愁容与无奈恐惧，那又怎么寄希望于学生积极参与团体并且相信团体对他们的潜在影响力呢？

资料与借鉴

团体有它强大的力量，而且可以影响外在的环境。团体成员有共同的经验，因为共同的目的而聚在一起，如此就能感到被赋予能量，变得能去承担外在的压力，面对问题时，也不会觉得自己是在单打独斗。除此之外，团体能互补不足的资源，比之个人单独解决问题可以有更大的影响。

【摘自：沙利．焦点解决团体工作［M］．周玉真，译．台北：心理出版社股份有限公司，2006：19.】

38. 心理辅导课上学生为何调侃成风？

问题与困惑

我前几天听过一位新教师的心理课，教师问："你最感兴趣的事情是什么？"学生的回答是：练拳、尖叫、打游戏机、暴食、看美女照、和狗吵架、睡觉、打骚扰电话、酗酒、抓一个人摇……这样的回答总体上与辅导目标是有较大距离的。看着学生回答问题时的举止和神态，我真替上课的老师担心：长此以往，课堂秩序会怎样？的确，这个班不是重点班，学生的素质可能低一点，但他们也太出格了！其实，就算是在个别辅导当中，这也是比较忌讳的，有经验的辅导老师是不会被学生牵着鼻子走的。我自己也有过体验，有些辅导活动引导不当或者学生与辅导老师的交流出现问题，课堂就无可挽回地失去了控制。可我旁边另一位听课的同事对此并不以为然，她甚至认为学生调侃一下也好，可以让课堂气氛变得轻松一些，说不定会变成现场生成的资源，这总比冷场好吧！

回来后我一直在想：调侃真的会让团体气氛变得轻松吗？调侃真的比冷场好吗？调侃真的可以成为课堂生成的资源吗？

答疑与探讨

上述信息是我2001年创办"心海扬帆"中小学心理辅导网站后，一位网友在网站上的留言。就在我重提这个话题的今天——2014年的某一天，我还在某心理教师QQ群里看到这样一段留言："我一直挺

困惑的一个问题是：上课时的纪律怎么控制？或者更确切地说，怎么才能让孩子们认真起来？初中的孩子，相互调侃、戏谑的情况很多，我不知道怎样处理才好。课堂约定也做了，但效果不好。各位前辈能分享一下经验吗？”我不禁感慨：十几年前就困扰大家的问题至今仍在重复，是否可以认为心理教师成长模式中存在着某种难解或者未解的“结”？

（1）**不健康的调侃只是表象，其实质则是“阻抗”**

心理辅导课上出现的调侃应该“具体问题具体分析”，不能不分青红皂白一棍子打死。经验证明，在心理辅导课上，健康的调侃不仅可以为团体成员带来快乐，更可以为讨论主题的深化贡献智慧；其中某些调侃包括师生之间的调侃，也有可能成为心理辅导课上现场生成的资源。例如一节亲子关系辅导课上，某学生在回答“父母是怎么唠叨我们的”时，说“我妈唠叨的话不多，很简单，每天晚上 10 点她会一次又一次地进我的房间说‘快点睡！快点睡！’，不到 20 秒——绝对不出 20 秒——她又会进来说同样的话。我呢，每次也都说同一句话：‘嗯嗯，知道了！’‘嗯嗯，知道了！’但我就是不动。”老师就接口说：“你是典型的‘以毒攻毒’啊！”全班学生哈哈大笑，这样的师生间的调侃也带动了后面其他学生的分享。而不健康的调侃则是一种传染病，会削弱团体凝聚力。像上面案例中学生用“练拳、尖叫……”来回答“你最感兴趣的事情是什么”的问题，还有些学生用“抽烟、喝酒、上厕所，然后缺氧、头昏、热热的感觉，爽啊！”来回答“你在烦恼的时候会怎么办”的问题，等等，就很容易带偏讨论的主题。两者之间的界限是显而易见的。从我们遇到的有调侃成分的课例来看，不健康的调侃所占的比例较高。出现这种情况与教师未能精心设计每一个活动环节等操作失误有着密切的联系，可能是学生针对活动主题、讨论话题、活动素材甚至是辅导教师个人因素（不重视、不信任、不接纳、不欣赏）的一种抗拒，它是团体运作过程中的一种“阻抗”形式。

正如我国台湾地区学者黄惠惠（1993）指出的：“在团体中带点幽默，偶尔开开玩笑都可以作为团体的润滑剂，降低压力和紧张，有时是有益于团体发展的。但如果有人在团体过程中常常用开玩笑的方法来面对严肃的课题，就可能是一种防卫行为了。”

（2）“调侃成风”的个人心理根源是“去个体化”

调侃与课堂氛围活不活没有必然的联系，而与群体心理息息相关。如果学生在课堂上跑上跑下、热热闹闹，回答问题嘻嘻哈哈并充满调侃意味，这并不是辅导氛围好的标志。真正良好的辅导氛围应该是真诚、安全、尊重、高度专注、活而有序、学生能被所讨论的话题深深吸引。当学生围绕主题认真思考和讨论时，也可能会在发言中出现一两句智慧的调侃，但那是和人人可以觉察到的“调侃成风”的课堂氛围完全不同的。

心理辅导课上“调侃成风”也并非一定是学生素质低造成的，而是一种群体心理现象。雅各布斯（2009）认为：“当团体扩大规模的时候，成员之间的凝聚力会随之下降。”班级是一个大团体，也是一个小社会。戴维·迈尔斯（2006）说过：“群体情境可能会使人失去自我觉知能力，并导致个体丧失自我和自我约束……引发‘去个体化’。”这里所说的“去个体化”效应，是指当人们处于群体当中时，对行为的规范限制就会放松，导致冲动行为和偏差行为的增加。“换言之，迷失在群体中会导致一些行为的解放，进行一些我们无法想象会单独去做的行为。”（埃利奥特·阿伦森，2007）这就告诉我们，当个体处在一个大的群体之中或者身穿有隐蔽作用的服装（比如校服）时，会体验到一种“匿名”性，在这样的情境中，尤其可能发生“去个体化”现象。其结果就是自我觉察和自我约束减弱，而对或积极或消极的直接情境因素的反应性增强。社会心理学的这一见解深刻地说明了心理辅导课上“调侃”现象的群体心理根源。

当然，调侃有时也是为了逃避深入探讨实质性问题，此时辅导教师应鼓励学生探讨“此时此地”的事情。我国台湾地区的李坤崇教授说：“有些学生为逃避问题，不讨论团体中发生的事情、不谈论在团体中的感受，或不直接回馈他人的意见，仅谈论团体外的事情、过去的感受，或脱离主题。教师若发现此类学生，应引导其探讨‘此时此地’的事情与感受，不应任其发挥，否则逃避现象将会愈来愈多。”

（3）处理不健康“调侃”的基本对策

课堂“调侃”问题长期难以突破，往往是没有找准原因；一旦明确问题的症结，离解决问题可能就不远了。例如，有的课上学生总是过度地调侃，很可能是老师的教态过于随便，从而为他们创设了调侃的时机和条件；有的学生回答问题时东拉西扯，不着边际或没有深度，很可能是老师的提问过于开放、切口过大、指向不明；而有的学生佯装理解错误，故意逗大家哈哈一笑，可能是教师的问题分寸失度，令他们不敢触及自身最敏感的心灵区域……总之，许多时候真的是“问题在学生，根子在老师”。如果老师不多从自己身上找原因，许多课堂中的“调侃”难题就无法破解。

那么，该如何处理不健康的调侃之风呢？可考虑以下几个主要对策：

①精心设计问题，以防过度“调侃”。不管什么主题，都要在活动设计的结构化上仔细考虑。特别是对问题的设计，要精心推敲、层层深入。问题既要有一定的开放性，又要有一个明确的边界。没有开放，问题就会“问死”；没有边界，问题就会“问乱”。即使是非常开放的活动主题，设计问题时也要考虑其可控性。可控性增强了，学生由东拉西扯而蔓延成调侃的情况就可以得到改善。

②提高教师自身的组织调控能力，及时发现、及时引导。有经验的教师应该对可能破坏团体氛围的“调侃”保持敏锐的觉察力并及时做出反应。但及时处理“调侃”的苗头不等于板起脸来“叫停”，而是及时提醒，它需要教师的教育机智，并且与教师“保持接纳”的辅导态度并不矛盾。包括对一些现场生成性的资源，也要分清哪些是有利于这堂课辅导目标的实现的，哪些是扯得太远的无聊“调侃”。

③要抓好团体动力的“起承转合”，营造健康、开放、活而不乱的团体氛围。团体氛围好，正气很浓，不健康的“调侃”就没有市场。须知学生对讨论话题的真情投入和精彩迭出的表达，主要来源于同龄人之间的思想碰撞，这就需要有一个非常好的活动设计，并有一个非常好的团体氛围。如果辅导教师对团体动力运作的内在规律掉以轻心，那么，尽管课堂上也有热热闹闹的表象，但学生依然没有感觉到团体内部应该涌动的那种活力、动力和向心力。

表1中列出的团体动力学指导原则，可供心理教师在设计活动和营造氛围时参考。这些指导原则整合了推动团体建设性动力的各种必要元素，包括个体层面的和集体层面的。

表1　在团体中选择活动时的12条动力学指导原则

1. 根据团体的目标、主题和需要的结果来选择活动；
2. 选择活动时要有稳定的理论框架，要与个人成长和人际沟通有直接的联系；
3. 选择那些你用起来感到熟悉且舒服的活动；
4. 多选用语言层面的活动而不是身体层面的；
5. 选择的活动尽量不使用术语和标签，用语不刻板、不带贬义，也不带负面的联想；
6. 选择的活动和团体成员的发展水平相适应；

7. 选择的活动与团体成员的生理条件相称；
8. 选择的活动要允许尽可能多的团体成员参与；
9. 选择的活动要能够让团体成员自己掌握其卷入程度和暴露程度；
10. 对于活动的结果，需要确定无论是团体还是作为领导者的你都可以掌控；
11. 活动达到效果所需要的时间是团体所允许的；
12. 选择那些更容易开展和更容易整合到团体互动中的活动。

【资料来源：迪露西亚瓦克，等. 团体咨询与团体治疗指南［M］. 李松蔚，等，译. 北京：机械工业出版社，2014：57.】

④重在建立团体规范。我国台湾地区学者吴武典、金树人（1993）在《班级辅导活动设计指引》一书中指出："'为什么在教室中需要教室常规？'这个问题就像'为什么社会中要有法律的执行？'一样。答案是：少了它就总有一些人会制造麻烦，侵犯他人的权利，欺负善良的人。班级辅导活动的常规主要目的是要维持班级的秩序，但维持秩序本身并非终极目的，我们应进一步想想为什么希望在教室中维持一定的秩序。当思考过这个问题后，就可发现透过良好的教室常规而维持良好的教室秩序，将可：1. 促进学习；2. 增进社会化；3. 培养民主精神；4. 满足心理需求；5. 增加学习的乐趣。"

班级是一个有机的团体。团体是组织化了的人群，每一个成员在团体中都占据一定的位置、扮演一定的角色、承担一定的义务，并享有一定的权利。团体必须形成一定的规范，规定一些成员可接受的内隐或外显的行为规则，团体成员之间的互动和各种活动都要受到这些团体规范的约束。如果团体缺少规范，成员就会处于无序状态，并容易导致团体的解体。所以，要真正解决好"调侃"问题，强化心理辅导课的团体规范是一条必由之路。这种规范可根据每所学校、每个班级的具体情况来制定，以强化学生的团体意识，维护团体的凝聚力。

总之，现在是到了认真反思和认真应对心理辅导课“调侃”问题的时候了。

资料与借鉴

每个人或多或少都喜欢在团体中表现自己，引起他人重视，这无可厚非。但是，这种情况过分时，会引起他人的反感……他们的言行给团体带来很大的破坏性，不及时处理，会产生不良后果，轻者造成团体凝聚力减弱，重者使团体解体。

【摘自：樊富珉．团体心理咨询［M］．北京：高等教育出版社，2005：170.】

39. 为什么有的学生上心理辅导课写别的学科作业？

问题与困惑

我是在高中教心理课的，有一年多了，可是进步不大，感受和几位年轻的老师相似。做活动吧，纪律差一点的班闹翻了天；讲点心理学知识吧，学生就埋头做作业。有学生告诉我，他们只想听故事、做游戏，至于其他，还不如做题呢。今天上完课，我就找一个上课只管自己做作业的学生聊天，请他说说自己的看法。结果我发现有些我认为对学生有用的东西，他们并不能接受。我想这也是心理课难上的原因之一吧！

答疑与探讨

这位心理老师对心理课堂上学生写作业的情况可能是“误判”了。对一种现象有“误判”当然在所难免，但如果一年、两年、三年……都保持着这种“误判”，那就会“长期在黑暗中徘徊”，找不到光明的出口。

出现这样的课堂现象真的不应该责怪学生不遵守活动规范；也不能完全归咎于现在应试教育弄得学生做作业的时间都不够。问题的根本恐怕是在团体凝聚力的涣散上。一个团体的凝聚力对于团体的活动有重要的影响。首先，团体凝聚力会使团体成员紧密团结在一定的目标之下，使团体成为一个具有高度整合性的团体。其次，团体凝聚力对团体的工作效率有重要的影响。一般来讲，高度的凝聚力会提高团体成员的士气，使他们明确活动的动机，自觉努力地完成团体工作，提高活动效率；反之，不但不能激发学生的参与热情，而且学生会有意制造麻烦，活动效率自然降低。

（1）要“凝聚团体人心”，教师上课就要有吸引力

要提高团体的凝聚力，首先是考虑主题对学生有没有吸引力，其次是考虑活动对学生有没有吸引力，再次是考虑提出的问题有没有吸引力，最后还要考虑老师的表情、说话的方式有没有吸引力。这4个“吸引力”都得出积极、正向的结论后，你想让学生在心理辅导课上写作业都难。

我从教40余年，经常讲一句话：“如果我上课时，下面有人说话或者干别的事情，那么问题不在学生身上，而在我自己身上。”

人的脑子绝对是一个“过滤器”，它感兴趣的，你让它不感兴趣都不行；它不感兴趣的，你强制它感兴趣也不行。我们的大脑总是自然而然地寻找新奇性的刺激，所以，当老师的本领就在于让自己的课堂具有“吸引力”。教师必须用好奇和新颖来吸引并保持学生的注意和兴趣，这一点无论是对小学生授课还是对成人进行培训都是一样的。

（2）要“抓住学生眼球”，就要让课堂形式呈现变化

教师的首要目标就是要抓住学生的注意力。如果不能引起他们的注意力，就不能指望他们学会多少。而在课堂环境中，“变化”最能激起充分的注意，它意味着一些重要的事情即将发生。须知每一个活动的开始和结尾都会打开学生的特殊关注之门，所以，教师要注意课堂形式的变化，学生年龄越小，越要强调这一点。比如运用角色扮演策略，让学生为自己的人际交往技巧设计表演动作（如何被同班同学拒绝、如何和新转来的同学交朋友……）；用身体活动、音乐、个人成果分享或小组庆贺等方式为心理

课堂的开始和结束增添浓厚的情绪色彩，等等。

（3）要“牵住学生思维”，就要让问题具有一定的挑战性

一节心理辅导课上，如果讨论的问题没有挑战性，过于简单甚至幼稚，学生就会觉得无聊，认为是在浪费时间，这一点在高中尤其值得注意；而问题的挑战性太大，学生又会感觉难以克服、望而却步，这一点在小学、初中更应重视。所以，问题挑战性的程度和学生的认知水平必须相匹配，也就是说，要找到正确的难度水平。相比之下，课堂上出现学生写作业的现象更多地发生在高中，因此，如何让高中心理辅导课的问题设置具有一定的思维力度，是需要心理教师特别留意的。

资料与借鉴

引起并维持全班学生的学习兴趣，是维持教室常规的最佳策略。只要全班学生的兴趣集中于学习，他们就不会分心去从事其他有碍于教师教学的活动……“从求知中得到快乐”，学生的学习兴趣自然可以维持。

【摘自：张春兴．教育心理学——三化取向的理论与实践［M］．杭州：浙江教育出版社，1998：520.】

40. 活动过程中涉及学生隐私，怎么办？

问题与困惑

“说说自己的事情、自己的感受、自己的想法”是心理辅导课必不可少的，但是在实践中，我觉得太难了。作为心理老师，我们说自己的事情、自己的感受很正常，但是很多学生觉得这是他们的“隐私”，根本不愿意说。我也上了很多心理课，很多时候学生都是说一些不痛不痒的事情或者不痛不痒的话，这让我很困惑。

我曾经上过一节“面对挫折”的公开课，让学生谈一谈自己曾经遇到过什么挫折，但是很多学生都不愿讲或者讲一些不痛不痒的事情。后来我反思，让学生讲自己不光彩的事，学生肯定不爱讲。有的人认为只有学生完全暴露自己的内心世界，这节课才是成功的一节课。我看未必，有时用一些故事“旁敲侧击”，不但保护学生的隐私，而且可以启发学生的思考。

心理辅导课上，学生讲述自己的生活经历并不一定就是隐私揭露会。如果学生觉得这些生活经历是自己的“隐私”，他自然不会说出来，如果学生说了一些很个人的事件，就算完全是隐私，但是，既然他讲出来了，就肯定是在经过内心斗争之后决定说的，而且他说出来肯定有其目的，这可能是有意识的，也可能是无意识的。比如学生可能是要把积压在心中很长时间的事情一吐为快；也可能是想通过自己的讲述得到同学以及老师的赞同、支持，等等。

当然，学生讲述自己的生活经历确实有可能成为其他同学课后的笑料，但是我们并不能因此而不让学生讨论自己的生活经历。如果真的会遭到同学的取笑或者辅导老师觉得有可能发生，可以采取一些补救措施。比如在学生讲述了自己的生活经历，尤其是那些明显让学生的内心有所触动的经历后，我总是要和其他学生一起鼓掌，支持和鼓励学生的发言。我想很多老师也在用这个简单的方法。

答疑与探讨

这个问题的讨论很有“实战”意义，但讨论的焦点并不在于心理辅导课上要不要营造一种坦诚的氛围，让学生敢于触碰自己内心真实的感受和体验，而在于学生的发言中哪些内容可能属于“隐私”，以及涉及学生“隐私”之后该如何处理。

（1）“隐私”不仅是个人单方的，也可能是多方甚至是家庭的

发言内容是否涉及“隐私”，不仅仅依据发言者自己的判断，而且应该有一些客观的标准。比如说，小学五年级某女生在亲子关系心理辅导课上，由于受教师“自我暴露”的启发，或者是被团体内真诚、信任的氛围感染，站起来说到自己家庭破裂、父母离异，并且声泪俱下。在这种情况下，当事人自己并未意识到这是不是“隐私”，因为十一二岁的孩子缺乏社会经验，不可能考虑那么多，但从客观角度来看，这已经涉及“隐私”了。因为“隐私”不仅是个人的，也可能是两人或两人以上的，亦可能是家庭的；只要是相关当事人（或家庭）不愿意公开的并与公众利益无关的私事，都可以认为是“隐私”。上面例子中女孩所说的“家庭破裂、父母离异”，当然纯属“私事”；而且女孩愿意公开，也可能在小范围内已经公开，但依然不等于事先征得了父母的同意，不等于父母都愿意公开，所以仍属“家庭隐私”。

上述例子在心理课上绝不是个案。面对这种情况，不同的心理教师会有不同的处理方法：有的教师可能立即上前轻抚女孩的双肩，用纸巾帮她拭泪，并且轻声表达对她内心痛苦的理解，然后会对女孩说：“你愿意课后来心理辅导室和老师谈谈吗？”有的教师可能会将女孩的悲伤情绪放到班级团体中，请大家帮她出出主意、表达温暖，给她传递团体的“正能量”，使本属于家庭的私事变成众人关注的公众信息。有的教师可能会在拥抱女孩并表达对她的同理心之后，转向全班学生说：“我相信有她这种经历的不止她一个人，还有谁和这位女同学的经历一样？”此时很可能就有一两个或三五个孩子站起来，因为小学生很容易受教师的暗示或影响，他们内心也确实涌动着一种“同病相怜”的悲情，于是他们会按照老师的要求走到女孩的身边，以表示对她的理解和支持。这在帮助女孩修复不良情绪方面当然会有积极的意义，但可能冒了另一种风险：老师无意间将更多家庭的“隐私”扩散了。对于这些离异家庭，哪怕只有一个孩子的父母是不愿意公开此事的，就可能引发意想不到的家校纠纷，至少可能使心理教师陷入比较被动的局面。

有的心理教师也许会认为：我之所以在当时关注某个学生，让其他学生参与讨论，是因为：一要引起其他学生的共鸣，让当事人知道他所遇到的事情别人也同样遇到过，他不是孤独的；二是要让该学生思考，在经历了这些生活事件后，你有什么变化、有什么收获，这也许是最重要的！

这些心理教师的想法和做法，如果放在成人团体里，是完全正确的。因为在成人团体里，成员能够在安全的环境里自愿说出自己生活上的问题。他们也能根据经验判断哪些可以在团体里说出来，哪些应该避免。但如果是青少年团体，比如在我们的发展性心理辅导课上，保护个人隐私的问题就比较复杂。因为“学生一定有家庭的隐私，而且有属于他们自己的隐私需要被保护。但是，年轻人就可能不会判断哪些事情适合在团体中说出来”（贝茨等，2002）。

（2）“隐私”有可能触发团体辅导潜在的“毁损性力量”

“团体辅导”尽管有其独特的魅力和对个体成长的巨大影响力，但它又有其潜在的“毁损性力量”，那就是非常容易对团体中某个成员造成伤害。我国台湾地区学者杨极东（1998）指出：“团体是帮助个人的主要因素，但是团体对个人可能造成的伤害，虽然不是有意的，但也必须要注意。”“团体辅导者必须对团体可能造成的伤害十分敏感，并且尽量避免它的发生。”

心理辅导课属于发展性“团体辅导”。发展性团体着重于个人的“正确”，而不是尝试修正“错误”。发展性团体模式是发展而非治疗，是成长而非退化。所以我们并不认为，心理课上必须先去除消极的力量，才能产生积极的力量。

心理辅导课上的互动与分享会激活许多潜在的信息，其中，个人隐私最有可能在无意之间被自己或他人不小心披露出来，这种情况无论在小学或中学都有先例。其原因除了学生年少无知、缺少社会经验之外，还有可能是团体内的攻击行为引发的。此时，辅导教师应该有所警觉，及时阻止，或不动声色地将注意力转移至其他方面，并在课后立即跟进个别辅导，尽可能把对学生的伤害降到最低。此外，在团体中经常进行团体规范的教育更是预防伤害发生的有效措施。

（3）必须敏锐而果断地维护团体成员的“隐私权”

我们必须知道，在社会上最应该珍惜和不可侵犯的权利就是隐私权。

一个人或一个家庭的隐私权被侵犯，就像一个国家的领土被入侵一样，是不能容忍的。很多时候，人类保护自己的生活空间，很像动物保护其“势力范围”；当隐私权被人侵犯时，我们就会产生防御性的抵抗行为。所以，心理辅导课上的讨论分享只要涉及个人或家庭的隐秘，不管当事人是否意识到这一点，都是一件极为敏感的事情。

心理辅导课应该提倡一种相互信任、展现真诚的团体氛围，但这种信任和真诚不等于无条件地开放自我。教师通过活动营造一种安全的、开放的互动环境，不是要打破学生自我封闭、自我防御的外壳，而是为了促进学生自我觉知的发展。就像鸡蛋，从外面打破是食物，从里面突破是成长。我们不能打破未到孵化时日的蛋壳，因为那是一种致命的伤害；只有在蛋壳自然而然由里向外破裂时，生命才会开始一个新的历程。只有当学生觉得团体环境确实安全时，他们才会从保护层中破壳而出，进而与他人分享他们愿意分享的经验。成熟的教师在心理辅导课上能够营造一个独特而安全的自我开放的团体环境，此时课堂上的自我开放必定是学生自己的选择；同时，心理教师还有责任保护每个学生的隐私权，即使自我开放是学生的选择，教师也必须肩负起防范此过程中潜在危机的职责。教师必须仔细倾听学生的分享内容，并将整个自我开放的流程控制在一个安全的阀门之内。

总之，心理教师在课堂上必须注意任何可能对学生、家庭，甚至是对学校造成伤害的内容。例如一位初中生在团体中提出有关某同学是“同性恋”的话题，心理教师就必须敏锐觉知，并立刻巧妙地修饰其内容来阻止讨论。虽然教师无法防止这类问题在团体讨论中出现，但是，我们可以找一个借口，把重点放在其他事情上，从而避免更深入地讨论这一问题。

资料与借鉴

隐私是个人咨商与团体咨商最大的区别之一。家庭关系、性变态、未在场的人们，都不适合在扩展性团体中讨论，但是这些问题适合在个人咨商中提出。当这些内容在团体中出现时，领导者就应该避免深入探讨，而且尽可能以暗示的方式，建议以一对一的方式来讨论它们。通常不鼓励在团体中探索或讨论任何以后会伤害到成员或他们家庭的事，是团体讨论的一般原则。

【摘自：贝茨，等.小团体领导指南［M］.曾华源，等，译.台北：张老师文化事业公司，2002：67.】

41. 心理辅导课上学生受到他人言语攻击时，怎么办？

问题与困惑

前几天我在初一的一个班级上心理辅导课，发生了一件令我感到很棘手却不太会处理的事情。整个经过是这样的：课前进行热身活动时，我选用了集体按摩操，让每个学生给前面的同学敲背或按摩30秒。但是学生们很不配合，这个活动的效果非常之差。但比这更糟糕的是，我在活动结束后问了一句："你们为什么不肯配合呢？"一个男生脱口而出："因为前面的女生太难看了！"这句话全班学生都听到了，当时我就看见他前面的女生流泪了。出现这样的情况我感到非常意外，现在回想起来还是很为那个女生难过，当时我很生气，也很被动。那么，今后再遇到类似的事件我该怎么处理呢？

答疑与探讨

此案例极为典型。从"先治标、后治本"的原则来说，心理辅导课上发生这样的言语攻击事件，一定会极大地伤害那位被羞辱的女生。因此，教师的第一反应应该是持有一个严肃而公正的立场。也就是说，要对攻击的男生给予批评，并对受羞辱的女生给予情感上的安抚。但是，此时的批评只是一种态度的宣示，切勿当场深究到底、喧宾夺主。例如教师可以严肃地说："你的话太过分了，下课到年级组办公室来找我。"然后马上转身对受羞辱的女生进行适度的安慰。女教师可以轻轻拥抱女生并轻声细语几句，男教师可以轻拍女生的肩部稍加抚慰，再约该生在适当的时间去心理辅导室细谈。

为什么要求那个男生去年级组办公室而不是心理辅导室呢？因为此事必须在课间10分钟内再次进行具体的教育，不能拖延，这也是给全班学生的一个交代。而年级组办公室一般离教室较近，比较适合处理课堂上的应急性问题。在年级组办公室进行稍微具体的再教育后，还需约当事人在某个时间再到心理辅导室进行面谈，这是给当事人传递“绝不轻易放过”的坚定态度。

以上我们说的是课堂上处理应急事件的操作方法。这个问题的出现看似偶然，其实背后还有一些深层的教训需要我们吸取。

（1）**要注意做好课堂管理工作，自觉加强“组织行为”和“要求行为”**

课堂是一个小社会，班级是由师生组成的一个“社会体系”；课堂里的各种问题并不纯粹是教与学的问题，更是一种社会现象与社会心理现象。每个学生的个人情绪、认同感、归属感以及他们对教师的看法、对教学（辅导）活动的态度，都影响着课堂上活动的效果；而能否把学生的个体行为与班级活动很好地协调起来，则取决于教师的组织、管理与指导。

教育心理学认为，教师的课堂组织管理是为了有效利用时间、创造愉快和富有建设性的学习环境以及减少行为问题。课堂管理之所以重要，至少是为了达到三个目标：一是争取更多的时间用于学习，避免节外生枝；二是争取更多的学生投入学习，减少同伴之间的负向干扰；三是帮助学生自我管理，提高个人学习的效率。这三个目标的达成与否，都与教师的课堂组织管理水平直接相关。

教师在课堂上组织的每一项活动、说的每一句话、处理的每一个问题、思考的每一个细节，都反映着教师的课堂组织管理水平。例如前面案例中提到的热身活动“集体按摩操”，在成人培训中经常可以见到，绝对不会出现任何抗拒或意外。但在中学生群体里，特别是班风不太好的中学生群体里做这个活动，就没有那么简单了。教师在上课之前，如果对这个班级内部异性交往的情况了解不够，或是对学生在爱情观方面占主导地位的价值取向不明，或是对班级内部的风气一无所知，上来就按照活动程序做按摩，就很难说不会遇到障碍。再则，即使上面的课前学情调查都不存在明显问题，在活动的操作过程中，还是要把各种细节和活动规范交代清楚。要设想学生可能出现的各种心态或顾虑，要交代清楚按摩动作的部位、手势、力度并做出示范，要强调男女生之间肢体接触时应持的尊重态度，要提出整个活动过程中应有的团体气氛。因为我们面对的班级是一个“小社会”，人与人之间有差别，也会有各种复杂的心态和人际关系。让学生参与一个具体的活动之前，要把各种因素考虑周全、交代周全、铺垫周全，这就是教师的组织能力和管理能力。

A. A. 比拉克等人（1966）曾提出，教师和学生在课堂上的行为有四种主要类型：组织行为、要求行为、回复行为和反应行为。“组织行为”和“要求行为”是起始行为，作用是使课堂活动顺利运行。“组织行为”是通过教师对学生施加的影响（包括人格影响），使课堂环境气氛适合教学活动；而“要求行为”的目的在于通过目标导向和交代细节引出学生正确的反馈，如教师的提问和指令都属于“要求行为”；“回复行为”和“反应行为”则是反射行为，如学生回答教师的提问属于“回复行为”，而教师对学生的回答予以表扬就属于“反应行为”。

从比拉克的理论中可以看出，决定学生“回复行为”质量的，是教师的“组织行为”和“要求行为”；而对学生正确的“回复行为”加以强化的，是教师的“反应行为”。可见，教师课堂行为的质量决定了学生课堂行为的质量。

1972年英国心理学者C.瑞格进行了课堂教学管理的调查研究，发现：成功的课堂管理者往往有充分的准备，预测将要面临的困难，能不时悄悄地观察学生，在纪律遭到破坏时能立即做出反应。相比之下，失败的课堂管理者常常在学生的注意力尚未集中的情况下就开始上课，在上课时不能兼顾学生的活动，不能处理同时发生的分散学生注意力的事件，经常责怪学生，对学生公开进行批评。瑞格的这一研究成果对于心理辅导课的实施同样适用。

心理辅导课也是一种课堂活动，而所有的课堂活动都是一个非常复杂的过程。它经常会出现各种各样新的问题，产生各种各样的冲突与矛盾，发生各种各样偶发的干扰事件，使课堂教学或辅导活动的正常进行受到干扰。因此，及时预见并排除各种干扰课堂活动的不利因素，加强教师的"组织行为"和"要求行为"，有效维持正常的课堂活动秩序，化被动为主动，对于心理辅导课的顺利进行以及提高辅导活动的实效具有重要意义。

（2）**要克服"教师中心"，切勿把活动效果差归因于学生的"不配合"**

在上面的案例中，学生做"集体按摩操"的效果很不好，于是在活动结束后，教师问了一句："你们为什么不肯配合呢？"正是这句话导致了那位男生脱口说出"因为前面的女生太难看了！"。这个细节是非常耐人寻味的。

这位心理教师也许没有意识到，"你们为什么不肯配合呢"这句话，不仅是人际交往中比较忌讳的指责性"你向反问句"，也在不经意间暴露了潜意识中的"教师中心"师生观，而这两者都是引发学生"阻抗"的直接原因。就前者而言，任何带有指责口气的反问句，都会启动对方的自我保护机制，比如该男生脱口而出的那句话，其真正用意并非指向女生，而是以调侃的口吻给教师"出难题"；就后者而言，教师指责学生"不配合"，就是将活动效果差的责任归因于学生，其结果也是引发学生的防御心理——

“我为什么就要配合你呢？”

所以，在上面的突发事件中，真正值得反思的恰恰是这两个问题。前一个问题也许是人际交往的语言技巧出了差错，而后一个问题则是在辅导关系上的一种严重偏离。

心理辅导课上得不够好或者出了点问题，就埋怨学生不配合老师，这是一种相当有代表性也相当普遍的看法，它反映了在中小学里传统的、根深蒂固的“以教师为中心”的师生关系。在这种传统的师生关系中，教师居于课堂的中心地位。教师被认为是社会文化的当然代表者，承担着以社会文化价值规范影响学生的责任；而学生完全是被塑造的对象，只能被动地接受教师的影响。在此前提下，教师对学生采取批评、指责、惩罚等强制性管教措施也就是完全合理的了。当然，我们不是说，在心理辅导课上就不存在个别学生捣乱的敌意行为，下面就将谈到这一点；但当一个活动未获成功，教师首先想到的不是自己的组织工作没有做好做细，而是学生不肯配合的时候，就很可能是一种“教师中心”师生观的反映了。

我国香港地区学者林孟平（1986）说过：“辅导首先是一种关系。”英国人本主义心理学家 D. 默恩斯等（2010）也认为，“就本质而言，心理咨询的过程是一种……关系的发展过程”，“关系深度决定了心理咨询的效度”。这些话，无论对个体咨询，还是对团体辅导，或是对心理辅导课来说，都是至理名言。

（3）要牢记团体辅导具有易伤害性，需时时防范“暗流”涌动

前面我们也提到过，心理辅导课作为一种“大团体辅导”，难以彻底摆脱的“先天不足”就是容易在团体内造成对某个成员的伤害。罗斯（2003）认为：在青少年团体中，被别人取笑是引发青少年焦虑与愤怒的主要刺激之一，一旦团体互动中发生这样的情形，便需当成团体的问题立即处理。因为取笑揶揄和其他的言语攻击，都会减少团体的吸引力以及团体成员改变自己的动机。课堂上个别学生的坏习惯一旦蔓延，或者是相互攻击等现象一旦滋长，这个团体便容易失去控制。

正是由于上述原因，汉森、沃纳和史密斯（1980）才把“团体动力学家”描述为那些能够密切观察团体中影响成员的“暗流”的人。这些“暗流”包括缺乏信任与承诺、权力操纵、成员间的冲突、成员间强力联盟以及寻求注意的行为。注意到这些“暗流”的存在，对于有效的团体领导来说是必不可少的。所以，心理教师带领一个班级团体，需要学习许多调控课堂的技巧，需要接受相当程度的教学训练和实践锻炼，才能在课堂上“眼观六路，耳听八方”，时时观察并防止可能出现的破坏性因素。如果不去预防和处理这些突发事件，无疑会造成被动或混乱的局面，而无法达成原定的辅导目标。

资料与借鉴

一个消极的或充满敌意的成员会使得团体无法运作。

【摘自：雅各布斯，等．团体咨询：策略与技巧［M］．赵芳，等，译．北京：高等教育出版社，2009.】

42. 如何处理心理课堂上突发的师生冲突?

问题与困惑

【题记】本文所述案例，是笔者根据几年前听到的几位心理教师讲述的故事综合改编的，文中的“我”系虚拟人物。

今天如往常一样，我提前到教室，很顺利地就把课件复制到电脑上。上课铃响了，教室里还是乱成一团。我看着孩子们没有说话，想等他们自己安静下来（这种办法有时会奏效），但是孩子们依然我行我素。我看不行，于是快步走上讲台，开始组织学生的课堂纪律，很快学生们安静下来，只有一个学生还在那里边学我说话边扭头朝向他后面的同学。又是这个学生！记得刚开始给这个班上课时就是他一直在课堂上闹，课后我把他找去办公室谈话（不是批评，而是诚恳地与他谈话，可是他什么反应都没有），第二次上课他依然这样！课后，我又找他谈话，但结果还是一样。以后几乎每次心理课上他都会闹，我也不想再理他，只要不是太过分，一般我都不特意批评和关注他。但是今天……我真的很生气，让他站到前门口听课，于是这节课开始有序地进行。

今天的主题是“误会了怎么办”。根据课前的设计，我首先找两个学生来玩“心有灵犀”的游戏，希望通过游戏引导学生认识到“误会的产生往往是因为对一个动作、一句话、一个眼神等的不正确理解导致的”。两个学生自愿上来做这个游戏。游戏中，有的学生很认真地看他们表演，也有个别学生在说话，其中就包括站在门口听课的这个学生（他在跟前排的学生说话）。对此，我觉得还可以理解：毕竟只有两个学生参与游戏，难免会有学生觉得无聊；而在教室里上心理课又很少有可能让所有学生都参与游戏活动。所以，由他去吧！

游戏很顺利地结束了。我引导学生对游戏进行分析，希望他们通过自己的感悟认识到误会产生的原因。此时，站在讲台边的这个学生又开始讲话了。鬼使神差地，我完全忘记了控制自己的情绪，我把自己带来的文件夹投向了站在门口的他，幸好文件夹没有砸到他身上，但是文件夹里的东西散落了一地。我很生气地大声说："把地上的东西捡起来！"没想到他却说："不是我丢的，我干吗要捡？"我的愤怒已被激到了极点，眼泪在眼睛里打转："行！你什么时候捡起来，我们就什么时候开始上课！"于是，全班学生都看着讲台上的我和门口的他。十分钟过去了，他毫无要低头捡的意思，我也继续生气，同时又觉得不给学生上课也不是办法（毕竟还有学生想听）。但看着他那种挑衅的眼神，我最终放弃了继续上课的打算。这样僵持了一会儿，我让副班长去请班主任过来，遗憾的是班主任不在办公室。又过了 5 分钟，我再次让副班长去请班主任，一个学生提醒我说："班主任在另一个班上课。"于是我便让副班长去请年级组长来。不一会儿工夫，年级组长来了。我依然气鼓鼓地说："我让他把地上的东西捡起来。"大概年级组长明白发生了什么事情，就命令这名学生"帮老师捡起来"，但学生不动也不说话。年级组长把他拉到门外，两三分钟过后，这名学生进来把地上的东西一一捡起来放在了讲台的桌子上，随后被年级组长带回办公室。我调整了一下情绪，继续讲课，只是没几分钟就到了下课的时间，我当然没能按照教学计划完成任务。

课后，我一直在想这件事情：是不是我今天的情绪太糟糕了？是不是最近我一直都比较累，情绪很容易激动，所以才会对学生发那么大的火，并把讲义夹扔出去？是不是我性格方面的原因，被那个学生挑衅的眼神（每次见到这个学生他都是这样一种眼神）激怒，才会用了将近大半节课的工夫来跟他“较真”？

在我的教学生涯中，这是我第一次发这么大的火，第一次在课堂上跟学生“较真”。这到底是什么原因呢？我真的感到很困惑！

答疑与探讨

这是一个难得一见的、生动的课堂师生冲突案例。一名教师，不管他是学科教师还是心理教师，也不管他是否做过班主任，在自己的从教生涯中，如果没有经历过像上面这样令人难堪的课堂师生冲突，恐怕是比较罕见的。或者我们可以换一个说法：没有遇到过这类冲突的教师，要么是他早已“得道成仙”，要么就是在“西天取经”路上的“九九八十一难”中，他还没有历练到头。学会对这类课堂冲突事件的应对策略，是当好教师（包括当好心理教师）必须修炼的一课。

课堂是一个微型社会。我们必须认真研究课堂中每天都在发生的人与人之间的互动，研究教师的教育行为和教育语言，研究处理课堂突发事件的方法技巧，以防止课堂中可能出现的对任何一方的心灵伤害。从这个角度来说，对这个案例的分析研究必须从人性观、教育观、师生观方面做一些深入的思考。

（1）课堂师生冲突的根源在于师生关系早已受损

我们知道，课堂中的师生矛盾难以完全避免，但是发展到师生双方僵持对立、怒目而视的对抗状态，一定有一个日积月累的过程，它说明师生关系在激烈冲突之前早已受损。也就是说，“这个学生”早就让“我”看不顺眼了。当然，老师绝不会无缘无故去找一个学生的“茬”，事情的起因往往是学生不守规矩，做出好多让老师“一忍再忍”最后“忍无可忍”的事来，这是一般的规律。老师最初的处理方式也是无可厚非的：课后谈话。但问题在于学生“毫无反应”，于是接下来的事情就是“薄积厚发”了：一次次的小问题、小矛盾，累积起来成了教师心中厚重的“积怨”，并最终“火山爆发”。

仔细分析一下：问题出在哪里？恐怕出在教师对学生“什么反应都没有”这一表现的“误判”上了。当学生对老师的耐心教育毫无反应的时候，老师的第一反应可能是他“蔑视老师”、“顽劣不化”、“屡教不改”，等等，但这是一种简单化的判断，而且多数情况下是一种“误判”。

从心理学的角度看，师生之间无法沟通时，一定是师生关系出现了裂痕。这种裂痕可能是这个学生与上课教师之间的，也可能不是。如果这个学生在学校里是个“顽劣”的后进生或者是一个“处境不利”的学生，那么就是他与整个教师群体之间的裂痕。但因为我们不了解该生的成长背景，不知道他是否对教师心存太多芥蒂，所以不便深入讨论，我这里只是强调一种判断学生问题的基本思路。不过，作为心理教师，我们应该有这样一种职业直觉，能觉察到这样的学生身上一定有故事，并能将他作为自己个别辅导的重点对象来认真接纳，而不是仅仅“课后谈话”。当然，如果心理教师本身在课堂管理方面存在诸多困难、麻烦甚至是挫折，那么两种负面体验就会叠加在教师的心里，因而也就很难冷静地分析和判断了。

我们经常说，搞教育要“以人为本”。其实，“以人为本”的实质就是“以心为本”，真正的教育应该是“以心为本”的教育。教师时时处处考虑学生的内心感受和内心需要，才能与学生心意相通；如果只考虑教师的内心感受，不考虑学生的内心感受，“以心为本”就是一句空话。而任何与“心”有关的教育，其成功与否的关键都在于双方之间是否建立了信任和安全的人际关系。所以，辅导的前提和第一要务就是“建立信任关系”；同理，课堂上处理学生问题的前提与第一要务也是“建立信任关系”。

（2）**人的本性都渴望生存的尊严，对再小的学生也不可伤其自尊**

那么“建立信任关系”的前提又是什么呢？那就是满足学生人性的基本需求，确保学生获得安全感、归属感和自尊感。比如，教师若是在课上死死地“盯住”某个学生，使他觉得时时可能面临危机，他会信任教师吗？若将学生孤立于班级群体之外，将他置于讲台前“示众”，使他在班级里被边缘化，他会信任教师吗？若将学生当作“标靶”，怀着满腔愤怒将某个物体抛向他，又当众命令他捡起来，使这个学生颜面全无，他会信任教师吗？

在上述三个层面（不止三个层面）的人性需求中，最为脆弱、最易受到伤害的层面是“自尊感”。“我们每个人都渴求一种生存的尊严”（德波顿，2007），对再小的孩子也不可伤其自尊，何况是高中生？所以，“读懂学生”，最重要的是读懂学生“需要尊严”；“理解学生”，最重要的是理解学生要“维护自尊”。正如罗伊·鲍迈斯特（2009）所说，自尊心遭遇拒绝后，不但会大幅度降低一个人的IQ值（–25%）和理性分析能力（–30%），还会增加人的攻击性。他还说：“这是我25年的研究中观察到的最重要的结论，它说明了人类本质的很多特点。”

尊重是教育和辅导的理念，更是教育和辅导的行为。教师必须检点与学生相处中的一言一行，不可恣意妄为。尤其是在课堂上，当着全班几十名学生的面，教师更要谨言慎行，绝不可为了自己宣泄愤怒的需要，而去撕破一个学生的颜面、羞辱一个学生的人格、否定一个学生的价值。

而若要真正尊重与接纳每一个学生，我们就必须对人的本质持有积极的信念，相信每一个学生独特的潜能，重视每一个学生的人性尊严和价值。

如果教师对学生“人性向善”有了基本的信任，就不但能欣赏学生积极美好的一面，而且能体谅和接纳学生的失误与过错。因为他相信人的可塑性、可改变性。“而教师的接纳、尊重、饶恕、忍耐，会引导学生的转变与成长。”（林孟平，1986）

（3）**尊严面前人人平等，切勿将教师的自尊凌驾于学生的自尊之上**

当然，自尊不仅是学生的人性需要，也是教师的人性需要，上面这个案例充分说明了这一点。如果不是师生双方都需要维护自己的尊严，课堂冲突就不会发生。

但是，在教师的自尊需要与学生的自尊需要发生矛盾时，孰重孰轻呢？美国奥伯林大学校长罗伯特·福勒博士（2008）在他的哲学名著《尊严的提升》一书中，提出了“等级主义”这个概念。他认为，社会就是分等级的，在学校里，教师和学生就属于不同的等级。等级本身并不一定就是问题。问题不在于等级本身，而在于等级的滥用。我们主张“尊严面前人人平等”，我们尊重等级但不要等级主义。而把“高等级的尊严”凌驾于“低等级的尊严”之上的行为才会产生“等级主义”。像上面的案例中，教师把文件夹掷向学生，却要学生把散落的东西捡起来；如果学生不捡，教师就不上课；如果双方僵持不下，教师就要请班主任、年级组长来对学生施加压力，迫使学生捡起来……这恐怕就是一种“高等级的尊严”凌驾于“低等级的尊严”之上的等级主义了。

平心而论，这不是一个人的故事。很多教师在遇到上面这种冲突情境时，都会采取相同的态度和方法。因为我们的潜意识里有一种根深蒂固的传统观念，那就是“师道尊严”。也许教师会想：我绝不能输给学生，我一定要“治”住他，我不能让他这样“猖狂”……而这样“斗气”的结果，多数情况下都是两败俱伤。

须知师生关系不应是“敌对关系”、“对手关系”、“谈判关系”，不存在谁“战胜”谁的问题，不存在一定“哪个赢哪个输”的问题，不存在“谁压倒谁”的问题。如果站在对立的立场上，是无论如何也解决不好问题的。

师生关系也不是一个简单的“以理服人”或“以情感人”的问题。有时候教师在课堂上讲的道理十分充分，甚至可以把学生谈到“理屈词穷”、“哑口无言”的地步，但为什么学生还是无动于衷甚至“依然故我”？因为他们的价值观与老师的价值观不在一个平面上。老师看重的是成绩、纪律、道德、社会法规，而学生看重的是尊严、面子、同伴关系、友情亲情。如果这些最基本的需要没有得到满足，他们是无法考虑更高层次的价值观念的。

（4）**对师生关系伤害最大的是教师的情绪和言语失控**

对师生之间建立“信任关系”影响最大的是教师的情绪和言语失控。教师这种情绪和言语失控的根本原因，主要不在于情绪调节能力不强，而在于对学生问题行为的“误判”。“误判”必定激起学生更强烈的反弹，于是引发师生之间的恶性互动与恶性循环，甚至将事情弄到不可收拾的地步；而这又进一步增强了教师的职业挫败感和职业倦怠感，于是又会激发教师一再的情绪和言语失控……

心理学从专业理论走向教育辅导的实践是一个艰难的过程。解决课堂冲突的根本举措在于通过培训、学习帮助教师真正读懂学生的基本心理需要，尽可能减少“误判”。有时候，学生的问题看起来似乎很复杂，某些学生的表现甚至非常出格、匪夷所思，让心理教师感到焦头烂额、无从下手，但如果我们能以正确的思路揭开学生表面那层张扬、坚硬的外壳，就会发现其实他们的内心深处包裹的是极其脆弱的人性需要——唯恐被否定、被排斥、被边缘化，唯恐失去尊严、失去朋友、失去关爱。

掌握了学生的心理特点与成长规律，再复杂的问题也会变得简单和明晰起来；反之，本来是简单的问题也会被我们人为地复杂化。而问题一旦被复杂化之后，不仅学生的成长可能被扭曲，而且心理教师自身也可能没有幸福感可言了。我们的职业生涯会变得很无奈、很无趣、很痛苦。

（5）当众批评和处理学生，必定造成师生对立并陷入僵局

美国心理学家希瑞尔（2006）指出："在人类个体发展的阶段中，再没有比自我功能脆弱的青少年时期更容易因公共羞辱和同伴诋毁而疯狂的了。"在全班学生面前当众批评和处理学生的问题，最大的危害就在于学生会感到自己在公众场合受到了羞辱，他们甚至会因此而做出疯狂的举动。

美国心理学家 H. H. 安德森（1996）在关于师生交互行为的研究中指出：教师行为倾向于命令、威胁与惩罚的"控制型"时，学生会有较激烈的对抗；当教师行为倾向于"综合型"，即对学生表示出接纳、谅解与有效协助时，学生就能自发解决问题，而且也乐意为团体贡献力量。

所以，教师在心理辅导课上遇到学生违纪事件时，一个总的原则是不要当众批评和处理当事人，尽可能"大事化小、小事化了"，比较大的问题也尽可能留到课下去处理。当众处理问题的危害很多，不仅会激起学生为维护面子而公开对抗，而且会大大影响整个课堂的心理氛围，使全班学生沉浸在一种紧张、焦虑、愤怒的情绪体验中，那就毫无辅导效果可言了。

夸美纽斯曾用天气来比喻说明维护课堂秩序的艺术："天上的太阳把纪律的最好形式教给了我们，因为对于能生长的万物，它：①不断地供给光

与热；②常常供给雨与风；③供给闪电与雷，不过次数很少，虽则它们并不是完全没有用处的。”要说明的是，这段话中谈到“雷电”的那一句，它的分寸感全靠教师经验的积累和临场的把握，没有人可以拿出一个通用的标准来。

（6）**一旦出现冲突，教师必须尽快承担起主动化解矛盾的责任**

须知教师的情绪反应与青少年学生的情绪反应是有质的区别的。脑科学的最新研究成果表明，人的情绪是由杏仁核来控制的，它体积虽小但发育较早且功能强大，深藏于脑的内部中心位置，分管原始的激烈的情绪反应，如爱、恨、惊、恐、惧。而人的理智行为则是由前额叶来控制的。前额叶的发育比较慢，要到20岁左右才能完全成熟，“当遇到外界刺激时，青少年的脑和成人的脑反应模式完全不同。成人会更多地通过前额叶而较少通过杏仁核来反应，因此，他们对外界的反应会更加理智；而青少年则恰恰相反，他们主要依靠杏仁核来做出反应，因此会对刺激表现得非常情绪化”（Baird等，1999）。从这个意义上说，一个教室里50名学生加1位教师，这51人中，遇到冲突情境时，学生谁都可以情绪失控，谁都可以行为失态，唯独教师不可以情绪失控，不可以行为失态——因为51个人当中，只有教师的前额叶完全成熟了，其他50人的前额叶还都在发育中。

但是，万一情况极其特殊，教师在冲突现场被彻底激怒了，那么教师也应该在尽可能短的时间内主动通过个别交流“退避三舍”，先让一步，以自己的高姿态来促使双方矛盾的解决。因为，“师生矛盾说到底是成年人与未成年人之间的矛盾”。假如这个立论成立，那么推论就是——成年人与未成年人之间起了冲突，谁应该承担起主动化解矛盾的主要责任呢？结论是毋庸置疑的。

资料与借鉴

学生对他们喜爱的教师，总会伴随着某种信赖感，这种信赖感赋予教师的教学以潜在的魅力，以及所谓的“亲其师，信其道”。这可以排除各种障碍，深入到学生的心灵中，产生积极的反应。学生对他们喜爱的教师必然产生更多的交往欲望与行为，因而可以从教师那里得到更多的教益。

【摘自：佐斌．师生互动论——课堂师生互动的心理学研究［M］．武汉：华中师范大学出版社，2002.】

43. 心理辅导课能保持价值中立吗？

问题与困惑

在“有爱，性需要等待吗？”的职高心理课上，学生们就这一主题展开了辩论。结果，认为“有爱，性不需要等待”的反方观点占了上风，而教师在结束语中也表示尊重双方不同的观点，并相信大家在生活中会做出正确的选择。我们听课的老师都明白，这是教师在表达“价值中立”的态度。但如果一味地保持“中立”，那么这种“有爱，性不需要等待”的观念是否会深入更多学生的心中，甚至成为他们的价值观主旋律呢？这恐怕跟我们的国情是不相符的。所以，我想，“价值中立”不应该是绝对的。

心理辅导课应注重学生的体验与感悟，而价值引导甚至价值观的转变应该是在无形中完成的。我们应相信学生，他们是会深入探讨问题、发现问题的。大多数学生特别是高中生都有基本的价值判断标准，即使教师不做过多的价值引导，他们也知道社会主流的价值标准是什么。因此，那一次课有近一半以上的学生站在“有爱，性不需要等待”这一边，我倒觉得很受感动，这得益于教师的“价值中立”的态度。如果每个学生都站在主流观念上接受教师的价值引导，这堂课还能称为心理辅导课吗？再则，课堂上学生这种真实感受的辩论与展示，难道会引起价值误导吗？我看也未必。

我倒不这么看，当我看到那些孩子还没懂得什么是真爱，就在振振有词地说“有爱，性不需要等待”时，我是担忧的。心理还不成熟的那些学生确有一些是非观念不是很清楚；即使是成人，也会有。我想，如果某人没有结婚，有了一个亲密恋人，还一直固守着最后一道防线，但听了只要有爱，就可以有性行为……他或许就会冲动。因此，当我看到坐在后排的几个男生听到有几个女生说“有爱，性不需要等待”时，拍着手一副兴高采烈的样子，我真有一种说不出的难受。

接受教师的价值引导，这堂课还能称为心理辅导课吗？而且，价值引导的目的真能达到吗？相反，课堂上学生这种真实想法的辩论与展示，难道会引起价值误导吗？我看也未必。半数学生说“有爱，性不需要等待”，这本身没有问题，即使是多数学生这样说，只要学生暴露真实的想法，也不是坏事。问题在于暴露后，老师不能无所作为，而应该有所作为，不管什么主题的课，了解学生心理是需要的，但仅了解是不够的，引导学生、影响学生才是心理辅导课的根本目的。

答疑与探讨

心理辅导课上能否保持“价值中立”？这一问题多年来困扰着广大心理教师，争议由来已久。总的看来，呼吁“价值中立”的风头较强劲，似乎成了心理辅导中警示“不敢越雷池一步”的“尚方宝剑”。但若是做深入交流，就会发现有些教师对“价值中立”只是奉为原则，并没有对其概念从理论源头上认真做过探究，这就难免在操作中引发歧见。其实，这个问题首先是一个理论问题，当然它是一个有着重要实践意义的理论问题，但其是非曲直主要应靠理论上的辨析来加以澄清。因为理论上若是模糊不清，实践中就必定会摇摆不定。

（1）“价值中立”是人本主义价值观的全部吗？

大家都认为，“价值中立”是人本主义心理学提出来的，它是来访者中心疗法的核心思想，也是来访者中心疗法的操作技巧，贯穿于来访者中心疗法的始终。但许多人不一定知道人本主义在价值观方面的整体主张是什么。我国心理学界的前辈车文博教授（2003）在《人本主义心理学》这本重要著作中，对人本主义价值观的主要特点做了如下概括：

①反对价值中立说和无关说，即把价值观视为人性的基础和重要组成部分，又把价值观看作心理学迫在眉睫的研究任务。

②反对精神分析的内化价值观和行为主义的外塑价值观，主张内在价值观，认为价值观植根于人性之中，即人性内部存在最高价值。

③人本主义心理学价值观的理论框架，包括马斯洛和罗杰斯的自然主义价值观、奥尔波特的现象学价值观、罗洛·梅的存在主义价值观三种形式。

④人本主义心理学价值观的实质，主要是崇尚人的个体价值，即认为人所独有的价值源泉在个体之中，包括个人成长的价值、自我实现的价值和回归本真的价值。

可见，人本主义心理学的价值观是一个完整的体系，不是一个“价值中立”的原则可以涵盖的。价值观在人的成长过程中具有重要的导向意义。每一个人必须有一种或一套价值观。价值观涉及一个人的目标、情操、希望、态度、习性等，它们是人格结构的主要成分，给人以独特性。价值观在人的成长过程中起着关键性的作用。

所以马斯洛（1955）才说：“我们需要一种有效的、有益的人类价值体系，这种体系是我们可以信仰的，并能够为它而献身。”马斯洛要求人们把自我实现视为人生的“最高价值”。他说：“没有价值体系的状态就是一种心理病态。人类需要一种生活哲学、宗教或一种价值体系，就像他们需要阳光、钙和爱情一样。没有价值体系的人往往感情冲动，并持有虚无的、怀疑一切的态度，也就是说他的生活是毫无意义的。”

人本主义心理学把无价值感看作一种病态。多年来一直以研究犯罪和违法的格鲁克夫妇写道：“说到底，要想防止违法行为就要依靠某种比一般文化环境对人的操纵更具体的东西。它需要在一个人性格形成的最初几年内就培养他形成一种完整健全的性格。”迈耶博士则认为，学校要成功，就必须直接地、系统地向学生传授价值观。（戈布尔，2001）

从上面的这些资料中可以看出，尽管“价值中立”原则是来访者中心咨询流派提出的一种咨询技巧，但它不是人本主义整个价值观理论体系的全部。“价值中立”不可以绝对化，如果把“价值中立”绝对化了，比如反对一切“价值不中立”的做法，那么它就否定了“价值中立”本身。无疑，这是一种二律悖反。

正由于来访者中心疗法的理论背景是西方人本主义哲学，强调个人存在的意义高于一切，主张个人奋斗、个人表现、个人完善，它与中国传统文化中的集体主义精神和主张人际合作有相悖之处，尤其是来访者中心疗法坚持的对来访者“不判断、不指导、不主动”的原则（即大家理解的“价值中立”），在心理咨询实践中与我国强调价值引导的主流文化存在冲突，许多心理咨询工作者对此提出了质疑，甚至受到西方学者的批评。

（2）长期以来在学校心理辅导界对“价值中立”的误解

在中小学开展心理健康教育以来，人们往往把是否坚持“价值中立”原则当作区分德育与心育、思想品德课与心理辅导课的“分水岭”，这是一种严重的误解。

国际教育基金会2005年出版了《培养心情和人格》一书，其中有大量篇幅谈到由于对“价值中立”的片面理解而引发的理论混乱。书中（p. 15—18）说：

在学术界，凡提到价值澄清论就是特指20世纪70年代兴盛的价值中立运动及其分支学派。当“价值澄清论”首次在20世纪70年代提出来的时候，曾红极一时。然而在今天，价值澄清论已被公认为一场失败。最具权威的研究发现，这种教学法除了对学生的课堂表现有一些作用之外，对学生的价值观、自尊、适应能力、交际能力以及抵制毒品的能力等没有什么积极的影响。

到了20世纪90年代初，价值澄清论大体上已被放弃。但我们发现，就像废旧物品得到回收一样，价值澄清论的理论和方法在一些发展中国家变得很吃香，因为那里的传统价值观念受现代化所带来的影响而陷入混乱。

在标准的价值澄清课程里，教师不讲授明确的价值观念，而只是在帮助学生发现自己的价值观的过程中起一个推动作用。这种方法鼓励不成熟也没有经验的青少年选择自己的价值观，而不为他们提供道德方面的指导，以便他们做出明智的选择。今天，价值澄清论受到广泛的批评，就是因为它鼓励尚未发展成熟的学生把自己看成自身道德的仲裁者，因此造成道德偏离。托马斯·索厄尔指出，这种方法还不如叫“价值混淆”，因为其是非判断的方法与任何一种是非分明的价值观相抵触。

我们都知道，罗杰斯提出的“来访者中心疗法”在咨询界掀起了一场革命。这是一种无导向的治疗方法，治疗师拒绝给予直接的劝导；他只尽可能客观地反映来访者的思想和感情，而不对来访者进行任何指点。这样做的目的是通过挖掘来访者自身深藏的价值、愿望和目标，让来访者自己认识到解决问题的方案。这种自我认识对激发成人患者或许有效，因为成人已经形成了自己的价值观。

但这样一来，马上又引出了另一个重要的问题，即：抛开道德规范的学习，儿童是否天生具有强烈成长为人格成熟的道德人的倾向？恐怕未必。连支持无导向心理学技巧并称之为“自我实现”的马斯洛都警告我们说，这些技巧也许不适合儿童：“自我实现在青少年身上不会发生……他们还没有学会什么是耐心；对存在于自身和他人身上的恶性尚不了解……通常，他们还不具备抗拒潮流的勇气，也无法在公开展现自己的美德时不感到害羞。”“培养儿童时，既要给他更多的自由，同时又要教他遵守纪律、尊敬他人——这是一个价值体系。”“只有对能自律的、能负责的人，我们才能说，就按你的意愿去做吧，那样可能是对的。”（转引自：弗兰克·戈布尔，2001，p. 73）

我国台湾师范大学的学界老前辈贾馥茗女士（2006）把这个思想表述得更为简洁透彻：“教育在本质上就是有价值导向的，不可能价值中立。”就拿上面这个案例来说，如果对“有爱，性不需要等待”这样一种价值观听之任之，并表示“理解与尊重”而不加以必要的引导，或者宣称要“耐心等待当事人自我成长”，那么其结果等于是给高中生的性行为开了绿灯。说不定那些当事人还没有“自我成长”起来，新一代生命已如雨后春笋般“成长”了。那样，我们的学校还叫学校吗？

（3）“价值中立”只是辅导的技巧，不是辅导的目的

在心理辅导与治疗的实践领域里，“价值中立”只是一种咨询过程中的谈话技术，不能将其奉为不可逾越的“红线”。而且，“价值中立”只是众多咨询技巧流派中的一种，它不可能取代认知主义、行为主义等其他咨询技术流派而“一家独大”。在学校的个别辅导中，心理教师在会谈初期一般都会保持一种“价值中立”的态度，采用“真诚、专注、无条件接纳”等技巧来倾听来访者的诉说，但进入干预流程时，不同理论取向的心理教师会采用不同的咨询方法，包括非指导性的技巧，也包括指导性的技巧。

在学校心理辅导课的热身阶段、转换阶段和工作阶段，心理教师也完

全应该使用“价值中立”的辅导技巧来营造安全氛围、增进团体信任，推动开放式的人际交流。但进入“团体结束阶段”时，对学生在讨论中出现的各种不同的甚至是混乱的看法，心理教师在充分尊重各方表述观点的前提下，也应该表明自己的观点。因为在团体辅导中，教师和学生一样，都是团体成员，教师同样有表达自己观点的权利，不能借口“价值中立”把自己的观点隐藏起来。当然，教师的观点表述不应该是粗暴的、强制性的或结论性的，但作为个人的“一家之言”，必须是旗帜鲜明的“一票”，无须含含糊糊、躲躲闪闪。

其实，欧文·亚隆（2010）对团体治疗师在“价值中立”问题上的误解早就有所预见，他说：“我曾见过一些治疗师因为固守着必须永远保持全然匿名与中立，或全然诚实和透明的信念，反而寸步难行。”

总之，我们的观点是：“价值中立”是手段，不是目的；“价值中立”不等于放弃“价值引导”，“价值引导”不等于粗暴的“价值干预”。在学校心理辅导课上，如果死守“价值中立”，放弃对学生的“价值引导”，将使心理辅导课脱离学校教育的总目标，并使心理辅导教师自身陷入被动的境地。

资料与借鉴

1988年，梅里尔·哈尔敏发表了一篇文章《后悔书》：“我们对价值中立的腔调确实削弱了传统的道德。回顾过去，我们要是提出较为完整的构图就好了……对学生说清楚‘诚实比欺骗好’、‘关爱比伤害好’、‘忠诚比出卖好’、‘分享比剥削好’等等是合乎情理的。”

【摘自：国际教育基金会．培养心情与人格［M］．北京：北京大学出版社，2005.】

44. 如何看待心理辅导课的游戏化倾向？

问题与困惑

我在上心理辅导课时，尝试过讲授、讨论、辩论、讲故事、心理短剧、角色扮演、小游戏、心理测验等不同的方式，虽然也收到了不少的实效，但始终存在着不尽如人意的地方。我觉得在教室里上课，课堂上不可能给每个学生都提供参与和表现的机会，这样必然有一部分学生要充当观众和听众的角色，会感觉自己被冷落、被忽视。而我也似乎时常感受到课上有些学生投过来的不冷不热的眼光。我想还是应该组织一些游戏才能吸引他们的注意，可是会做的游戏都做光了，我该怎么办呢？

有一次，我让高中生做过电网的游戏，有个男生找我把话筒借过去，当着全班同学的面说："这个网多假啊，钻来钻去有什么意思啊，无聊！"我当时很尴尬。下课后我把几个不肯配合的学生留下来，我问："你们对心理课有什么好的建议吗？"他们就说这样那样的，我说："众口难调。我们这是团体上课，你们不喜欢过电网，但其他同学喜欢；你们喜欢你们设计的活动，但是可能其他同学不喜欢。老师也希望设计的活动同学们都能积极参加，你们有什么好的想法再告诉我好吗？"我说得振振有词的，但实际上，这节课之后，我再去上这个班的课时，心里老是不自信，甚至见到这些学生，心里也有点怯怯的。

答疑与探讨

我很理解上面那位高中老师当时的窘迫感，也感谢该老师说出了自己的真实想法。在很多同行热衷于游戏活动多年之后，对游戏的使用逐渐回归理性，是一件很正常的事情。

（1）以游戏为活动载体，可以避免价值观念的说教和灌输

游戏是心理辅导特别是团体心理辅导中常用的活动元素。因为游戏是人的一种天性，从小时候起，儿童就在“假装”的世界里游戏，且通过游戏将这一假装世界转化为个体发展的下一步现实性。“正是通过游戏，个体‘提升’了自己当前的能力，并建构新的能力……不断‘假装’的过程能够促进发展中的个体向新状态的发展”（瓦西纳，2007，p.40），也就是说，游戏具有促进人的发展的建构性功能，我们可以利用游戏的建构性质，通过各种模仿来引导孩子面向未来的生活事件。同时，游戏往往是轻松的、快乐的，它是对身心各种功能的锻炼，儿童在游戏时的心理水平往往高于他们现在的心理发展水平。当然，以游戏作为团体辅导的活动载体，还可以有效地避免价值观念的说教与灌输。

（2）游戏只是心理辅导课的一种形式，但不是唯一的形式

正是由于上述原因，业内的同行们从第一次接触团体咨询培训就是从游戏体验开始的。游戏活动几乎贯穿了团体咨询培训的全过程，以至许多教师一说到心理辅导课或团体辅导，就马上想到游戏且“言必称游戏”。可以说，游戏活动占据了目前国内团体训练的主阵地。就以笔者参加过的国内许多团体咨询培训班为例，除曾奇峰老师主持的精神分析团体之外，我几乎从未碰到过团体辅导不做游戏的。直到2009年5月，我参加了美国团

体心理咨询大师欧文·亚隆之子维克多·亚隆在北京主持的存在主义心理治疗工作坊，在为期 4 天的团体训练中，根本没有做过一个游戏，完全是靠团体成员的人际互动和维克多·亚隆的引领，结果将“雪球”越滚越大，最后每个团体成员都从中感受到了心灵的震撼。

最近我看到清华大学心理学系李松蔚教授（2014）写的一篇文章，其对当前团体辅导弊端的批评可谓入木三分：“在很多地方，团体工作已经沦为了‘做游戏’、‘搞活动’的代名词。领导者仅仅凭借着几招精彩的活动，就可以让一群人玩得热闹、聊得开心。但是热闹开心过后，收获并不大，没有什么值得回味的体悟和持续的改变。这是国内很多团体辅导的现状。而另一些人则剑走偏锋，一味地依赖‘直觉’，按照他们自己所理解的‘动力’或‘气场’，试图在团体中制造更深刻和神秘的内在体验，更可能让团体变成‘灵修’的一种，不但不能让参与者受益，反而可能与现实越走越远。”学校里的心理教师们读了这段话之后，是否可以从中得到一些启示呢？

（3）心理辅导课素材的不竭源泉存在于学生的现实生活之中

现在大家渐渐意识到，游戏只是心理辅导课的一种形式，但不是唯一的形式。单从游戏中去“讨生活”，就必然严重脱离儿童青少年的现实生活。中小学生的生活是丰富多彩的，他们面临的实际问题和成长需要也是形形色色的，辅导的主题和素材必须紧贴学生现实生活的脉搏。

以中学生人际关系辅导为例，它涉及的内容很广，并不仅仅是一个相互接纳、合作的问题。随着学生年龄的增长，人际关系的复杂性日益明显，同学之间的矛盾、误解、嫉妒心理、信任危机、情感波折，师生关系中的恶性互动，亲子矛盾中的种种隔阂，越来越成为中学生成长过程中的突出问题。可想而知，仅仅靠几个游戏或“拓展训练”是难以帮助学生应对这些困惑的。人际关系越是趋于复杂，辅导过程就越是需要深入认知与情感领域，表面上热热闹闹的沟通游戏就越是显得肤浅和无力。尽管辅导教师也想引导学生从游戏中“感悟”些什么，但往往是打擦边球，并不能产生震撼心灵的效果。所以，不应夸大游戏的作用，游戏的使用及其作用都是有一定范围和限度的，我们要根据实际问题和需要进行选择，让辅导形式真正为辅导内容服务。如果只是为了追求上课效果，专门选择动感较强的活动和游戏，那就会在发展性辅导的内容涵盖上失之偏颇。

（4）认为“没有游戏活动就抓不住学生的眼球”其实是一种错觉

从操作层面上说，有些因为资源匮乏而没有使用游戏活动的心理辅导课，教师组织起来可能自我感觉比较“冷”，这是一种客观存在。但我们不能由此得出结论，认为心理辅导课只有采用游戏的形式才能上得好。像前面那位老师提到“课堂上不可能给每个学生都提供参与和表现的机会，这样必然有一部分学生要充当观众和听众的角色，会感觉自己被冷落、被忽视……我想还是应该组织一些游戏才能吸引他们的注意”等看法，我认为那是教师自身操作上需要进一步探索和完善的问题，并不能由此认定没有游戏活动就抓不住学生的眼球。心理辅导课上如果总是师生之间单向对话，学生当然会有被冷落、被忽视的感觉；若是将大团体划分成小团体，以小组内的讨论活动为主要运作方式，再加上几个经过精心设计的、有思维力度的问题，学生就可以人人参与其中。总之，对心理课上游戏活动的是是非非做出判断或研究结论时，我们一定要持慎重的态度。

“好奇心引发游戏”（瓦西纳，2007），游戏也引发好奇心。所有的游戏一开始都是新鲜的，但所有的游戏用滥了之后都是令人生厌的。学校心理辅导课素材的不竭源泉蕴藏于学生鲜活的生命活动之中。我们必须深入学生的班级中，去感受班级团体日常运作规律的原生态，去了解学生班级生活、宿舍生活、课外生活中的生命故事，方可挖掘和提炼出有声有色、有创意的心理辅导课的活动素材。

问题与困惑

游戏的主题往往来源于日常生活中的情况，而游戏进行的方式则是建构出来的。

【摘自：瓦西纳．文化和人类发展［M］．孙晓玲，等，译．上海：华东师范大学出版社，2007：318.】

45. 如何让高中的心理辅导课上出应有的深度？

问题与困惑

现在很多高中心理辅导课在上初中甚至是小学的辅导内容，比如有一节高一心理课，让学生识别投影片上喜、怒、哀、惧四张面孔，说说代表了什么样的情绪。像这样识别情绪的能力应该是小学低年级学生情感发展的内容，拿到高中来讲是否显得幼稚？还有的高中心理课堂，活动很多而分享太少。我认为对小学生来说，多做一些活动是可以理解的，因为他们的思维比较具体，需要有形象的思维载体。但对于初中生特别是高中生而言，抽象思维能力已经基本具备，因此课堂中不一定要充分活动，特别是思考力度不够的活动应该取消。

答疑与探讨

在一部分高中甚至是重点高中，心理辅导课上得过于肤浅甚至略显幼稚，令许多学生感觉倒胃口，他们或公开进行嘲讽，或埋头看其他学科教材，以表达自己的不满情绪，这些现象确实是存在的，应引起心理教师的关注。

那么，如何让高中的心理辅导课上出应有的深度呢？

（1）**在同类主题的理念定位上，小学、初中、高中应该呈现逐级提升的梯度**

心理辅导课触碰学生心灵的深度，取决于辅导主题和辅导理念的定位是否准确。例如青春期辅导，假若在小学高年级、初中和高中三个学段，都是千篇一律地从青春期性生理、体像烦恼说起，到男女生该不该交往、如何交往，再到如何处理“青春恋”情感纠葛，等等，那么心理课就会如“小和尚念经”一样乏味了。所以，在主题的设计和理念的把握上，需要有一个宏观思考，要从整体上划分一下，什么内容是适合在初中上的，什么内容是适合在高中上的。没有这种内容架构的“梯度”，就没有高中心理课的“深度”。

例如，对于初中阶段的青春期辅导，我们只需要在青春期性生理、性心理的特点和异性交往的行为适度性方面去把握，不必涉及一些深层次的价值观的辨析。因为初中生的抽象思维能力尚未达到高级阶段，过多涉及价值观问题很容易做成“夹生饭”，导致学生只是“鹦鹉学舌”，并无深刻的情感体验。而在高中阶段的青春期教育，就必须从爱情观、婚姻观、择偶观、责任观、人生观、幸福观等价值观层面入手，加以挖掘和讨论，才能触及学生的灵魂深处，引发他们对性、爱情、婚姻和家庭等人生重大问题的深入思考，这样的心理辅导课才有“味儿”，才有深度。

（2）在目标的设置上，认知、行为、情感“三维”都要体现高中生应有的高度

高中的课要上出高中的特点来，上出高中生的认知水平来，上出高中生思想上的深度来；至少在辅导目标的设置上，在认知改变、行为训练、情感体验的程度上要与小学、初中有所区别。比如，高中的情绪辅导课就不能上成小学和初中的层次，不能一谈到对消极情绪的管理，就是“听听音乐”、“散散步”、“大哭一场”、“找人发泄”、“吃零食”、“睡一觉”、“找个知心朋友谈谈”等，小学的课上是这样说，到了初中、高中上情绪辅导课时，又重复这一套老掉牙的说辞。

我不是说这些方法在高中不能用，而是说学生已经学会宣泄情绪的初级技巧，没有必要到高中再重复这些简单的内容。高中生的负面情绪表现一般都有深层的认知原因：也许是中考时眼高手低、本想考入省一级重点中学，却因考场失误进入了“调节生”、“择校生”行列，所以心中始终不甘；也许是高中一年级学业成绩步步下滑、屡战屡败，在他们嘻嘻哈哈调侃的外表下却包裹着一颗压抑、苦闷、受伤的心；也许是高二开学时重新分班刚刚结束，本想学理科的学生却因数学、物理成绩不理想不得不进了文综班而感到郁闷，或是虽然到了理综班里，却被打入“非重点班”的另册，深感前途暗淡；也许是谈恋爱受挫、“意中人”被“情敌”抢走，心中充满嫉妒、愤恨、酸楚，报复之情油然而生；也许是学业压力过大、老师抓得太紧，导致情绪紧张、焦虑，“火药桶”一点就着；也许是在父母的逼迫下要求自己完美、完美、再完美，但在现实生活中总是碰壁、碰壁、再碰壁，因此亲子反目、争吵不断，只能于夜深人静之时长叹时运不济、命运多舛……所有这些，是当今这个时代高中生普遍碰到的产生负面情绪的具体情境。这些具体情境绝对不是小学里“骑自行车翻到河边没人管”、初中时“买饮料时发现钱包被偷”、开同学会时“乘观光电梯出故障”等情境可以相提并论的。

格鲁斯（2001）指出，“引起情绪的主要来源是对情境的评价”，“情绪调节是在情绪发生过程中展开的”。所以，格鲁斯提出了情绪调节的过程模型。他认为，在情绪发生过程中每一个阶段都会有情绪调节，即情境选择、情境修正、注意分配、认知改变、反应调整。这种情绪调节过程模型比较适合高中生情绪管理的需要，情绪辅导课的目标设计可以从对情境的选择、认知的改变和情绪反应的调整等角度入手。如果置学生现实生活中种种现实情境、现实问题、现实情绪于不顾，却将小学、初中的一些处理情绪的初级技巧设置为高中生情绪辅导课的目标，这样的课能受到高中生的欢迎吗？

（3）**在活动素材的选择上，要避免低龄化倾向，让活动内涵具有一定的深度**

很多高中心理教师在选择活动素材时，往往首先想到的是自己熟悉什么游戏，而不是学生要解决什么问题，似乎游戏成了包治百病之药，这就使高中的某些心理课素材呈现低龄化，内涵失之于肤浅。如果我们能对学生当下的内心需求有真切的了解，在选择活动素材时就能跳出游戏辅导的思维定式，点准“穴位”，使学生从中受到启发，获得成长。

例如，一位高三班主任在距高考只有45天的紧要关头，察觉一部分学生担心自己的高考成绩达不到预期专业选择的分数线而产生了深深的焦虑情绪，于是他及时设计了一节题为“我的未来不是梦”的心理辅导课。其中第三个环节，老师精心挑选了1989年诺贝尔生理学或医学奖得主哈罗尔德·瓦尔姆斯的素材，当大屏幕上呈现瓦尔姆斯的照片和简介时，全班学生都被吸引了——

瓦尔姆斯在美国安姆斯特学院读英语专业本科，然后，他去哈佛大学攻读英语文学研究生。但是，后来他发现这个选择并不是他的强项，于是他根据自己的兴趣爱好和原有基础，毅然决然地重新申请到哈佛医学院就读，从英语文学专业转向生命科学研究……最终获得了诺贝尔奖，再后来又被克林顿总统任命为美国国立卫生研究院（NIH）院长。

接下来教师播放了瓦尔姆斯教授2005年来华访问时央视记者采访的一段视频。这段视频详细地披露了瓦尔姆斯在专业选择上的心路历程和传奇经历。学生们观看视频时，内心受到了深深的触动，并在小组互动中碰撞出许多耀眼的思想火花。最后教师总结说：能够在文学、医学和政治之间游走自如的人，实属凤毛麟角，瓦尔姆斯是其中的一个。我们可以设想的一个问题是：他的文科出身与修养是否对培养其医学与政治才干做出了贡献？我们不可能期望每个人都成为瓦尔姆斯，但是，通过他的亲身经历和叙述，我们可以了解理想、志愿、才干、机遇、决断之间的联系，这对我们一个半月后的高考只有好处没有坏处。只要能“做我所爱，爱我所做”，条条大路都会通向成功的金字塔。

在这节课的结尾，全班学生自发地跟唱张雨生的《我的未来不是梦》，许多学生眼里噙着晶莹的泪花。

（4）**在问题的设计上，要“少而精”，要体现出高中生应有的思维力度**

在高中心理辅导课上，如果教师真正创设了一种真诚、和谐、信任的辅导氛围，那么，“课有没有深度”的关键就在问题设计的思维力度上了。

例如，在一节高二情绪辅导课上，老师提出的问题是：“每个人都有感到烦恼的时候，那么，你第一次感到特别痛苦的事情是什么？在小组里说说好吗？”这个问题的时间跨度很大，对于一个高中生来说，“第一次感到特别痛苦的事情”肯定不在高中，讨论的结果很可能会漫无边际。当然，老师的意图是好的，他认为“学生只要谈论的是过去的事，就可以将自己的感情剥离掉，就可以避免分享自己内心痛苦的尴尬”。但从课堂现场观察发现，整堂课自始至终没有涉及高二学生在高中生活阶段的实际情绪问题，也就是说，没有提到引发负面情绪的现实情境，没有触及最敏感的心灵秘密，辅导者和受辅导者都绕过了所有的难题，避免了一切分享真实情绪的可能。

假如教师将引发学生情绪困扰的各种具体情境，择其代表性事件一二，概括为一个虚拟人物和虚拟情境，再将问题改为“请在小组里和大家分享一下，进入高中后的这一年多里，哪一件事情使主人公 ××× 感到最痛苦、最烦恼？其根本的原因是什么？”，那么情况可能就不同了。

总之，一切从高中生的年龄特点，特别是认知水平出发，一切从学生面临的实际需要和心理困惑出发，高中心理辅导课才会对学生具有吸引力和挑战性。

资料与借鉴

脑也喜欢一定程度的挑战。没有挑战，我们就会回复到惯常的程序中；而挑战太大太多，我们又会感觉到难以应对……挑战的程度和学习者的技能水平要相匹配……也就是说，找到……正确的难度水平。

【摘自：詹森．适于脑的学习［M］．北京师范大学“认知神经科学与学习”国家重点实验室脑科学与教育应用研究中心，译．北京：中国轻工业出版社，2006：90.】

46. 心理辅导公开课可以“预演作秀”吗？

问题与困惑

现在的公开课作秀，像联欢，我想在很多地方都存在，这不是我一个人说的。对心理辅导课来说，或者在全国来说，算是刚刚起步。我想还是实在一点，或者说多思考一点，可以避免步很多文化课的后尘，走入作秀的误区。

我认为不必过于追求形式和花样，不太活跃的心理辅导课不一定就是不成功的。学生参与课堂的形式，可以是轰轰烈烈的说、唱、笑、动，也可以是静静的感受、感悟、思考。那些漂亮的形式与花架子可能会冲淡辅导主题，学生只不过是在课堂上凑热闹、觉得好玩而已。

答疑与探讨

非常感谢这位同行提出了一个很重要的问题。之所以说“重要”，是因为它涉及我们心理辅导事业的根本性质，涉及我们这个职业群体的社会形象，也涉及我们下一代的心灵能否不被恶劣的学风污染。

（1）心理课“作秀”不是心理辅导，而是“心理误导”

当前，在某些地方、某些学校或某些教师身上，确实存在着为了上好一节心理辅导公开课而提前“排练”、“预演”、“设‘托儿’”，甚至弄虚作假的现象，如果不加以引导，有可能催化成恶劣的教风与学风。

这种不良学术作风主要表现在：①提前编写师生课堂对话的“脚本”，师生双方装模作样“背书”，假冒“现场生成”；②在同一个班级里多次重复同一主题的课堂情境与师生对话，进行充分的“排练”，公开课到真正开课时变成了“演戏”；③选择能说会道、遵纪守规的学生“拼班”到公开课场地上课；④实行“教育歧视”，剥夺同一个班级里后进学生或有纪律行为问题的学生参与公开课学习的权利；⑤如果是心理辅导课录像课评比，就将不好的环节进行剪辑处理，使整节课更为“光鲜”；等等。

这种极为恶劣的公开课“作秀”起源于什么地方、什么学科，无从考证，但它的严重性及普遍性大家心知肚明。

我们无权干涉非本专业学科的公开课“作秀”，但我们坚决反对心理辅导课也染上这种可怕的“教育病毒”。心理辅导课是关系到学生人格健康发展的教育与辅导形式，它的根本宗旨是要引导学生学会做真正的人、真诚的人、正直的人。如果心理辅导课在上公开课的时候都可以“作秀”，那就不是“心理辅导”，而是“心理误导”了。

所以，我们对业内种种公开课“作秀”的行为的态度是：深恶痛绝、坚决反对、绝不效仿。

（2）心理辅导公开课不必求“完美”和“完胜”

心理辅导公开课的“真实性”远比“完美度”宝贵和重要。我们可以包容一堂有缺点的公开课，却绝不能容忍一节不真实的“作秀”课。如美国哲学家罗伯特·艾伦所说：“所有范例都不是完善的，而从经验中得出的东西则永远存在缺陷。”上课也是如此。正因为真实、不文饰，公开课才会有差异、有不足；正因为有创造、有特色，公开课才有价值、被认可。我们之所以要开设、展示这些公开课，无非是拿出一些课例供大家讨论、研究，以促进心理教师的专业成长，而不是要给大家提供十全十美的“样板戏”。成功的或者失败的课例都是宝贵的借鉴。“一个人只要善于学习，从以往事件中吸取教训，便足以使自我变得更聪明。”无论对开课的教师来说，还是对听课的教师而言，蒙田的这句话都给我们以启示。一旦学会了包容自己的缺点和不足，不求“完美”和“完胜”，我们就无须挖空心思、劳神费力地去“作秀”了。

从另一个方面来说，公开课“作秀”其实“得不偿失”。“外行看热闹，内行看门道”，这些“作秀”的公开课，即使在技术上处理得再巧妙、再“天衣无缝”，也是会被同行看穿的。正因为如此，我主张在各种心理辅导课评比活动中“现场抽签准备”、“现场上课听课”，不主张“录像课评比”；如果是优秀课例视频的出版物，那么只要是由我负责审稿或做点评的，我都会严格审查其“真实性”。比如，高中选修心理辅导课的学生可能较少，小学“小班化”的班额为30人左右，除了这两种情况，我会淘汰上课人数达不到正常班级人数的录像课例；又比如，由于光盘容量有限，除了某些课超时较多、评课的录像时长受限之外，我也不允许未经同意就自行对入选课例的视频进行剪辑，因为那样就有可能剪掉了一些本来可以提供失误教训的内容，使课的真实性存疑。我2003年主编出版和2015年点评、审定出版的两套心理辅导优秀课例录像DVD读物都体现了这种“求真、求实”的评课指导思想。

（3）心理辅导公开课一定可以实现“真善美”的统一

我们还要防止另一种极端的倾向，那就是质疑（或私下质疑）所有成功的心理辅导公开课。有的心理教师由于自己在开课实践中尚未达到理想的高度，就以为某些出彩的优秀课例一定是“作秀”——这看似荒唐，但在现实生活中确实屡屡发生。

从哲学的高度来说，我们知道许多东西是没有办法认识的，但它照样存在；我们有时会感受到某些东西展现出很高的智慧以及极美的真理，但我们不愿意相信它是真的。这种心态很值得做一做“自我分析”。有哲人云：要判断事物是否伟大和高尚，就得有伟大和高尚的心灵，否则就会把我们自己的缺点说成是所有事物的。一支笔直的桨在水中看起来似乎是弯曲的，所以重要的是不但要看到事物，而且要有看待事物的方法（傅佩荣，2008）。

理想境界与现实之间有矛盾，这不是怀疑理想境界的理由，恰恰相反，如果理想境界与现实之间没有矛盾，那还要我们心理教师努力奋斗做什么？我们努力的价值正在于用理想来为现实引路。萨特认为人的存在是不断地自我发展、自我超越。人是靠这种追求超越的目的才得以存在的，人生唯一的出路就是行动、奋斗，不断创造自己的独特本质，尽力而为去成就自己。而要做到这一点，就应该像爱因斯坦那样，永远对这个世界保持惊奇、敬畏的心。

世界是如此精彩纷呈，远远超出我们的主观想象。所以，我们主张心理辅导公开课要开得“真”（实实在在、不作秀），不等于说这种公开课就很难开得“善”（体现团体规律和辅导技巧、有辅导实效），或者说它很难开得“美”（形式活泼、有美感、能出彩）。心理辅导课既要有受学生欢迎的内容，也必须要有受学生欢迎的形式。活动内容是经线，活动形式是纬线，经纬交织才能编织出心理辅导课的灿烂画卷。任何业内同行，不管他是专职，还是兼职，不管他是科班出身，还是半路出家，只要能虚心学习，积累丰富的实践经验，他的心理辅导课（包括公开课）就一定能开得又“真”又“善”又“美”，达到“真善美”统一的专业境界。

资料与借鉴

任何重要问题的解决关键，无不包括在关于人的科学中间；在我们没有熟悉这门科学之前，任何问题都不能得到切实的解决。

【摘自：休谟. 人性论［M］. 贾广来，译. 西安：陕西师范大学出版社，2009.】

关于心理辅导课实施效果的困惑

47. 如何评价心理辅导课的实际效果？

问题与困惑

一堂辅导课下来，到底对学生有多少帮助呢？或者对大多数学生有帮助吗？特别是对于高中生，有的活动、环节，他们一目了然，因此很难引起他们的感触与共鸣。

也许是我的自我要求太高了，45分钟能改变多少呢？但我们的课不是用来给人家参观的，也不是用来给人家标榜的，更不是用来作秀的。

一堂心理课上得好不好，听课教师各有各的评价标准，缺少一致公认的详细标准。心理辅导强调价值中立，那么我们的评委、专家在评价一节课时，是不是也要做到价值中立。只有评价标准多元化，才能使心理辅导课的形式、模式多元化，从而赋予心理辅导课生命力。只有到了这个时候，我们才能说心理辅导课在中国的发展已经趋于成熟。

答疑与探讨

多年来，我们主张对心理辅导课的评价重在过程，也就是“不论成败，只讲得失”。因为过程评价主要看设计与操作，这是一目了然、可以量化的，但“效果评价”涉及人的发展，受多种因素的影响，所以往往成为教育测评和心理测评的共同难题。我们相信，把评价的重点放在辅导过程上是完全正确的，一堂心理辅导课，只要辅导过程比较规范、符合团体动力发展规律，那么它的积极的辅导效果是可以预期的。这是我们讨论这一问题时首先要说明的。

（1）**评课指标是客观的，但对指标的理解是主观的**

一般来说，现在对心理辅导课的过程评价是根据课堂观察以及多数学生、开课教师和听课人员的现场感受来做的，通过海峡两岸学校心理辅导界的共同努力，已经形成了一些业内基本认同的参考性评课指标。这件事情很重要，假若没有一个较为客观的测评，那么评课人员的感受、听课人员的感受与开课教师自己的感受就可能存在矛盾。

表 2、表 3 和表 4 这三份评价量表可供业内同行们参考。

表 2　中小学心理辅导课形成性评价表（修订稿）

评价维度	评价指标	分值	等级／权重			
			A（1.0）	B（0.8）	C（0.6）	D（0.4）
辅导理念	选题有针对性，符合学生年龄特征和发展需要	5				
	对辅导主题及核心概念理解正确，未出现重大偏误	10				
	能对学生偏离主题理念的发言进行妥善的引导	5				
辅导设计	目标明确，整体设计有创意，不照搬参考资料	5				
	结构化设计清晰有序，体现团体动力发展规律	5				
	活动形式活泼生动，学生表现出较浓厚的兴趣	10				
辅导过程	团体张力较强，气氛和谐活跃，学生参与度高	10				
	小组互动充分，分享体验有内容、有启发、有真情	10				
	自觉遵守团体规范，现场活而不乱，学生有安全感	5				

续表

评价维度	评价指标	分值	等级／权重			
			A（1.0）	B（0.8）	C（0.6）	D（0.4）
教师素质	教师真诚开放，尊重学生，表情亲和，语言流畅	5				
	注重“倾听、同感、引导、回应”等技巧的运用	10				
	有较强的课堂组织能力和应变能力，注重现场生成	10				
辅导效果	学生在活动中有感悟、有体验，情感投入度较高	5				
	通过同伴互动找到解决问题的对策，促进自我成长	5				
合计		100	实得分：			

（钟志农 2002 年制订，2012 年、2015 年修订）

表 3　中小学心理辅导课学生满意度评量表

第____册　第____单元　　　　____年__月__日填

亲爱的同学：

今天的课程又接近尾声了，你是不是觉得意犹未尽呢？我们很想了解你对今天活动的感受和意见，好作为我们下一课程的参考。请考虑你的想法或感受的程度，在下列每个题目符合你实际情况的号码下方打“√”。谢谢你的合作！

1. 我能在这次课上向别人表达我的看法。

很不符合　1　2　3　4　5　6　7　8　9　10　很符合

2. 我喜欢这次课的内容。

很不符合　1　2　3　4　5　6　7　8　9　10　很符合

3. 我在这次课上学会了关心别人。

很不符合 1 2 3 4 5 6 7 8 9 10 很符合

____

4. 我觉得对自己越来越了解了。

很不符合 1 2 3 4 5 6 7 8 9 10 很符合

____

5. 这次课使我对自己越来越有信心。

很不符合 1 2 3 4 5 6 7 8 9 10 很符合

____

6. 在这次课上我乐意和其他人分享我的经验。

很不符合 1 2 3 4 5 6 7 8 9 10 很符合

____

7. 我觉得这次课的经历很有意义。

很不符合 1 2 3 4 5 6 7 8 9 10 很符合

____

8. 我觉得这次课上大家都是互相信任而且坦诚的。

很不符合 1 2 3 4 5 6 7 8 9 10 很符合

____

9. 我喜欢辅导老师的上课方式。

很不符合 1 2 3 4 5 6 7 8 9 10 很符合

____

10. 我认为下一次可以改进的地方是：

____

请签名：________________

（资料来源：吴武典，台北，1991）

表 4 中小学心理辅导课学生行为改变问卷

亲爱的同学：

这份问卷是希望知道你在上过这几次课后，在日常行为上是不是有了一些改变。这份资料是供老师总结经验时做参考的，内容绝对保密。请你据实表明你的看法，并且依据符合程度在右边量尺的数字上打“√”。谢谢你的合作！

	很符合	符合	不确定	不符合	很不符
1. 比较能尊重别人所有的东西。	1	2	3	4	5
2. 更能控制自己的行为了。	1	2	3	4	5
3. 比较能知道如何与老师相处了。	1	2	3	4	5
4. 初步了解了性知识。	1	2	3	4	5
5. 比较能有计划地使用自己的金钱。	1	2	3	4	5
6. 比较能了解如何与异性相处。	1	2	3	4	5
7. 不太会和同学发生肢体上的冲突了。	1	2	3	4	5
8. 比较有耐心听别人和我不同的意见。	1	2	3	4	5
9. 朋友邀我出去时，会先考虑这些活动是否适合我参加。	1	2	3	4	5
10. 比较不会和爸爸妈妈顶嘴了。	1	2	3	4	5
11. 比较能知道毕业以后大概要做什么事情。	1	2	3	4	5
12. 比较能控制自己的情绪了。	1	2	3	4	5
13. 比较不会和老师顶嘴了。	1	2	3	4	5
14. 了解了以前自己并不知道的别人对我的看法。	1	2	3	4	5
15. 比较愿意参加班级的各项活动了，并且能带头。	1	2	3	4	5
16. 双休日和假日时，比较会安排自己的活动了。	1	2	3	4	5
17. 和同学相处时争吵的事情少多了。	1	2	3	4	5
18. 放学后如果不能按时回家，会事先给家里打个电话。	1	2	3	4	5
19. 假如父母不答应我的要求，我也不会和他们怄气了。	1	2	3	4	5
20. 有些不良习惯已经改过来了。	1	2	3	4	5
21. 比较能静下心来读书了。	1	2	3	4	5

续表

	很符合	符合	不确定	不符合	很不符
22. 比较能规劝别人不要欺负弱小。	1	2	3	4	5
23. 在批评别人之前，会先想想用什么表达方式比较恰当。	1	2	3	4	5
24. 能比较主动地关心别人了。	1	2	3	4	5
25. 当自己有心理困惑时，愿意主动去向辅导老师求助了。	1	2	3	4	5

请签名：__________

（资料来源：吴武典，台北，1991）

（说明："学生行为改变问卷"中的问题设置，应根据教师所上的某一节课或者某一活动模块的主题来调整修改，上面问卷中的题项只是举例。）

当然，上面这三份评价量表还有需要完善和改进之处，但根据内地和台湾地区两地同行的实践检验，证明基本是可行的。在我与台湾师范大学吴武典教授合著的《团体辅导》（2007）一书中，我们对这种评价维度和评价指标体系的基本框架达成了共识。这是 20 余年来，海峡两岸同行共同努力的成果，说明我们对心理辅导课评价体系的探索已经有了较好的基础和起点。

评课指标体系当然应该具有符合心理辅导课发展规律的客观性，但是对同一个评课指标体系，每个人的理解各不相同。这样，在评课过程中就可能会有随意性和主观性，甚至会出现一些争议。此外，每一位开课的心理教师在上完课之后，都会对自己有一个自我评价，这种自我评价的期望值与他人的评价意见之间同样会有矛盾、分歧甚至是落差，这也是评课主观性的一种反映。所以，老师们在评课之后心理上出现一些落差、反差或分歧，并不一定是评课指标体系不科学、不"多元"，而是对心理辅导课评价指标体系的主观理解有差异造成的。我们要清醒地认识到，自己达不到的指标，不等于别人也达不到；自己比较得意的手笔，不一定是学生感到满意的手笔。有时候，是我们的眼界束缚了自己的发展，因为长期单兵作战很容易造成“固步自封”。要想使自己的主观感受与他人的客观评价比较接近，唯一的办法是评课方和被评方都向评价指标体系靠拢，不可各执一词。

此外，在多数情况下，现场学生的内心感受和多数听课教师的感受也应该重视。因此，建议今后评价心理辅导课之前，最好能搜集必要的问卷资料，作为评课时的信息反馈。

（2）变“一言堂”为“互动式”评课，评价就能“多元化”

独木不成林，心理辅导课的评价指标体系本来就是多元组合的。现在之所以有老师提出评价指标要“多元化”的问题，可能是现行的评价指标体系与这些教师的主观评价标准有距离造成的。但是，100 个读者眼中会有 100 个哈姆莱特，我们不可能制定出 100 套不同的评课指标体系来满足 100 位教师的多元化要求，那样只会导致课程文化的虚无主义；我们也不可能对每一种心理辅导流派都制定出一套对应的评价指标体系，因为心理辅导课的理论取向可以有所不同，结构设计也可以有所不同，但心理辅导课赖以运作的团体动力规律是相通的。所以，评课指标体系只能是求大同、存小异，不可能有绝对的“多元化”评价指标体系。

如果从评课不能只是“一个声音”的角度来理解“多元化”，我倒认为是合理的。因为评课过程中只要搞了“一言堂”，再专业的心理教研员或督导师也难免主观片面。只有把自己的观点只看作一家之言，认真听取在现场听课的各方人士的意见，才可能实现真正的多元化评课。所以我常说：“没有对错之分，只有角度不同。”实际上这也是一种“价值中立”吧！每个人都只能站在他所处的那个角度取景，只有整合了各种不同视角的感官，才能客观地呈现一节课全景式的“光与影”的风采。

（3）当务之急是通过培训提高教研员的评课和督导水平

当前在心理辅导课评课与督导方面亟待改进的问题就是，县区以上的各级心理教研员 90% 左右都系兼职人员，这大大制约了评课和督导工作的专业化发展，影响了心理辅导课上课、改课、磨课的实效性，也是一些心理教师在听了评课意见之后心存怨气的主要根源。因此，建议各地省级心理健康教育业务部门高度重视地、市、区、县心里教研员的培训工作，培训的重点就是了解心理辅导课的设计、操作和评价标准。可以采用“微格教学”培训模式在观摩、评价、修改一节课的问题上多进行实战性训练，提升教研员的实际操作水平。此外，还要通过一段时间的努力，组建一支专业化的心理教研员队伍，这将是未来 10~20 年内我国中小学心理健康教育能否健康发展、常态发展的关键。

（4）精心打造优秀课例，推动同行内部的“同侪督导”

要真正在心理辅导课的评价问题上形成比较一致的看法，还有一个必须突破的瓶颈，那就是要认真打造一批符合大团体辅导基本理论与操作规律的精品课。这些年来，心理辅导课发展进程中最大的问题，在于称得上“精品”的好课太少。不少心理教师毕业多年还未能真正过“上课关”，有的甚至不能写好一份规范的教案；一些地区评选出来的“优质课”其实只代表了当地相对较好的水平，却不一定是符合心理辅导课专业标准的真正的优质课，有的甚至还存在常识性错误；一些地区的心理教师从业多年却没有机会听过一节真正意义上的心理辅导优质课，也就是说，他们心中对什么是好课缺少一把具体的评价“标尺”，因此就不知道自己与别人的差距到底在哪里。所有这一切听起来似乎令人沮丧，却是客观存在的现实。因此，要发现一批基本素质较好的心理教师，通过反复的研讨、评课、改课，帮助他们提高上课水平，经过专家评审后，通过视频形式加以推广，以便从操作规范上树立优质课的评价范例。

建议各地以这样的优质课视频范例作为生动的教材，对心理教师和班主任进行“微格教学”式的培训。要一个操作点、一个操作点地讨论、模仿、迁移，真正吃透心理辅导课的操作要领，把握课堂运作的团体动力规律，减少不该出现的常识性错误，最后能够结合个人的体会和长处开出带有自己风格的心理辅导优质课来。要大力开展同行内部的“同侪督导”，解决“单兵作战”带来的专业化评价上的各种困惑。

建议各地举行的心理辅导课比赛活动事先做好充分的准备，要研讨、打磨出经得起推敲、经得起评说的优质课。要由真正内行的心理教师担任操作指导和评课督导工作，防止轰轰烈烈、大张旗鼓地走过场。

（5）评课有争议是一种“常态”，“一边倒”的赞扬或批评是罕见的个例

有些心理教师对评课的纠结还表现为另一种现象，就是当自己上的课得到较多负面评价的时候，就会感慨“为什么评课标准不能多元化？”，而当自己上的课在评议时引发两种截然相反的观点并且相持不下的时候，又会感慨“到底有没有一致公认的评课标准？”。这两种心态看似相悖，其实根源都是以自己内心的自我评价为中心来作为判断外部评价“是或非”的标准，这是潜意识里的非理性思维在作祟。显然，它对专业成长是非常不利的。

我们必须清楚：在评课时出现争议是一种“常态”，“一边倒”的赞扬或批评不是没有，但极为罕见，只是个例。想明白了这一点，我们在参与评课活动时，就可以做到把思考的重点放在如何改进活动设计、如何提高自己的课堂操作水平上，而不是放在对评价标准的质疑上。

（6）心理辅导课上得再好，效果的评价也带有“滞后性”

雅各布斯（2009）在谈到评价团体咨询效果时说过一句话：“咨询者

要对治疗负主要责任，但并不对结果负根本责任。”这应该作为心理辅导课效果评价的一个重要的指导思想。一节心理课即使上得非常规范、非常专业，要当场评估它的实效性也是很困难的，其原因就在于人的发展是一个渐进过程，而且会受多种复杂因素的影响或干扰。所以，心理辅导课的效果评价往往带有“滞后性”。无论在评价一节心理辅导课时当即考问其实际效果，或者想像评价学科教学课堂效果那样对学生搞测试评分，都是不切实际也很不专业的想法。这一点，我们必须向学校分管领导和业务考绩部门做好宣传工作。

罗杰斯在谈到团体功效时说过一段更有意思的话，他说：“什么是成功？现在我会给出一个简单的定义。如果在团体结束后一个月，有一些团员认为这是一个无意义、不满意的经验，或是有一个人在其中受到伤害，那么对他们而言，这个团体是不成功的。如果在一个月之后，有多数或是所有的团员感觉到这是很有价值的体验，并且促进了他们自身的成长，对我而言，这种团体是值得给予一个成功标签的。”

难道罗杰斯不是在提倡一种模糊性的和经验性的成效评价方式吗？

资料与借鉴

心理治疗不像物理科学，它的许多方面本身都无法量化。心理治疗既是艺术又是科学；研究中的发现也许可以为实践工作勾勒出一些大致的轮廓，但是作为心理治疗的核心——人际间的接触，永远都是主观的、无法量化的体验。

【摘自：亚隆，等．团体心理治疗——理论与实践［M］．李敏，等，译．北京：中国轻工业出版社，2010.】

关于心理辅导课教师自身成长的困惑

48. 如何应对心理辅导课“屡战屡败”导致的“职业倦怠感”？

问题与困惑

记得第一次上课的悲惨：上到一半时，我真不想上了，因为有些学生根本不想听，而且他们演小品就像搞笑一样。我觉得自己被学生击得遍体鳞伤，我恨死他们了，更别提什么投入情感了。回家躺在床上，我失望至极。要知道从备课那一天以来，我倾注了多少心血呀！设计教案，制作课件，没有上百个小时，也一定有几十个小时。为什么？为什么对我这样？这些学生真可恶！

慢慢找回的一点信心又被第二次上课击垮。这时候，作为“初出茅庐的小牛”，我已经毫无“不怕虎”的勇气。但我仍安慰自己：没关系，现在我才上了两次讲台，我不可能一下子增强本事的，要面对现实，也许我太好高骛远了，再努力吧。第二天正好是周六，我回到母校，老师和朋友们都关切地询问我第一次上心理辅导课感觉怎么样。问的人多了，我心里觉得挺对不起他们的，特别是那些帮助过我的心理系的老师们。于是，我抓紧时间找原因。吃饭时，走路时，坐在车上……都在想！我觉得自己最大的问题就是没有掌握好课的节奏，就像厨师没有掌握好火候。我就开始设想，每个环节，究竟希望师生交流、学生的认知、情感达到怎样的程度，用怎样的语言、请几个学生、用什么样的表达方式、如何引导才可以激发学生的情感。

具体设想了每个环节后，我又在第二周的周一下午上了第三节课。也许是与成功无缘，这回没有了前两次的问题，整堂课看似环环相扣，却犹如一潭死水，激不起一丝波澜。幸好我把课用 MP3 录了下来，一听，真是“惨不忍闻”、很失败啊！我从没上过大团体辅导的心理课，面对学生的现场表现虽然知道要做出调控，却束手无策。唉——！唉——！唉——！我真的是精疲力竭、黔驴技穷了！钟老师，我该怎么办？我开始怀疑自己是不是当老师的料了！

答疑与探讨

收到你的来信我很是感慨，因为你说出了很多新入职的青年同行内心的苦闷。我相信这不是你一个人的故事，因为我们几乎每个月甚至每周都会接到这样的邮件、短信和电话。心理辅导课在我国开展起来只有短短十几年的历史，它的规律还远远没有被大家认识和掌握。许多青年教师严重缺乏经验，包括一些兼职上心理辅导课的班主任，有时也是在应急式地上课，并没有条件投入足够的智慧和精力，无法或者没有时间做到精心设计、精心操作，因而受挫率很高。有些课甚至严重失控，教师的挫败感、焦虑体验和心理反弹也很明显。当我们在后面讨论心理辅导课操作规律时，必须考虑到这些外在因素的影响，才能得出比较客观的结论。在这样一个前提下，我想说的是——

（1）不怕“屡战屡败”，只怕不能“屡败屡战”

如果你是第一次上这样的课，不失败那才是不正常的。一般来说，新手上台总要有 3 次以上的试教，才可能比较顺利。记得我自己第一次上课，课前好几个晚上都是独自站在空荡荡的教室里，面对假想的学生反复操练。但最后如你一般，在实战中还是被击得遍体鳞伤。就算是老手，也会有失利的时候，就像千里马也难免会“马失前蹄”一样。

其实，辅导教师在开设心理辅导课中遇到的挫败体验，其根源不在于自己适不适合做这项工作，而在于在这一领域内的实践经验的积累还没有达到一定的“量限”。据笔者的观察，这个走向成功的“量限”大约在1000课时。就像没有1000小时的飞行记录，无法造就一名合格的飞行员一样，没有1000课时的实战经验，也无法“摔打”出一名合格的心理教师。在学校里工作，一般来说，两年左右可以锻炼出一个基本合格的学科教师；五年左右可以培养出一位教学技能比较熟练的学科教师；如果个人很努力的话，十年左右可以造就出一位“教坛新秀”或者“学科带头人”。心理教师的成熟之路大体上也是这样。

所以，绝不泄气恐怕是我们首先要坚持的一条职业准则。也就是说，无论遇到怎样的挫败，都要有“再败再战”的勇气，否则就可能半途而废。有些心理教师在遭遇挫败之后变得萎靡不振，这是比挫败本身更为可怕的事情。

（2）不怕“屡战屡败”，只怕不能“屡败屡思”

在失败中反思，而且要不断改变反思的“思路”，不要钻在牛角尖里走不出来，这是有效反思的前提。所谓“屡败屡思”，就是指的不断改变思考的方向，最终找出正确的思路。上海七宝教育集团文莱中学黄莉莉老师三改“过目不忘，你也可以”一课，很好地说明了这个问题。

该课第一次设计：第一个环节，以故事和记忆力小测试两个活动导入主题，肯定学生的记忆潜力。第二个环节，以“一道数学题、30秒记住20个词语、1分钟记住一段话”这三个游戏发现记忆的三个规律——带着“目标”去记忆，用形象记忆，在理解的基础上进行记忆。第三个环节，以分析生活小现象和介绍艾宾浩斯遗忘曲线让学生明白要注意避免遗忘。最后给以建议、进行总结并播放歌曲化学版《青花瓷》。

实施后发现现场比较沉闷，黄老师在和我讨论之后意识到：首先，座位的安排不合理，每个小组需要改成马蹄形围坐，目的是让学生和学生之间有一个合适的视线交流。其次，老师说教的成分很明显。最后，主题适合，但选择的素材略显简易甚至幼稚，不太符合初三学生的认知水平，比如，热身活动“1 分钟记住 20 个图片代表的物品”，小学阶段的记忆课已经在用，初三学生显然会因难度不够而缺乏兴趣。

于是，黄老师开始了一系列的准备：她向初三学科老师咨询：“在你最近的教学中，学生有些什么记忆内容？会遇到怎样的困难？”听取学科教师的意见后，再将其纳入自己上课的内容。接着，她又查找了一系列有关记忆的资料，具体化了形象记忆的三个要点：要在脑海中浮现图像；要前后互相联系；要夸张、奇特、有动感。其中第二点正好提示学生把握知识之间的关系。当然，由于想记住必然面临遗忘，因此，她认为前摄抑制和后摄抑制、艾宾浩斯遗忘曲线是不得不提的注意事项。

在此基础上，黄老师设计了第二次上课的结构：第一个环节：热身活动“一分钟击掌”，估计自身潜能，切入主题。第二个环节，通过第一个记忆任务“在1分钟内，按序记住下面的15个词语：红旗、火箭、衣架……”让学生发现形象记忆的要点，并特别强调知识之间的前后联系。自然过渡到第三个环节，想办法识记 150 个实词和记住托盘天平的使用方法这两个任务，穿插播放歌曲化学版《青花瓷》，让学生掌握形象联想记忆和口诀记忆的方法。第四个环节则探讨如何避免遗忘并总结。特别要说明的是，鉴于古文 150 个实词对初三学生来说意义很大，黄老师花了很大的精力来抽取其中的实例，转换成可以形象记忆的方式。以“亡”、“务”、“为”为例，先以拼音为序，建立一个有逻辑关系的思维导图，再逐一转换成几副文字图，期间还穿插两个心理实验结果，以强化学生对形象联想法、歌曲口诀法这两个记忆方法的认同。

这样设计后，黄老师自我感觉素材贴近学生实际，上课结构清晰，且穿插实验结果显得有理有据，应该能让学生充分信服。她带着这样一份自信进行了第二次试教。但上完课之后，她非常受打击。经过课后的认真讨论和反思，黄老师认识到，最主要的还是整堂课的说教成分太多，老师精心准备和设计的图片形象和配套文字框住了学生的思维，使他们失去了挑战的兴趣。而且课的容量太大，整堂课主次不分，前两个任务用了近30分钟时间，探讨遗忘的规律和应对方法显得急促、浅显、流于形式。这说明，设计思路还是没有理清楚。

于是，黄莉莉老师重新调整了自己的设计思路：之前她注重运用科学有效的记忆方法以保证学习新课后的瞬时记忆效果，却忽视了后期的记忆保持和再记忆。前几次设计也都提及艾宾浩斯遗忘曲线，但都不是很深入，基本都只是停留在“及时复习和多次复习”，至于如何体现“及时”和“多次”，却并未进行科学的探讨。她意识到，初三的学生虽然知道遗忘曲线，却不知如何实际运用。因此，本课的重点应放在深入探讨遗忘曲线上，难点是如何层层递进、步步落实。这样一来，整节课的目标终于明晰起来。

黄老师三次调整设计思路的例子说明，当我们辛辛苦苦地备好一节课，却在课堂上没有收到预期的效果时，不必责怪学生，而要多多反躬自省。我们在备课时不应把关注的重点仅仅放在寻找某几个比较感兴趣的活动素材上，一头钻入这几个素材的各种细节之中，却忽略了对大局和理念定位的把控。因为只有在总体上进行深入思考，才会有清晰的设计思路；只有牢牢把握理念的定位，才不至迷失辅导主题的方向。

当然，有时候我们也会遇到“思如乱麻”、不知“路在何方”的情况，这就是孔子一再警示的“学而不思则罔，思而不学则殆”。反思如果没有明显效果，或者思路穷尽仍找不到出口，那么问题就出在理论修养不足。所以，面临“思而无绪”，我们不妨暂且搁下原来的方案，埋头研读团体辅导和团体咨询的相关理论。现在许多青年教师不是不读书，而是读书不能潜心钻研，往往只是草草浏览、浅尝辄止，甚至心浮气躁，这是很多教师屡战屡败、长期不能突破“瓶颈”的重要原因。

如果辅导教师没有一种为某个活动环节的设计而遍翻资料、伏案苦读、朝思暮想、茶饭不思、夜以继日、辗转反侧的“痴迷”，那么，在开课过程中屡屡出现进展迟缓、气氛僵滞、关系疏离等情况，就毫不奇怪了。

（3）**不怕“屡战屡败”，只怕不能“屡败屡改”**

还是以黄莉莉老师为例，她的第三稿方案设计如下：第一个环节，以《记忆面包》视频剪辑导入主题。第二个环节，通过“怎么使用托盘天平”促使学生发现口诀记忆法，并以小组讨论的方式思考现实生活中高效的记忆方法。接着自然过渡到第三个环节，与记忆的天敌“遗忘”斗争，呈现“遗忘曲线”，以系列递进式问题引导学生观察、思考和讨论：①遗忘的规律是怎样的？②根据这样的规律，如何与遗忘做斗争？具体可以怎样做？③最关键的黄金记忆时段是哪一个，为什么？④如何做可以把握住黄金记忆关键的第一步？⑤另一种情况（播放教师课堂小结时学生漫不经心的视频）有什么问题？思考“临下课老师小结时，我们到底该怎么做？”。⑥四段黄金记忆时段的后三步在实施的过程中有何困难？比如，“作业多，来不及复习”怎么办？⑦重点步骤“一周左右阶段复习”可以怎么进行？（示例：呈现此阶段初三学生复习语文学科的知识提纲）最后以歌曲化学版《青花瓷》结束。

这样一个设计在最后施教中重点非常突出，实践证明效果极为明显。当有关如何克服遗忘的 7 个问题层层展开时，学生们的思维有了碰撞与火花，课堂气氛非常活跃，最终明确了四个关键而重要的复习时间点及相应的复习方法，为学生在初三阶段提高复习记忆的效率提供了操作性的策略。

好的心理辅导课要有一个“磨”的过程，要在非常具体的课堂观察和课后反思中总结每一环节的是非得失，才能逐步改进与完善。只要观察、反思、研讨、修改真正到位，教师又有一种坚忍不拔的探索精神，那么，心理辅导课的精品就指日可待！

（4）不怕“屡战屡败”，只怕不能下决心“反败为胜”

“磨课”的过程往往是一种痛苦的折磨与煎熬，而且失败的次数越多，就越是难以坚持到底。如果没有下定决心“打翻身仗”的坚强意志，很容易在离成功只有一步之遥的关键时刻败下阵来；反之，如果能横下一条心打一场“攻坚战”，“咬定青山不放松”，就没有改不好的心理辅导课。而我们也就可以从这一个成功的案例中找到钥匙、找到规律，走出“屡战屡败”的恶性循环，迎来上好心理辅导课的全新局面。

我国台湾政治大学的李坤崇教授（1999，p. 39）说过：“刚实施班级团体辅导的教师均有满怀理想、满腔热忱，希望能化腐朽为神奇，破除传统教学与训导之弊，开创崭新的教学与辅导之路。然而，大环境未改变前，变革必然带来观望甚至阻力，必然会遭遇教材与时间限制，必然会有短暂的不适应或失调，极易由满怀希望跌入谷底，由满腔热忱到心灰意冷。因此，教师于实施班级团体辅导初期，不宜有过高的期望，而应保持审慎乐观的态度，应该告诉自己‘由失败中学习、由挫折中成长’，经由不断检讨改进，将可逐渐克服困难，逐步自我超越。”

由“屡战屡败”始，经“屡败屡战”而至“反败为胜”，乃至“百战不殆”，这就是心理辅导课教师成长的必由之路。

资料与借鉴

一个人要想达到工作的理想状态，就必须在工作中融入自己的个性和智慧……当赋予工作一定的美感时，它就会变得富有吸引力，真正热爱工作的人会觉得工作面前人人平等，而且会为自己正在做的事情感到骄傲……只要赋予工作一点美感，就不会觉得那么疲惫……个性、智慧和美感让工作变得富有魅力。

【摘自：肖．心理学漫谈［M］．胡燕娟，译．北京：新世界出版社，2014：26.】

49. 心理教师在学校里单兵作战、上课水平停滞不前，怎么办？

问题与困惑

向钟老师请教一个问题：我是一所重点高中的心理老师，入行已经6年，但是在我们省里举办的历届心理辅导课大赛中，我每次都是“拼”到地市一级就被淘汰了。我心里真不是滋味，说实在的还有点觉得没面子。后来与几位同学见面，聊起这件事，他们也有同感。我们分析原因，不排除自己努力不够，但说起来大家都是单枪匹马在学校里干，彼此相隔很远，想听听课、商量商量都不方便。不像学科老师们都有自己的教研组，哪怕是音体美这样的“小学科”，也至少有两三个同行，也有他们的教研组。唉，真是觉得好孤单、好无助啊！这样下去，我们上课的水平怎么可能有明显的提高呢？

答疑与探讨

“翻转课堂”理论的创始人萨尔曼·可汗（2014，p. 150）说过：“在传统的课堂上，老师这一职业是世界上最孤独的工作之一。”心理教师可以说是这份孤独工作中最孤独的从业者，就好像海湾中一块孤独的礁石。当然，现代的通信工具和校园里的休闲场所为心理教师提供了交流的环境，他们可以在休息室里喝杯茶、在手机和QQ群里简短地与同行或同学发发牢骚。但是当心理教师开始备课讲课时，他便再次回到了孤身一人的境地，因为“隔行如隔山”，校内没有同事能够提供建议，没有同行能给予他帮助或是肯定。

面对这样一种“孤军奋战”的艰难，我们该如何壮大自己、“绝地取胜”呢？

（1）**要在当地教研员的协调组织下，加强心理辅导课的“研”和“讨”**

教研员是一个区域内学科教师“方面军”的“司令员”，教研员的组织协调水平决定了那个地区教师开课的水平。在当前的形势下，要让每一个地市县（区）都配备内行的心理教研员，恐怕还是一个遥远的“梦”；所以能有一个人在当地教研部门“分管”心理健康教育，就已经是万幸了。只要教研员能够认真组织、带领好一支心理教师的团队，那么当地心理教师“孤军奋战”的局面就可以被打破。所以，心理教师要主动争取当地教研员的指导，积极参与心理教师团队的研讨活动。

所谓“研”，主要是听课、改课、评课；所谓“讨”，主要是专题讨论、争论、辩论。

心理辅导课是应用心理学的一种普及型载体，但它同样需要大量的实证研究。对于开课教师来说，本身的有利条件是不同数量的“涉入和参与”，而不足的方面是“旁观者清，当局者迷”。所以很需要大量的研讨、交流、反思来促成自己专业的提升。从教学论的角度看，一门学科走向成熟，起码要有几十年的探索和实验，而我们这一二十年的经验和研究无疑还处在一种“初级阶段”；若是从更大的地域范畴来看这件事情，甚至可以说是处在一种在迷雾中摸索、徘徊的阶段。只有当专业化的研讨普遍深入县区以下的教学、科研实体中并成为常规工作时，大量优秀的心理辅导课教师才会如雨后春笋般地成长起来。在这方面，我们不应忘记欧文·亚隆的告诫：任何领域如果没有使用严谨的科学方法，“都将日复一日地重演历史的悲剧”。

好课不怕千遍改。要想提高开课水平，就要反反复复地请人来听课、提意见、“打磨”。通过少说三四遍，多则十几遍的修改，一定可以让一节不成熟的心理课“浴火重生”。这里就有一个前提条件：听课和评课的同行必须“讲真话”，不讲客套话；而开课的教师必须虚心听取意见，“闻过则喜”。心理辅导课不像别的学科教学，如果我们评课也是蜻蜓点水、“七分优点三分缺点”，那就害了我们自己。我们本身做心理辅导工作的人最讲“真诚”，最讲“自我开放”；对专业圈子里的同行“讲真话不讲套话”，才会赢得对方的信任，而我们整个团队的专业水平也才会得到明显的提升。有不同的看法，哪怕争得面红耳赤，也要坚持讲真话，因为心理辅导课的评课原则是：“没有对错之分，只有角度不同。”

（2）“听课、观课交流”重于“网络和书面的教案交流”

据我了解，许多单枪匹马在学校里上课的心理教师，因为没有机会听其他同行的课，所以在专业发展方面主要依靠网络交流。也就是说，利用网络搜索同题材的心理辅导课教案，然后进行一番研究修改；或者把自己的教案发给朋友，听听反馈意见，就觉得比自己原来想的方案要好得多了。这种方式在完善设计上当然有好处，但须知“写教案”与“上课”是完全不同的两码事：教案写得好不等于课上得好；教案看似没有大问题了，但到课堂上一操作就问题百出。所以，我在听课前，一般情况下是不看执教者写的教案的，因为教案是死的，团体辅导现场是活的、千变万化的。一定要记住，必须从现场上课和听课中去发现问题、解决问题，专业 QQ 群或微信群中的教案分享无法代替听课评课中的思维碰撞。我曾经建议一些年轻的同行：现在信息平台这么发达，你可以请一名学生把你上课的过程用手机拍摄下来，也可以用“微格教学”的方式对辅导过程逐段分析研究，或者发给“小伙伴们”分享，请他们评头论足，那时，你的视角和想法就可能完全不同了，你就可能体会到什么叫作“旁观者清”。

（3）**要开阔自己的理论视野与实践视野**

除了现场（包括视频现场）的“研”、“讨”之外，还要认真读书，拓宽自己的理论视野；多看教学光盘，开阔自己的实践视野。

前面一句话无须多解释，雅各布斯（2009）已经说得很清楚：“咨询理论的知识是理解人以及我们所生活的世界的关键。治疗理论——例如理性情绪行为疗法、交互作用分析、现实疗法、阿德勒学派疗法和行为主义疗法等——有助于咨询者理解人在其生活和团体中的言行举止。理论会提供给团体领导者各种理解人类行为的方式。柯瑞和柯瑞（Corey & Corey）指出，‘如果团体领导者的介入措施背后没有任何理论支撑，那么他们会发现团体永远无法达到硕果累累的阶段’。”

后面一句话要重点强调。许多年轻教师的开课水平停滞不前，是因为他们不知道什么是比较好的甚至是相当好的“好课”；他们不仅理论视野狭窄，实践视野也比较狭窄。要知道真正的好课不光是“比”出来、“评”出来的，关键的一条是它必须经得起理论的检验和现场学生的认可。任何一个区域内的心理辅导课大赛都会评出一、二等奖，但是得奖的就一定是好课吗？答案是“未必”。因为评比有地域的局限性和评课标准的差异性。甲省评出的“一等奖”课例，到乙省参评，或许只能得二等奖甚至三等奖；在当今急功近利学术风气的影响下，即便是号称“全国一、二等奖”的课，也需要用专业的标准重新审视。所以，我们要尽可能多看一些心理辅导课的教学光盘，用相关的理论和批判的眼光加以审视，要注意听课现场学生的反馈，真正激活了团体动力的课、真正给学生带来认知启迪和情感体验的课，学生的认同是一目了然的。

总之，把课堂经验和理论分析结合在一起，我们才会“百尺竿头日日新”。

（4）融入学生和教师群体，真正了解学生成长规律和学校教育教学规律

“孤军奋战”的心理教师要摆脱自己独守“孤岛”的困境，还要努力将自己融入学生和教师的群体，听听他们的建议，因为做学问、上好课的规律都是相通的。

施密特（2005）认为：学校咨询员是否得到学生的接纳与尊重，在校园里是一目了然的。他们在走廊里向学生问好，在自助餐厅吃午饭，需要帮助的学生可以随时找到他们。根据各种各样的相互接触，各年级学生对学校咨询员的信誉、可信度与可靠程度进行评判。在评判的基础上，学生再选择是否寻求帮助。当学生需要帮助时，通常求助于自己认为可信任和依靠的咨询员。

对于心理教师来说，施密特的上述要求是不难做到的，真正的难处恐怕在于，在中国目前的教育体制下，心理教师很难有意识、有勇气深入到学校系统中每一个班级细胞、每一个学科教学课堂里，看到那些正在真实发生的事件。而如果我们游离于班级与学科教学之外，我们的心理辅导课就难以真正与学生的心灵产生碰撞与共鸣。

所以，心理教师应该对自己有一个要求，那就是走出自己的“专业”圈子，走到班级中去，走到学科教研室里去，和学生、和同事们打成一片，去掉“心理教师”身上的“神秘色彩”，让老师们把你看成和他们一样的“老师”。必要时，去当一两年班主任，体验一下班主任的“酸甜苦辣”，相信再回头来上心理辅导课，定会有一种全新的感觉。

（5）**发挥长处，团队合作，将成功的课例与同伴分享**

为解决同一所学校内往往只有一两位心理教师，无法形成教研合力的困难，还可以以区县为单位，由心理教研员统一调度，“专题攻关，团队合作”，以提高当地心理辅导课的整体水平。也就是说，根据一个共同制订的心理辅导课开课计划和每个教师的专长，将主题分配给不同学校的心理教师（包括某些开心理课的班主任），在规定的期限内拿出教案，组织集体评课、研讨、修改、复评。通过实践的检验，基本达到“好课”的标准之后，再将上课录像、教案、PPT上传到网络“群”里，供大家观摩、学习、分享。许多地方的实践经验证明，这一方法是行之有效的。

资料与借鉴

如果教师能以团队的形式进行教学，就可以将自己的关注点放在他们最擅长的地方。

【摘自：可汗．翻转课堂的可汗学院——互联时代的教育革命［M］．刘婧，译．杭州：浙江人民出版社，2014：151.】

50. 心理教师如何从“敬业”、“精业”走向“成就事业”？

问题与困惑

从来没有想到过我还有这么一天。今天早上第一节课，我居然在学生面前哭了，我不想哭，可是眼泪却没有办法止住。一种很浓重的悲哀失望和无奈弥漫了我整个的心灵。我突然觉得自己是那么孤独。

有谁真正理解过我呢？每一个人都用羡慕的眼光看着我，以为我是心理最健康的那一个；每一个人都用期待的眼光看着我，以为我会是工作最出色的那一个；每一次领导都用信任的口吻对我说，你要用心工作，有什么困难你就说……可是，我怎么说呢？我面对的是多少颗还蒙昧着的心灵啊！我是心理最健康的那一个吗？我是工作最出色的那一个吗？我有什么困难是别人说帮就能帮的吗？

从小我就立志要做一个甘于奉献的人，一个帮助别人的人，虽然经历了那么多的波折、那么多的坎坷，我很庆幸自己还能坚持初衷——这是我最大的动力啊，无论遇到什么困难，只要我知道我所付出的真的可以对别人有帮助，我就满足了。

心理学的学习让我找到一片自己的天空，我发现有那么多的事等着我去做，有那么多的问题我可以出一份力，发现几乎所有的人都有着心理上的困惑——这就意味着我有可以终身为之奋斗的事业，而且是我永远也做不完的——我有事可以做，而且做的事真的可以给别人带来帮助，我觉得自己很幸运，也很幸福。

一年又一年，我不再期待自己是个救世主，只渴望踏踏实实地做好自己的事情，真真正正地可以帮到一些人，在名和利上我没有太多的想法和野心，我只希望能拥有一份过得去的生活，能让我有能力去做我的事业就可以了。

做了教师，我放弃了很多，一开始甚至是为了不让我再成为爸妈的负担，为了他们能早一点享受轻松的生活。但既然这是那时我能做的最好的选择，我就要把它做好。我发现了一个可以让我施展才华而且永远也不可能自满的宝库——这样说也许很自私，因为我发现的是“在成长的关键阶段之一，我的学生们有太多的问题”需要我尽最大的努力去帮助他们，而且我的同事、同行，我所处的这个大的教育背景，也有很多的事情是我可以尽一己之力的。

于是我默默地工作，任劳任怨，哪怕再苦再累。人前的我总是尽可能地保持笑容，本来我就不是一个在困难面前愿意认输的人。我也知道，我所做的事，大部分只能保持沉默，不能对别人讲，不能让别人知道，甚至那些向我求助过的学生，在校园里我还要察言观色，看能不能和他打招呼表示我们认识；如果他不愿意的话，我只能假装陌生，按捺住想要问他是不是有所好转、我有没有帮到他的念头，微微一笑，然后走过。

这是一个根本不求回报的行业。

可是，这并不等于我做这一行无所求。撇开基本的生活需求，我一直觉得我需要什么，可又说不出我到底要什么。我今天明白了，就是——我所付出的“帮助”，对对方而言真的“有帮助”。

我一直按照我所相信的、我所执着的、我所追求的在拼命付出，“不求回报”——可是，那么简单的道理我却没想明白，我怎么会不要回报？我的付出是有意义的、有价值的，这就是我要的回报！所以，才会有今天这样的局面。

其实最近几天我一直感觉不好，总觉得心里很空，看着讲台下根本不关心我教的是什么的学生，看着他们写作业的写作业、聊天的聊天、睡觉的睡觉、吃东西的吃东西，我开始觉得他们有点过分——可这也许是他们此刻最大的需要，所以如果不是太过分的话，我不会在意，我是很善于默默观察、默默忍耐的。

我以为是我的课上得不好，所以他们才会觉得不重要、无所谓；我以为是我在教学上还有太多的欠缺，所以我更努力地备课，更用心地准备，并为此而苦恼，因为我不知道谁可以教我心理课要怎么上。从头到尾，我只听过唐老师的心理课，这也是我听过的唯一一节心理课。然后我就要依葫芦画瓢，自己摸索着寻找突破。可是谈何容易？我挖空了心思、想破了脑袋，好不容易把课上成这样，我知道有很多不足，可是没有人来帮我指正，来教会我、来鼓励我、来支持我——我是如此地渴望进步、渴望突破，可又无从下手。

就在我迷惘的时候，今天，学生给我上了最好的一课，犹如醍醐灌顶——我太自以为是了！我以为我一直努力付出的，就是学生需要的；我以为我已经找到了很多学生需要我帮助的地方，所以就一厢情愿、热情高涨地去付出，也由于各种原因吃了不少苦头。可是，我从来没有思考过：他们需要吗？他们的心灵渴望我所能帮助他们的那种成长吗？当从学生的嘴里说出我以为很精彩、对其他人很有意义的话语时，我本来应该感到很欣慰——这不就是我要的吗？他们自己能意识到什么是最珍贵的——可是，当我热切地期待有人表示赞同的时候，我没有找到一双明亮的眼睛。眼睛不是心灵的窗户吗？可是我看到他们对我关闭了这扇窗。不知道他们在议论什么，也不知道他们在为什么而兴奋，总之不是我正在努力克服感冒的不适想要传达的信息。在这个课堂上，我发现我、他们，正在做的、想的和关心的，根本就不是一回事。

我尽了最大的努力，努力使自己在这样的环境里不孤独。我相信我是一个“好”老师，好说话、好办事、好商量、好帮忙、好言好语好亲近……可是，在这个学校里我是最孤独的啊！我意识到的，没有人意识到；我付出的，没有人接受；我所在乎的，没有人在乎；我精心准备的，没有人欣赏；我孜孜不倦为之追求、为之付出的，没有人懂得。这样的现实我要怎么面对？我努力地去爱每一个人，尤其是我的学生，不论我面前的他是什么样的，我都拼命地去爱他，希望我的热爱、我的奉献他能真切地感受到并真的获益。哪怕遇到再多的困难、再多的不理解，我依然可以很开心地坚持下去，因为，我爱我的学生，只是为了这份无法用语言表达的爱……

我一直引以为豪的是我有这么多的学生，当别人问我我的学生在哪里的时候，我可以很自豪地听到来自四面八方的回音，他们说“我在这里”。我并不期待他们记住我、感谢我、爱我，因为我并不是为他们付出最多的人，我只希望可以为我曾经真的帮过他们而感到欣慰、自豪。这是我最大的动力，即使在遇到很多、很大的困难时我都不曾退缩。

可是，可是现在，当我在课堂上下意识地说出“在这个学校里，我是最孤独的一个”时，我哽咽了，我不知道我还能说什么，我感觉整个人都被抽空了，我不再知道我所做的一切是为了什么。我拼命在给，不惜代价，可是，对方却根本不要，那我所做的一切还有什么意义？

整个学校有谁真正懂得“心理健康”、懂得“心理健康教育”？花了那么多的钱、说了那么多关心的话、听了那么多讲座，到底有什么意义？每一个人都以为我的心理最健康，这本身就是错的，其实心理工作者才是心理疾病的高危人群。每一个人都觉得心理健康很重要，可“到底是怎么个重要法”，又有几个人懂得？每一个人都只觉得心理不健康了会有很多不好的后果，却不知道心理健康的好处……那么多的人嘴里说要来听我的课、要来学习，结果谁来了呢？怪我时间选得不对吗？可真的是因为这个原因吗？——我不想抱怨什么，因为事情已经这样了，我什么也不想多说。至于心理健康和心理健康工作重不重视、谁来重视，也不是我做得了主的。

那我做这一切是为了什么？

我说“让我来帮你吧”，却没有人需要，那么我要帮助谁呢？更何况我并不想做救世主。

答疑与探讨

这是若干年前，在我主办的“心海扬帆”网站上的一篇情真意切的倾诉文章，至今读来仍让我感到很心酸。这位心理教师——很可能是一位情感细腻的女教师，说出了许多刚刚出道的同行内心的那种孤独感与现实中遇到的困境。当然，其中有不少是大气候所致——如同一个地区的雾霾，谁也逃脱不了；也有一些是各种复杂因素，包括客观的和主观的、偶然的和必然的、一过性的和发展性的因素，在综合发生作用。它反映了很多心理教师从“满腔热忱地做”开始，到“不知怎么做—做不好—不愿做”的现状，带给我们的深层思考则是：如何让心理辅导课教师能“敬业、精业并成就功业”？

（1）“敬业”——要让心理教师愿意做并能始终满腔热忱地做

所谓“敬业”，就是“事业为先”。担任心理辅导课教师，这是一项事业。事在人为。人在，事业就在，心理辅导课更是如此。而目前关于“人”的问题在于：一是“进不来”，一些学校以“没有编制”为由，不愿意接收科班出身的心理系毕业生做专职心理辅导教师，认为随便找一个工作量比较轻的人兼职就可以了，这就叫“进不来”；二是“用不好”，进了人以后，左看右看都觉得这个“人”工作量好像太轻，没有什么事干，于是就让心理辅导教师兼做文秘、教务员、政教干事之类的，时间一长，主次关系就颠倒了，这就叫“用不好”；三是“留不住”，由于专职心理辅导教师的编制、待遇、职称、业绩考核与认同、评优晋级等具体问题得不到应有的重视，更得不到制度性的保障，许多心理辅导教师感觉干得“不明不白”、干得“不痛快”、干得“窝囊”，看不到发展前途，于是跳槽去做社会心理咨询师，去企业做人力资源培训，或者改行去教外语、政治，以便让自己从学校里的“杂牌军”转为“正规军”，这就叫“留不住”。前面这篇文章的最后一段，虽然写得相当含蓄，但字里行间依然可以看出年轻的同行们心里还有几多压抑、几多无奈！

所以，若要让心理教师“敬业”，愿意兢兢业业地做下去，首先在于领导的重视和关爱。我们的学校领导要多多关心、呵护本来为数不多的心理教师，在他们最感困难、最感孤独的关头，多去听听他们的课，给他们以精神上的鼓励和情感上的支持，给他们配置教学光盘和理论书籍，给他们外出学习、进修培训的机会，帮助他们解决好待遇、职称、评优、晋级等切身利益问题；特别要注意不用学科教师的考核指标，而是用符合辅导专业要求的指标来评价他们的工作量与绩效，使他们感到自己的付出是受领导重视的，是有价值、有意义的，并能对自己的学校、自己的岗位产生强烈的归属感。

在此前提下，“敬业”还需要心理教师自身的心态调适。前面这位老师当时的处境之所以如此痛苦、充满挫败感，并对自己的工作价值产生了质疑，更多的是由于对自己的期待太高造成的。现在回过头来看，我们不难理解，这其实是一种“成长中的烦恼”。

心理辅导课毕竟是一门年轻的应用学科，它本身就因为年轻而存在各种弊端，到现在为止，它的理论与实践依然处于“幼儿”发展阶段，并没有给一线教师提供多少现成的、拿来就可以模仿的“样本”。这给一线上课的教师带来了很多困扰。因为我们常常不清楚到底该给学生上些什么内容，或者，有些时候我们觉得这是学生需要的，可是学生并不感兴趣。再加上心理辅导课毕竟不是考试科目，很多学生特别是高中生，在上课的时候不够重视，这也给心理教师很大的精神“打击”。

我经常说，我们是中国第一代心理辅导教师，我们是第一批品尝心理辅导课这只“螃蟹”的人。我们要允许自己面对“螃蟹”却“无从下手”、“无从下口”，我们要允许自己“不会吃”甚至“吃伤了”。我们和常人一样，可以喜，可以怒，可以流泪；我们没有必要用完美主义的标准责备自己甚至折磨自己，使自己失去了前进的勇气。我们都是普通的心理教师，只要我们尽心尽力准备自己的课，即使暂时不被学生接纳和理解，或者暂时达不到自己想要的效果，只要我们一直还在努力着，那就是进步，就是希望。因为“天道酬勤”，功夫不负有心人。

（2）“精业”——要让心理教师会做并能够把这项事业做好

所谓“精业”，就是精通业务。做到这一点肯定要有一个过程，需要团队合作及其他诸方面的条件，往往不是个人单打独斗就可以实现的。因此我特别能理解前面那位老师的处境和心情，理解其入职之初的理想、抱负、目标和已经付出的一切。我特别能感同身受的是其“孤独”，以及那种孤军奋战、无依无靠、只听过一节心理辅导课（还不知是否名副其实）就去“照葫芦画瓢”的无助感。而且，这不仅仅是该老师一个人的心声，也是从事这项事业的许许多多同道的共同感受。

我们现在的师范教育有很多脱离中小学实际需要的弊病，导致一些刚毕业的心理辅导专职教师一上课就有强烈的挫败感，因为他们还不能驾驭课堂，他们还没有过最基本的“教师关”、“教学关”。听说有的心理系毕业生回到母校向老师诉苦，认为“既要叫我上心理辅导课，又要叫我搞个案辅导，这让我有角色冲突。最好能够把我们从学校里脱离出来，搞一个独立的心理咨询服务指导机构”。我认为，这是一种脱离实际、脱离本土国情的想法，“心理教师”毕竟不是社会心理咨询师，心理教师只有深深扎根于中小学教育环境的土壤中，才会有存在的价值，才会有取之不尽的智慧与力量的源泉。只要我们在中小学工作，我们就必须要求自己到课堂第一线去锻炼自己，不怕失败和挫折，在不断的挫败中吸取经验和教训，最终使自己既能做个案辅导，又能上好心理辅导活动课，还会带小组团体辅导。总之，这是每一个心理辅导专职教师不可回避的三大“业务关”，是做到“精业”的前提条件。

要做到“精业”，不仅是一个技术技巧的问题，更是一个精神层面的问题。正如美国团体咨询理论学者贝茨等人（2002）所说：“一个领导者可以拥有很不错的技巧，但他可能会失败。技巧是一种工具，与运用它的人有相当密切的关系。领导者的本性才是最主要的。”多年来，国内不少边远地区和农村学校没有条件招聘专职心理教师，只靠一些兼职教师开心理辅导课，而这又往往是他们自己努力争取的结果。这些兼职教师即使学校不给报酬、不给课时、不算工作量，仍然干劲十足、无怨无悔，他们是心理健康教育“志愿者”。这些“志愿者”往往是有一定教育教学实践经验的班主任，他们在实践中真正认识到了心理辅导课的意义和作用，才会有这样高的热情、自觉性和积极性。尽管他们当中很多是“半路出家”和“兼职义工”，但他们同样是中国学校心理健康教育的“先行者”。更为可贵的是，他们精神振奋、进取、百折不挠，格外努力地去学习、去请教、去反复和别人研讨，在掌握心理辅导课的规律上也往往容易“出挑”。

所以，我理解的“精业”，首先依靠的是教师的人格因素。他们应该有执着的专业理想和追求，有强烈的事业心，有对学生的满腔热忱和人文关怀，有对青少年成长发展规律比较透彻的了解，有理论和实践的“悟性”，有敏锐的觉察力和同理心，有清晰的思路和表达能力，有“万难不屈”的坚强意志，有始终如一的奉献精神。这样的教师，放在哪里都是出类拔萃的，他们很快就能成长为“业务精良”的骨干心理教师。

（3）“成就事业”——努力做一个本土化的“学校心理辅导的艺术家”

所谓“成就事业”，就是攀登自己的事业高峰。人道是“山外青山楼外楼”，事业的高峰当然是无止境的；但是“横看成岭侧成峰，远近高低各不同”，每个人都会有适合自己潜力的事业顶峰。能够准确评估自己的潜能，并把自己的潜能发挥到最大限度，就是“成功”，就是实现了自己的人生价值。

美国学校心理学家施密特（2013）说过：“从学习咨询的艺术和科学性，到能艺术地、科学地从事心理工作，是一个非常大的挑战。单纯地学习艺术不会让你成为优秀的艺术家。只有做足够的练习并对学到的技术进行个人化，才能让你达到艺术家的水平。”按照施密特提出的这一标准，我认为，一个既有深厚心理学理论修养又有丰富的心理辅导课实战经验，并在大量的个案辅导实践中形成了个人风格的心理教师，就可以说他是“学校心理辅导的艺术家”或者“学校心理学专家”。这应该成为每一位心理教师终身发展、成就事业的人生奋斗目标。

具体来说，在理论功底方面，要在掌握四大基础流派的前提下，重点加强对青少年发展心理学、积极心理学、客体关系心理学、班级团体辅导、行为矫正、认知调整、家庭治疗、焦点解决短期咨询等理论与操作性技能的学习，并注意与班级管理心理学、社会心理学、教育心理学、教学心理学沟通。要坐得住板凳、耐得住寂寞，不图虚名，不心浮气躁，沉下心来认真读书；要联系教育教学的实际，对理论知识加以融会贯通，在独立思考中将功底打扎实，而不必急于“出成果”；要广泛了解心理辅导与咨询理论的各个流派，但又不要脱离学校特点和实际需要盲目跟风，不用一种技术理论取代一切、轻易放弃甚至否定其他理论流派。总之，在理论上既要“与时俱进”，又不能“喜新厌旧”。

在实践操作技能方面，要把根深深扎在学校的沃土之中。要承认我们的确不是“救世主”，不可能帮到所有的人。古人说“术业有专攻”，我们的研究对象只是青少年学生，我们不必做“包治百病”的“万金油”或“灵修大师”，但我们可以做青少年发展性辅导领域里的“行家里手”：我们不可能让自己的每节课都受到学生的欢迎，但我们可以认认真真地上好每节心理辅导课，哪怕修改十次八次也无怨无悔；我们不必要求自己“课课是精品”，但可以要求自己“每月上好一节优质课”、“每学期打磨出一节精品课”；我们不可能一入职就成为称职的心理教师，但我们可以慢慢熟悉团体动力规律、知晓课堂教学要素，让自己“两年一小步，五年一大步，十年亮一剑”；我们不可能解决所有来访学生的困惑，但我们可以在年年都有部分学生“周而复始”地陷入困境的“地段”里，寻找出潜在的“伏地魔”，锻造出属于自己的战而胜之的“心灵魔杖”——这些是不难做到的，也是应该做到的。

在形成个人风格方面，我们要重积累、常反思、勤笔耕，还要善于嫁接、善于移植、善于总结、善于创造。中国本土的国情、校情、学情，决定了我们的辅导风格不能完全紧跟“西风”或“港台风”；我们面对的青少年儿童辅导人群，决定了我们的辅导技术不能完全照搬从成人心理咨询培训中学到的技术流派。我们必须穿自己的鞋，走自己的路。

一个人要想真正做好一件事情，大概需要10年的时间，这就是所谓的“十年磨一剑”；而一个人一生的职业生涯有几个10年？有时候，我们甚至要用毕生的时间去做好一件事情。但是，只要我们有一个明确而稳定的奋斗目标，有一股经得起挫败、锲而不舍的执着精神，有一种脚踏实地、能吃苦的务实作风，那么，一大批土生土长的“学校心理辅导的艺术家”必将在我们这个时代涌现！

资料与借鉴

团体治疗的学习者应踏上终身自我探索的旅程，而这旅程包括对自我的分析和对治疗过程的把控。

【摘自：亚隆，等.团体心理治疗——理论与实践［M］.李敏，等，译.北京：中国轻工业出版社，2010.】

参考文献

[1] 鲍曼，梅 . 社会学之思［M］. 李康，译 . 北京：社会科学文献出版社，2010.
[2] 贝茨，等 . 小团体领导指南［M］. 曾华源，等，译 . 台北：张老师文化事业股份有限公司，2002.
[3] 贝克，等 .21 世纪的学校咨询［M］. 王工斌，等，译 . 北京：中国轻工业出版社，2008.
[4] 柏拉图，等 . 教育的艺术［M］. 曹晚红，等，译 . 汕头：汕头大学出版社，2009.
[5] 柏林，等 . 团体认知行为治疗［M］. 崔丽霞，等，译 . 北京：世界图书出版公司，2011.
[6] 车文博 . 人本主义心理学［M］. 杭州：浙江教育出版社，2003.
[7] 戴默 . 好好讲道理——反击谬误的逻辑学训练［M］. 刀尔登，等，译 . 杭州：浙江大学出版社，2014.
[8] 戴晓阳 . 常用心理评估量表手册［M］. 北京：人民军医出版社，2010.
[9] 德波顿 . 身份的焦虑［M］. 陈广兴，等，译 . 上海：上海译文出版社，2007.
[10] 迪露西亚瓦克，等 . 团体咨询与团体治疗指南［M］. 李松蔚，等，译 . 北京：机械工业出版社，2014.
[11] 蒂奥 . 大众社会学［M］. 丛霞，译 . 北京：人民邮电出版社，2012.
[12] 樊富珉 . 团体心理咨询［M］. 北京：高等教育出版社，2005.
[13] 范德赞登，等 . 成长不困惑［M］. 俞国良，等，译 . 北京：中国人民大学出版社，2014.
[14] 范斯坦 . 探索青少年脑的奥秘［M］. 北京师范大学“认知神经科学与学习”国家重点实验室脑科学与教育应用研究中心，译 . 北京：中国轻工业出版社，2006.
[15] 福勒 . 尊严的提升［M］. 张关林，译 . 上海：上海人民出版社，2008.
[16] 傅佩荣 . 听傅佩荣讲人生问题［M］. 上海：上海三联书店，2008.
[17] 戈布尔 . 第三思潮——马斯洛心理学［M］. 陈红雯，译 . 上海：上海译文出版社，2001.
[18] 格莱丁 . 心理咨询导论［M］. 方双虎，译 . 北京：中国人民大学出版社，2014.
[19] 格罗塞 . 身份认同的困境［M］. 王鲲，译 . 北京：社会科学文献出版社，2010.

[20] 国际教育基金会．培养心情与人格［M］．北京：北京大学出版社，2005.
[21] 赫尔巴特．普通教育学·教育学讲授提纲［M］．李其龙，译．杭州：浙江教育出版社，2002.
[22] 黄惠惠．团体辅导工作概论［M］．台北：张老师文化事业股份有限公司，1993.
[23] 季姆娜娅．教育心理学［M］．杜岩岩，译．北京：教育科学出版社，2008.
[24] 贾馥茗．教育的本质［M］．北京：世界图书出版公司，2006.
[25] 姜晶花．人性：善恶之间的困惑［M］．广州：广东教育出版社，2012.
[26] 卡普兹．团体咨询方法——培训师手册［M］．孙时进，等，译校．北京：中国轻工业出版社，2008.
[27] 柯林斯．互动仪式链［M］．林聚任，等，译．北京：商务印书馆，2009.
[28] 柯瑞．团体咨询的理论与实践［M］．刘铎，等，译．上海：上海社会科学院出版社，2006.
[29] 克尔郭凯尔．非此即彼［M］．陈俊松，等，译．北京：光明日报出版社，2007.
[30] 可汗．翻转课堂的可汗学院——互联时代的教育革命［M］．刘婧，译．杭州：浙江人民出版社，2014.
[31] 肯里克，等．自我·群体·社会［M］．谢晓非，等，译．北京：中国人民大学出版社，2011.
[32] 夸美纽斯．大教学论［M］．傅任敢，译．北京：教育科学出版社，1999.
[33] 劳蒂．学校教师的社会学研究［M］．饶从满，等，译．北京：人民教育出版社，2011.
[34] 勒温．人格的动力理论［M］．王思明，叶鸣铉，译．北京：北京理工大学出版社，2014.
[35] 勒温．拓扑心理学原理［M］．竺培梁，译．杭州：浙江教育出版社，1997.
[36] 李德显．课堂秩序论［M］．桂林：广西师范大学出版社，2000.
[37] 李慧生．中小学心理健康教育课程建设新探［J］．课程·教材·教法，2006（7）.
[38] 李坤崇．班级团体辅导［M］．台北：五南图书出版股份有限公司，1999.
[39] 林孟平．小组辅导与心理治疗［M］．上海：上海教育出版社，2005.
[40] 刘家访．有效课堂管理行为［M］．成都：四川教育出版社，2003.
[41] 刘云杉．学校生活社会学［M］．南京：南京师范大学出版社，2000.
[42] 柳夕浪．课堂教学临床指导［M］．北京：人民教育出版社，2003.
[43] 罗杰斯，卡尔·罗杰斯论会心团体［M］．张宝蕊，译．北京：中国人民大学出版社，2006.
[44] 罗斯．青少年团体治疗［M］．翟宗悌，译．上海：华东理工大学出版社，2003.
[45] 迈尔斯．社会心理学［M］．侯玉波，等，译．北京：人民邮电出版社，2006.

[46] 迈尔斯 . 我们都是自己的陌生人 [M]. 沈德灿，译 . 北京：人民邮电出版社，2012.
[47] 默恩斯，等 . 以人为中心心理咨询实践 [M]. 刘毅，译 . 重庆：重庆大学出版社，2010.
[48] 帕帕拉，等 . 孩子的世界：从婴儿期到青春期 [M]. 郝嘉佳，等，译 . 北京：人民邮电出版社，2013.
[49] 佩尔蒂埃 . 成功教学的策略：有效的教学实习指南 [M]. 李庆，等，译 . 北京：中国轻工业出版社，2002.
[50] 屈丹，纪忠华 . 目标导向的心理活动课课型设计 [M]. 中小学心理健康教育，2013（12）.
[51] 沙利 . 焦点解决团体工作 [M]. 周玉真，译 . 台北：心理出版社股份有限公司，2006.
[52] 申荷永 . 充满张力的生活空间——勒温的动力心理学 [M]. 武汉：湖北教育出版社，1999.
[53] 施密特 . 学校心理教师工作指南 [M]. 孙菲菲，等，译 . 北京：中国轻工业出版社，2013.
[54] 施密特 . 学校心理咨询实用规划 [M]. 沈湘秦，译 . 北京：中国轻工业出版社，2005.
[55] 施密特 . 学校中的心理咨询 [M]. 刘翔平，等，译 . 上海：华东师范大学出版社，2008.
[56] 施穆克，等 . 班级中的群体化过程 [M]. 廖珊，等，译 . 北京：中国轻工业出版社，2006.
[57] 石鸥 . 教学病理学基础 [M]. 济南：山东人民出版社，2006.
[58] 斯米克莱斯 . 视不可当——信息图与可视化传播 [M]. 项婷婷，张东宁，译 . 北京：人民邮电出版社，2013.
[59] 斯奈德，等 . 积极心理学：探索人类优势的科学与实践 [M]. 王彦，等，译 . 北京：人民邮电出版社，2013.
[60] 特斯兰，等 . 小组工作导论 [M]. 刘梦，等，译 . 北京：中国人民大学出版社，2010.
[61] 瓦西纳 . 文化和人类发展 [M]. 孙晓玲，等，译 . 上海：华东师范大学出版社，2007.
[62] 王慧君 . 团体领导者训练实务 [M]. 台北：张老师文化事业股份有限公司，1996.
[63] 王蒙 . 老子的帮助 [M]. 北京：华夏出版社，2009.
[64] 魏华林，朱安安 . 美国社会情绪学习课程选介——“第二步”课程 [J]. 中小学

心理健康教育，2012（12）.
[65] 魏锦，朱安安 . 美国社会情绪学习课程选介——“强健儿童”系列课程［J］. 中小学心理健康教育，2012（11）.
[66] 吴武典，等 . 如何进行团体谘商［M］. 台北：张老师文化事业股份有限公司，2002.
[67] 吴武典 . 国小怎样实施辅导工作［M］. 台北：心理出版社股份有限公司，1996.
[68] 吴武典，钟志农 . 团体辅导［M］. 天津：百花文艺出版社，2007.
[69] 夏林清 . 大团体动力［M］. 台北：心理出版社股份有限公司，1994.
[70] 肖 . 心理学漫谈［M］. 胡燕娟，译 . 北京：新世界出版社，2014.
[71] 休谟 . 人性论［M］. 贾广来，译 . 西安：陕西师范大学出版社，2009.
[72] 徐西森 . 团体动力与团体辅导［M］. 台北：心理出版社股份有限公司，1997.
[73] 徐正言 . 渗透与融合——教育实践中的心理学［M］. 杭州：浙江教育出版社，2008.
[74] 雅各布斯，等 . 共同学习的原理与技巧：通过共同学习学会共同学习［M］. 林立，等，译 . 北京：中央民族大学出版社，1998.
[75] 雅各布斯，等 . 团体咨询：策略与技巧［M］. 赵芳，等，译 . 北京：高等教育出版社，2009.
[76] 亚隆，等 . 团体心理治疗——理论与实践［M］. 李敏，等，译 . 北京：中国轻工业出版社，2010.
[77] 杨极东 . 团体辅导——理论与实务［M］. 台北：五南图书出版股份有限公司，1993.
[78] 阳志平，等 . 积极心理学团体活动课操作指南［M］. 北京：机械工业出版社，2010.
[79] 俞敏洪 . 在绝望中寻找希望［M］. 北京：中信出版社，2014.
[80] 约翰逊，等 . 合作学习的原理和技巧——在教与学中组建有效的团队［M］. 刘春红，等，编译 . 北京：机械工业出版社，2002.
[81] 约翰逊，等 . 集合起来——群体理论与团队技巧［M］. 谢晓非，等，译 . 北京：中国轻工业出版社，2008.
[82] 张春兴 . 教育心理学——三化取向的理论与实践［M］. 杭州：浙江教育出版社，1998.
[83] 张春兴 . 现代心理学——现代人研究自身问题的科学［M］. 上海：上海人民出版社，2009.
[84] 詹森 . 适于脑的学习［M］. 北京师范大学“认知神经科学与学习”国家重点实验室脑科学与教育应用研究中心，译 . 北京：中国轻工业出版社，2006.
[85] 赵祥麟，等 . 杜威教育名篇［M］. 北京：教育科学出版社，2006.

[86] 郑也夫. 吾国教育病理[M]. 北京：中信出版社，2013.
[87] 钟志农. 班主任心育活动设计36例：高中卷[M]. 北京：教育科学出版社，2012.
[88] 钟志农. 探寻学生心灵成长路线图[M]. 北京：教育科学出版社，2012.
[89] 钟志农. 心理辅导活动课操作实务[M]. 宁波：宁波出版社，2007.
[90] 钟志农. 心理辅导课优秀课例实录与点评：小学版[CD]. 北京：中国科学文化音像出版社，2015.
[91] 钟志农. 心理辅导课优秀课例实录与点评：中学版[CD]. 北京：中国科学文化音像出版社，2015.
[92] 周国平. 周国平人文讲演录[M]. 上海：上海文艺出版社，2006.
[93] 佐斌. 师生互动论——课堂师生互动的心理学研究[M]. 武汉：华中师范大学出版社，2002.
[94] 佐藤正夫. 教学论原理[M]. 钟启泉，译. 北京：人民教育出版社，1996.

万千教育

基础教育类书目

书号	书名	著、译者	定价(元)
班主任工作理念与方法			
2877	班主任工作的60个“鬼点子”	刘坚新　郑学志　编著	52.00
2879	班主任与家长沟通的艺术 ——创建优质家校关系的60个策略	郑学志　著	52.00
2204	做一个会“偷懒”的班主任（第二版）	郑学志　著	48.00
1708	怎样教授道德才有效 ——德育心理学家给教师的建议	杨韶刚　等　译	48.00
1709	学生特殊问题发现与应对 ——给普通教师的建议	昝　飞　等　著	48.00
7316	把班级还给学生 ——班集体建设与管理的创新艺术	郑立平　著	26.00
7344	遭遇问题学生 ——问题学生的教育与转化技巧	万　玮　编著	25.00
7317	魅力班会是怎样炼成的	杨　兵　著	25.00
8631	家校沟通，没有痛过你不会懂 ——知名班主任梅洪建的心路历程	梅洪建　著	32.00
0539	如何上好班级心理辅导活动课 ——钟志农答疑50问	钟志农　著	42.00
9902	德育主任新方略	丁如许　著	32.00
8611	班主任工作中的心理效应	刘儒德　主编	35.00
1135	班主任有效沟通的艺术与技巧	李进成　著	36.00

0541	班主任如何破解德育低效难题	赵　坡　著	35.00
9135	班主任，青春万岁——王君带班之道	王　君　著	34.00
8770	班主任如何带好差班	赵　坡　著	30.00
8309	扶年轻班主任上马	王　莉　著	38.00
7926	教师必须掌握的教育惩戒艺术	郑立平　等　著	28.00
7928	做一个聪明的班主任 ——对常见七类学生的教育艺术	郑立平　等　著	28.00
班主任工作理念与方法合计			694.00
中学生心理健康教育主题课程设计丛书			
0059	中学生心理课——生涯发展	廖丽娟　等　编著	28.00
0060	中学生心理课——情绪管理	杨红梅　等　编著	32.00
0185	中学生心理课——综合篇	中学生心理课综合篇 教研组	52.00
中学生心理健康教育主题课程设计丛书合计			112.00
中学/中职班主任专业技能			
0938	好班是怎样炼成的 ——中学班主任班级建设之道	谢　云　主编	38.00
0061	中学班级心理辅导活动60例	杨敏毅　等　著	35.00
9882	初中主题班会设计技巧与优秀案例	郑学志　主编	34.00
9056	高中主题班会设计技巧与优秀案例	郑学志　主编	32.00
9557	打造高中卓越班级的42个策略	覃丽兰　著	38.00
9990	打造中职卓越班级的41个策略	李　迪　著	32.00

9905	中职主题班会设计技巧与优秀案例	李　迪　著	35.00
9604	中学德育问题与对策	李　季　贾高见　著	35.00
8463	中学班主任的70个临场应变技巧	刘令军　等　著	34.00
中学/中职班主任专业技能合计			313.00
小学学科教学系列			
0681	小学创意写作	郭学萍　著	42.00
9981	让数学变得好玩 ——小学一二年级数学课堂游戏88例	陈燕云　主编	45.00
9931	经典绘本阅读与创意教学（二年级分册）	顾舟群　著	30.00
9932	经典绘本阅读与创意教学（一年级分册）	顾舟群　著	30.00
8872	钱守旺的小学数学教学主张	钱守旺　著	35.00
7982	小学英语课堂游戏集中营	贺　杰　著	28.00
7870	趣味识字教学	黄　波　编著	28.00
7869	小学作文教学设计方案53例	黄　波　著	30.00
7590	我的迷人“语”秘书 ——小学语文趣味教学12法	黄　波　编著	28.00
7482	方利民快乐作文教学26招	方利民　著	26.00
小学学科教学系列合计			322.00
中小学学科教学系列			
9884	阅读教学设计的要诀 ——王荣生给语文教师的建议	王荣生　著	36.00
9573	名师课堂教学细节设计艺术	徐　杰　等　著	36.00

9114	中小学实用教学策略	宋秋前　著	26.00
9007	语文综合性学习教学设计方案40例	赵水英　王林发　编著	36.00
8949	语文口语交际教学设计方案40例	王林发　主编	36.00
8582	智力发展与数学学习	林崇德　著	50.00
7483	走进快乐语文课堂	潘继云　著	26.00
7320	语文课如何是好	王晓春　著	28.00
中小学学科教学系列合计			274.00
教育教学心理系列			
2106	写给教育者的积极心理学（第二版）	任　俊　著	48.00
1791	理解0—12岁儿童的学习	赵　琴　译	36.00
1057	应用学习科学 ——心理学大师给教师的建议	盛群力　等　译	38.00
0675	积极心理学走进小学课堂	任　俊　译	56.00
0056	抓住学生注意力的176个课堂小活动	张乃東　译	28.00
0799	激发学生的成就动机 ——引导学生迈向成功的策略	吴艳艳　译	35.00
9922	小学生学习习惯培养方案	黄　波　著	35.00
9358	中学生心理学	林崇德　著	60.00
教育教学心理系列合计			336.00

……